D1849509

lonely planet

Der PERFEKTE TAG

365 ABENTEUER RUND UM DIE WELT

AM RICHTIGEN ORT ZUR RICHTIGEN ZEIT

KUNTH

ZUSAMMENGESTELLT UND HERAUSGEGEBEN VON SARAH BAXTER

LINKS: JUSTIN REZNICK PHOTOGRAPHY – GETTY IMAGES

EINFÜHRUNG

Welcher Ort der Welt ist der beste für heute, morgen oder den nächsten Geburtstag?

Wie zufrieden ich doch war! Der Himmel war fast zu blau, um echt zu sein, ein weites Kobaltblau, wie ich es nur aus Farbfilmen oder Photoshop kannte. Der historische Pfad, vor der Wander-Hochsaison nahezu menschenleer, war von goldschimmerndem Ginsterflaum gesäumt, die umliegenden Wiesen wippten sanft in Purpur, Pink und frischem Grün. Die Vögel waren gut bei Stimme, sie trällerten und pfiffen aus dicht belaubten Baumkronen und balzten um die Wette. Und die Tage waren endlos! Die Sonne schien bis nach 10 Uhr abends und ermunterte zu langen Nächten auf hinreichend warmen Terrassen, zum Genuss von Tapas mit (frisch geernteten) Pimientos de Padrón bei einem Vino tinto oder zwei. Ja, im späten Mai (am 26. genau), wenn überall die Wildblumen blühen, die Tage lang sind und die Wege von Urlauberscharen noch verschont, schien man auf dem spanischen Pilgerweg Camino de Santiago genau zur richtigen Zeit am richtigen Ort. Natürlich wollen alle Reisenden – unabhängig von ihren kulturellen oder geografischen Vorlieben – zur richtigen Zeit am richtigen Ort sein. Jeder wünscht sich das seltene Glück, zur Stelle zu sein, wenn die Nordlichter tanzen (und es idealerweise nicht allzu frostig ist); wenn sich ein verschlafenes Städtchen alljährlich fürs legendäre Fest herausputzt; wenn sich eine riesige Walschule vorm nahen Riff versammelt; wenn das Wetter einfach wie gemacht ist fürs geplante Abenteuer. Genau deshalb gibt es dieses Buch. Ob Wildtierwanderungen, Aktivreisen, lärmende Spektakel oder kulturelle Höhepunkte, dieses Buch soll helfen, Reiseziele und die passenden Zeitpunkte oder Zeiträume auszuwählen, um unvergessliche Erlebnisse zu garantieren.

Mit Picknickkorb zum schönsten Kirschblütenfest in Japan? Am 26. März, wer's wissen will. Eine Floßtour auf dem Colorado River durch den Gran Canyon unternehmen? Empfiehlt sich am 16. September, einen Tag nach dem saisonalen Fahrverbot für Motorboote. Weihnachten lieber mit jungen Warzenschweinen als mit dem Christkind verbringen? In Kenia am 27. Dezember. Lieber sommers Bobschlitten fahren statt winters? Dann in Österreich am 2. Juli. Einen absoluten Knüller erleben? Ab zum Glastonbury Festival (England) oder zur Batalla del Vino (Spanien) im Juni.

Jeder wünscht sich das seltene Glück, vor Ort zu sein, wenn die Nordlichter tanzen ...

EINFÜHRUNG FORTSETZUNG

Manch einer (mit wasserfestem Mantel) steht vielleicht auch gerne dort, wo das Wasser sintflutartig herunterrauscht, und sieht Wasserfälle lieber von jener spektakulärsten Seite, der die meisten anderen Leute fernbleiben (9. Dezember: Iguaçu-Wasserfälle). Für andere ist die Zeit der Zwischensaison vielleicht die „richtige", etwa auf einer Wanderung am 10. März durch den Milford Track in Neuseeland. Über das Jahr hinweg lassen sich rund um den Globus weitere saisonale Geheimnisse lüften, wie die Naghol-Zeremonie auf Vanuatu zu Beginn der Süßkartoffel-Zeit, oder die kurze Zeitspanne, während derer man beim Wandern den Paarungsrufen der Pandas lauschen kann. Wer die Welt auf diese Art gliedert, kann sich für die Flitterwochen im Juni oder den Jahresurlaub im Oktober leicht das beste Ziel heraussuchen. Oder sich für die nächste Geburtstagsfeier inspirieren lassen.

Dieses Buch liefert Ideen für jeden Tag im Jahr. Manche Vorschläge sind datumsgebunden, wie religiöse Feiertage, Festivals oder Saisonstarts, andere geben die beste Woche, den besten Monat oder das beste Zeitfenster an, um die kühlste oder ruhigste Zeit zu erwischen, oder die mit den meisten Gnus. Tagesspezifische Angebote wurden so weit wie möglich vorgeplant. Natürlich gibt es zig Möglichkeiten, und für jeden Tag viele spannende Orte und abenteuerliche Ziele. Doch mit den hier beschriebenen 365 Leckerbissen kann es gleich losgehen. Also aufhören zu lesen – welcher Tag ist heute? Losblättern und das Morgen planen!

> **Dieses Buch liefert Ideen für jeden Tag im Jahr. Manche Vorschläge sind datumsgebunden, andere geben die beste Woche oder den besten Monat an**

SARAH BAXTER

INHALT

RECHTS: CLAIRE TAKACS – GETTY IMAGES

WIE SIEHT HEUTE EIN PERFEKTER TAG AUS?

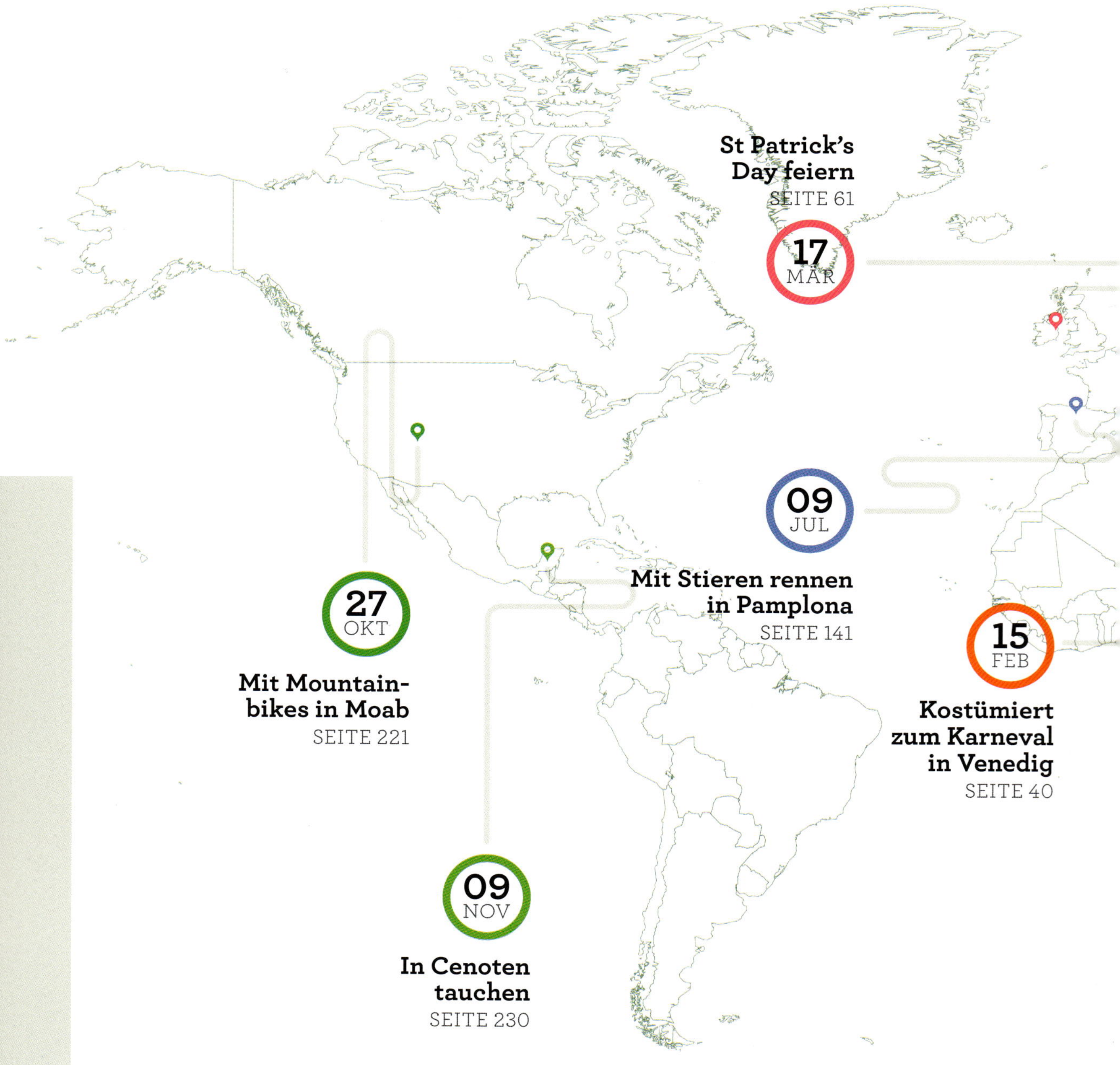

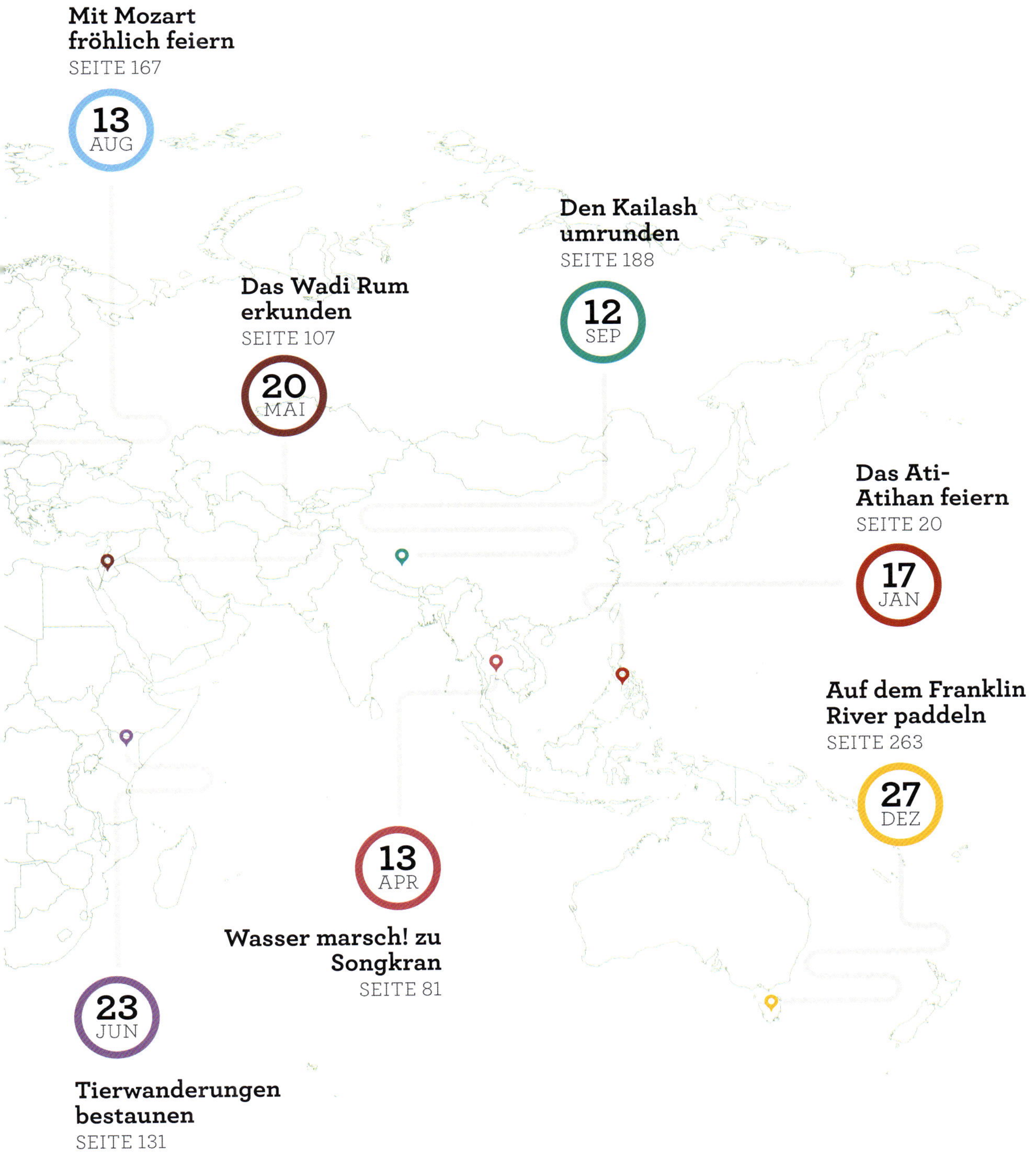
Mit Mozart fröhlich feiern
SEITE 167
13 AUG
Den Kailash umrunden
SEITE 188
12 SEP
Das Wadi Rum erkunden
SEITE 107
20 MAI
Das Ati-Atihan feiern
SEITE 20
17 JAN
Auf dem Franklin River paddeln
SEITE 263
27 DEZ
13 APR
Wasser marsch! zu Songkran
SEITE 81
23 JUN
Tierwanderungen bestaunen
SEITE 131

Zum Junkanoo-Karneval

BAHAMAS

WARUM JETZT Um das Nationalfest zu feiern

WO Nassau

WANN 1. Januar (und 26. Dezember)

01 JAN

Eher flott als Schrott: Zwei Nächte lang erfüllt das Nationalfestival der Bahamas die Stadt Nassau, die Straßen strotzen nur so vor Farbenpracht und Energie. Junkanoo wird landesweit begangen, in der Hauptstadt wohl aber am ausgelassensten. Dort wird die erste Sause („Rush") am zweiten Weihnachtstag gefeiert, die zweite am Neujahrstag. Letztere zieht die meisten Zuschauer an; bis zu 50000 Menschen säumen dann die Straßen. Der Festumzug beginnt jeweils um 2 Uhr morgens und endet um 8 Uhr. Die Bay und Shirley Street verwandeln sich in ein Feuerwerk aus Hörnern, Glocken, Trommeln und Muschelschalen, zu deren wilden Rhythmen getanzt wird. Das Kunstvollste an der Parade sind die Kostüme, an denen das ganze Jahr über gebastelt wurde. Die besten werden prämiert! — *www.bahamas.co.uk*

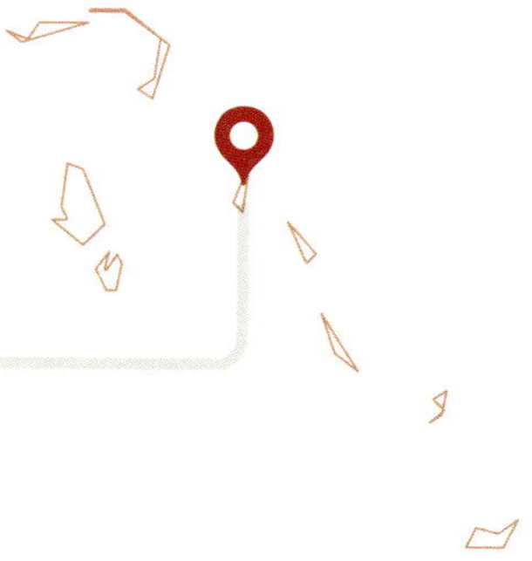

LINKS: SHANE PINDER – ALAMY

Januar

Beifall für den Kaapse Klopse

SÜDAFRIKA

WARUM JETZT Um der wichtigsten Feier im Schatten des Tafelberges beizuwohnen

WO Kapstadt

WANN Beginn: 2. Januar, einen Monat lang

02 JAN

Kaapse Klopse (das Musik-Fest von Kapstadt) ist der größte Karneval der Hauptstadt und ein fröhlicher Aufmarsch von Spielmannszügen in farbenfrohen Uniformen aus Satin, Pailletten und Glitter. Die Tradition stammt aus dem 19. Jh., als den Sklaven der Stadt nur ein einziger Tag Urlaub im Jahr zustand, nämlich am 2. Januar. Die heutige Kostümierung geht allerdings auf amerikanische Gastmusiker zurück, die Ende des 19. Jhs. herkamen und auch die Make-ups und die frechen Tänze einführten. Der größte Umzug beginnt mittags vor dem Alten Rathaus in der Darling Street und endet am Green Point Stadium. Tausende von Besuchern strömen zur Strecke, um sich die besten Plätze zu sichern. Das Wettspielen der Musikantengruppen, deren Darbietungen jeweils nach Kriterien wie Kostüm, Gesang und Tanz bewertet werden, findet jeden Samstag statt, von Januar bis Anfang Februar. Wer den großen Umzug verpasst, kann die Spielmannszüge im Green Point, Athlone oder Vygerkraal Stadium erleben.

— *www.capetown-minstrels.co.za*

Skihimmel Jadedrachen

CHINA

WARUM JETZT Der chinesische Winter bringt jede Menge feinsten Schnee

WO Jadedrachen-Schneegebirge, Yunnan

WANN November bis Anfang Mai

03 JAN

Seit sich der bolivianische Chacaltaya-Gletscher 2009 in nichts auflöste, gilt nun der Jadedrachen-Schneeberg (Yulong Xueshan) als höchstgelegenes Skigebiet der Welt. Die Bergstation der Jadedrachen-Seilbahn liegt stolze 4516m über dem Meeresspiegel. Mit Seilliften wurde sogar noch ein kleines Gelände oberhalb dieser Station erschlossen. Hier oben ist der Sauerstoff so knapp, dass in den Skiorten Höhenkrankheitspillen und Sauerstoffmasken verkauft werden. Dennoch: Durch seine südliche Lage ist der Jadedrachen auch Chinas wärmstes Skigebiet – hier sonnt man sich nicht nur in Höhenrekorden.

— *www.cnto.org*

Zum Cresta-Rennen

SCHWEIZ

WARUM JETZT Um mit atemraubender Geschwindigkeit den Cresta Run zu meistern

WO St. Moritz

WANN Die Bahn ist von kurz vor Weihnachten bis Ende Februar geöffnet

04 JAN

Der Cresta Run – die berühmteste Bahn fürs Skeleton (bäuchlings und kopfüber Rodeln) – wurde erstmals 1885 errichtet und wird für den Freizeitsport wie für Wettkämpfe genutzt. Gäste dürfen jedoch nur an wettkampffreien Tagen auf die Bahn; Frauen dürfen gar nicht. Die Höchstgeschwindigkeiten liegen bei ca. 130km/h, wobei Anfängern das Bremsen (per Spikes an den Schuhen) schwerfällt. Wer aus der Kurve fliegt, landet in der berühmtesten Ecke der Bahn, dem Shuttlecock, und wird in den Shuttlecock Club mit clubeigener Krawatte aufgenommen.

— *www.cresta-run.com*

LINKS: **Die ausgelassenen Paraden von Kaapse Klopse sind eine absolute Stimmungsgranate.**

UNTEN: **Wilde Sturmwolken brauen sich regelmäßig im Winter auf Vancouver Island zusammen.**

Stürme herantoben sehen

KANADA

WARUM JETZT Weil Winterwetter wild ist

WO Vancouver Island, British Columbia

WANN November bis März (beste Zeit Dezember bis Februar)

05 JAN

Die Westküste von Vancouver Island wird jeden Winter zum Rasiersitz, wenn die spektakulärsten Stürme der nordamerikanischen Westküste hier hereinrollen. Von Japan kommend überqueren sie unaufhaltsam den Pazifik und treffen – unter konstantem Tiefdruck im Golf von Alaska – mit solcher Wucht auf die Küste, dass Wind und Wellen härter aufschlagen als die Faust eines Boxers. Erleben lässt sich diese Sturmkraft bei Strandwanderungen, von einer Klippe des danach benannten Wild Pacific Trails, während einer Sturmbeobachtungstour von Tofino aus oder – geschützt – vom Fenster des Hotelzimmers.

— *www.my-tofino.com*

Karneval der Schwarzen und Weißen

KOLUMBIEN

WARUM JETZT Um fröhlich-frech zu feiern

WO Pasto, Nariño

WANN 2.–7. Januar; am 6. Januar gibt's den Festumzug

06 JAN

Eines der ältesten Feste Südamerikas, der Carnaval de Negros y Blancos (Karneval der Schwarzen und Weißen) in Pastos, geht auf die Zeit der spanischen Herrschaft zurück, als es den Sklaven erlaubt war, am 5. Januar zu feiern, und die Herren ihr Einverständnis signalisierten, indem sie sich die Gesichter schwarz malten. Im Gegenzug malten sich die Feiernden am Folgetag weiß. Noch heute wird diese Tradition gepflegt; die ganze Stadt ist außer sich, wenn sich alle mit Fettfarbe, Talkum, Mehl oder anderen schwarzen oder weißen Substanzen bemalen und bewerfen. Jeder darf jeden einstauben, und so sieht man am Ende des Tages auch aus: höllisch besudelt. Ein heißer Tipp: die ältesten Klamotten anziehen und sich eine der Masken (span. „Antifaz") besorgen, die dafür an jeder Ecke zu haben sind. Pasto liegt 2500m über dem Meeresspiegel, die Tage können kühl und die Nächte regelrecht frostig sein. Es empfiehlt sich daher, einen Pullover einzupacken oder sich bei einer feurigen Mahlzeit im Salón Guadalquivir in heiße Karnevalsstimmung zu bringen. — *www.colombia.travel*

RECHTS: **ANDREW WATSON – GETTY IMAGES**

Die Superbank surfen

AUSTRALIEN

WARUM JETZT In der Wirbelsturmsaison lassen die anbrandenden Stürme Superwellen entstehen

WO Gold Coast, Queensland

WANN Januar bis April

07 JAN

Noch vor wenigen Jahrzehnten gab es hier nichts, was nach der Superbank ausgesehen hätte, der großen weißen Sandbank vor der Goldküste von Queensland. Heute entstehen hier die längsten Wellen und Wellentunnel der Welt. 1999 sollte ein „Sand-Umleitungsprojekt" nordwärts strömenden Sand hinter die Mündung des Tweed River und weiter bis zur Goldküste transportieren. Stattdessen entstand die Superbank – ein Hoch auf die verfehlte Planung! – die sich schnurgerade von Snapper Rocks bis zur Kirra zieht. Bei sommerlichen Sturmwogen bilden sich ellenlange Wellentunnel.

Tatsächlich ist die Superbank bei Tweed Heads, nördlich der Grenze zwischen South Wales und Queensland, so toll zu dieser Jahreszeit, dass ein paar Tollkühne nachts ihr Glück herausfordern. Surfer gibt's hier wie Sand am Meer, aber keine Angst: Wellen kriegt ein jeder ab. — *queenslandholidays.com.au*

Bird-Watch in Radschastan

INDIEN

WARUM JETZT Um die überwinternden Zugvögel und heimische Standvögel zu sehen

WO Bharatpur, Radschastan

WANN November bis März

08 JAN

Die Sumpflandschaft im indischen Bharatpur, einst das beste Entenjagdgebiet der britischen Krone, wurde 1981 zum Nationalpark erklärt und in Keoladeo Ghana National Park umbenannt. Die Tage der Jagdfeste sind längst vorbei, die Wildtierbestände haben sich erholt, der Park gehört heute zu den beliebtesten Vogelbeobachtungsgebieten der Welt. Und zu den zugänglichsten! In Bharatpur, 180 km südlich von Delhi, kann man sich einfach aufs Rad schwingen und den ebenen Straßen folgen, die sich durch Teiche und Sümpfe schlängeln. Der vergleichsweise kleine Park ist so voll mit Wildtieren, dass die größte Schwierigkeit wohl darin besteht, alle gesehenen zu benennen.

Von August bis Oktober sind die Bäume rappelvoll mit nistenden Reihern, Störchen und Kranichen; bis zu neun verschiedene Arten versammeln sich auf einem Baum. Von November bis März, wenn unzählige Zugvögel aus Asien und Europa hier überwintern, vervielfacht sich der Artenreichtum. Bis zu 180 Vogelarten können einem dann täglich begegnen. Mit allein 40 Greifvogelarten und sieben Eulenarten ist Bharatpur einer der besten Orte der Welt, um Raubvögel zu beobachten. Zu den Vögeln gesellen sich zahme Hirschziegenantilopen, Chitals, Pferdehirsche und Nilgaus.
— *www.rajasthantourism.gov.in*

Fit zur Tour d'Afrique

ÄGYPTEN–SÜDAFRIKA

WARUM JETZT Um die monumentalste Radexpedition zu starten

WO Kairo bis Kapstadt

WANN Jedes Jahr von Anfang Januar bis Mai

09 JAN

Die Tour d'Afrique ist ein 11 900km langes Radrennen von den Pyramiden von Gizeh bei Kairo bis nach Kapstadt in Südafrika. In vier Monaten legen die Radsportler im Schnitt 120km am Tag zurück, vorbei an einigen der bedeutendsten Sehenswürdigkeiten Afrikas – an Luxor, den Wasserfällen des Blauen Nils, dem Mount Kenya und dem Kilimandscharo – und an noch mehr heimischen Wildtieren. Die Tour d'Afrique ist in erster Linie ein Radrennen, kann aber auch als Radexpedition und in einzelnen Etappen bewältigt werden. Die acht Teilstrecken sind jeweils zwischen 1000 und 2000km lang, wobei einige davon extrem anspruchsvoll sind. Die Startgebühr für Etappen liegt bei US$ 1500, für die gesamte Strecke bei US$ 14 500.
— *www.tourdafrique.com*

Das Voodoo-Festival sehen

BENIN

WARUM JETZT Bei Tanz, Gesang und magischen Stöckchen auf Benins exzentrischstem Fest

WO Ouidah

WANN 10. Januar

10 JAN

Für Millionen von Beninern ist Voodoo ein Teil des täglichen Lebens und bar jeglichen Schwindels. Einzig die von Nadeln durchbohrten Voodoo-Puppen haben etwas von dunkler Macht. Das Voodoo-Festival in Ouidah zeigt auch andere Facetten. Seit 1997, ein Jahr nach der staatlichen Anerkennung von Voodoo als einer Religion (praktiziert von 60% der in Benin lebenden 7,4 Millionen Einwohner), strömen Tausende nach Ouidah, dem historischen Wallfahrtsort, um den Segen des städtischen Voodoo-Priesters zu empfangen. Die Feier beginnt mit der Schlachtung einer Opferziege, es folgen Tänze, Trommelklänge und Gin-Genuss. Ouidah liegt 42km westlich von Cotonou, der Hauptstadt Benins.
— *www.benin-tourisme.com*

LINKS: **Ein Braunliest (Eisvogel) in Erwartung seiner Mahlzeit im Keoladeo-Nationalpark.**

UNTEN: **Ein früher Vogel, dieser Radsportler auf der Tour d'Afrique im Sudan.**

Patagonien erkunden

ARGENTINIEN/CHILE

WARUM JETZT Um diese Zeit am besten zugänglich: schneebedeckt, nicht zugeschneit

WO Südzipfel Südamerikas

WANN Dezember bis Februar

11 JAN

Patagonien ist buchstäblich das Ende der Welt. Ein rauer Landstrich, beherrscht vom südlichsten Zipfel der Anden, der längsten Gebirgskette der Welt. Die patagonischen Anden, seit Jahrtausenden von Winden und Eis heimgesucht, sind im Schnitt nur 2000m hoch, aber in allerlei bizarre Formen zersprengt, wie die eckzahnartigen Torres del Paine oder die Gipfelkuppe des Fitz Roy. Unterhalb des Fitz-Roy-Massivs liegt das Südpatagonische Eisfeld, welchem der 60m hohe Perito-Moreno-Gletscher entspringt, der stetig geräuschvoll kalbt und riesige Eistürme in den Lago Argentino wirft. Die Anden bilden eine Grenzlinie zwischen zwei unterschiedlichen Landschaften.

Östlich erstreckt sich die dürre argentinische Steppe bis hin zum Naturreservat der Halbinsel Valdés, die von Magellan-Pinguinen und See-Elefanten bewohnt wird. Westlich liegt die von Fjorden zerfurchte chilenische Küste. Auf Flüssen wie dem Río Serrano gelangt man per Kayak zu großen, von Eisbergen aufgestauten Seen. Abenteuerlich und eins der beliebtesten Wildwasser-Erlebnisse ist eine Raftingtour auf dem reißenden Río Futaleufú. Den Schlusspunkt Patagoniens bildet Feuerland. Auf der chilenischen Seite ausgedehnte Schaffarmen und Berge, auf der argentinischen die Stadt Ushuaia, von der aus Antarktisexpeditionen starten.

— *www.chile.travel; www.turismo.gov.ar*

RECHTS: **GARETH MCCORMACK – GETTY IMAGES**

Walzer tanzen in Wien

ÖSTERREICH

WARUM JETZT Ballzeit! – Die Chance, mit der Wiener Elite übers Parkett zu schweben

WO Wien

WANN Januar bis März

12 JAN

Samba gehört zu Rio wie der Walzer zu Wien. Und wie in Rio der Karneval mit hüftschwingenden Tänzen gefeiert wird, wird in Wien auf Bällen getanzt. Von Januar bis März werden jedes Jahr etwa 450 Bälle veranstaltet. Den Auftakt macht der große Silvesterball in der Hofburg; auf unzähligen weiteren wie dem Blumenball, dem Jägerball oder dem Bonbonball wird bis in den Frühling getanzt. Zu den Ballhäusern zählen die Hofburg, eine Sinfonie aus Marmorsäulen und riesigen Kronleuchtern, verschiedene Konzertsäle und die Wiener Staatsoper. Ein Spleen der Wiener ist, die Bälle von diversen Berufsverbänden auszurichten, man wird also von lauter Rechtsanwälten oder Wiener Kaffeehausbesitzern umschwirrt.

Ballkarten kann jeder kaufen, der zu tanzen und sich nobel zu kleiden versteht (Smoking oder Ballkleid). Eine Tanzstunde vorab wird auch für Geübte empfohlen, denn die Wiener Art ist unglaublich schnell. Die Tanzschule Elmayer bietet dafür Ball-Blitz-Kurse an.
— *www.vienna.info*

Quallensee erschnorcheln

PALAU

WARUM JETZT Surrealstes Schwimmerlebnis zur trockensten Zeit des Jahres

WO Palau, Mikronesien

WANN Januar bis März

13 JAN

Palau ist ein spektakulärer Tauchspot mit Korallenriffen, Blue Holes, Wracks aus dem Zweiten Weltkrieg und Höhlen. Den Mittelpunkt bilden die Chelbacheb-Inseln, auch Rock Islands, eine Gruppe von 200 kleinen, üppig bewachsenen Kalksteininseln. In den Lagunen dieser Inselgruppe leben mehr als 1500 Arten von Meerestieren wie Teufelsrochen, Schildkröten, Muränen, Riesenmuscheln, Haie und Seeschweine. Zu den ca. 70 marinen Rock-Islands-Seen zählt auch der Quallensee. Hier leben Millionen von harmlosen, durchsichtigen Schirmquallen. Zwischen diesen pulsierenden Medusenschwärmen zu schnorcheln ist ein fantastisches Erlebnis.
— *www.visit-palau.com*

Pistenspaß Elburs-Gebirge

IRAN

WARUM JETZT Um die überraschend großartigen Schneeverhältnissen zu nutzen

WO bei Teheran

WANN Mitte Januar bis Mitte März

14 JAN

Man mag bei diesem Land nicht an Skisport denken, aber der Iran beherbergt auch Skiorte. Das Elburs-Gebirge liegt höher als die Alpen und bietet Anfängern und auch Powderfreaks beste Pisten. Vier Skistationen liegen jeweils eine Tagestour von Teheran entfernt. Dizin, das größte Skigebiet Irans, ist dank seiner Höhenlage – die erhabenste Abfahrt beginnt bei 3500m – eins der höchsten Skigebiete der Welt und sechs Monate schneesicher. Ein weiteres lohnendes Ziel ist das näher an Teheran gelegene Schemschak mit steilen Abfahrten, Buckelpisten und Nachtski bei Flutlicht. Wer im Elburs-Gebirge Ski fährt, will sportliche Action.
— *www.tourismiran.ir*

LINKS: **Die Ballsaison ist eröffnet: Wien, Österreich.**

UNTEN: **Eine Zauberwelt unter Wasser: schnorcheln mit harmlosen Medusen.**

Jamesflamingos erkunden

BOLIVIEN

WARUM JETZT Es wimmelt von Flamingos

WO Laguna Colorado, 600km vor La Paz

WANN November bis Januar

15 JAN

Der beste Beweis für die Anziehungskraft dieser Flamingos sind die mehr als 40 000 Menschen, die jährlich zur entlegenen Laguna Colorado in Südbolivien reisen, um diese magischen Vögel zu beobachten.

Auf fast 4300m Höhe brennt die Sonne, die Luft ist dünn, aber diese himmlische Landschaft der kargen Hügel und des wechselnden Lichts ist es allemal wert. Drei Arten von Flamingos versammeln sich jeden November zu Tausenden. Da die Brutkolonien leicht zu stören sind, sollten nur geführte Reisen von Uyuni oder San Juan gebucht und ein Besuch beim Tourismusbüro in Uyuni gemeldet werden, bevor man seinen Fuß in das Reservat setzt.
— *www.enjoybolivia.com*

Bobfahrt Lake Placid

USA

WARUM JETZT Saisonstart ist meist Ende Dezember, im Januar sind Bobrennen garantiert

WO Lake Placid, Adirondacks, New York

WANN Winter, ab Ende Dezember

16 JAN

Sich einmal wie ein Olympionike fühlen und in einen Bobschlitten auf den Mount Van Hoevenberg bei Lake Placid klettern, wo 1932 und 1980 die Olympischen Winterspiele ausgetragen wurden! 2009 fand hier – auf der einzigen ausschließlich für den Bobsport genutzten Bahn der USA – die Bob-Weltmeisterschaft statt. Zwischen einen Profifahrer und einen Bremser gezwängt saust man in nur etwa 30 Sekunden die 800m-Bahn hinunter und zischt durch die gefährliche Zickzack-Kurve und die Zielkurve. Wer lieber selbst lenkt, setze sich in einen Rennschlitten der Luge Rocket und rausche durch die 16 Kurven.
— *www.whiteface.com*

Das Ati-Atihan feiern

PHILIPPINEN

WARUM JETZT Um sich fröhlich vom größten Straßenfest des Landes mitreißen zu lassen

WO Kalibo

WANN Dritte Januarwoche

17 JAN

Ati-Atihan ist das ausgelassenste Kostümfest der Philippinen. Eine Woche lang rauscht es Tag und Nacht durch die Straßen; Höhepunkt ist der dritte Sonntag im Januar. Das Fest zu Ehren des Santo Niño (des Jesuskindes) ist ein religiöses – verpackt in weltlichen Glitter – und steigert sich in den letzten drei Tagen der Festwoche zu einem wahren Rausch. Die Messe am Freitagmorgen ist der Auftakt für eine Masseneuphorie, danach wird bis in den Samstag getanzt. Der Sonntag beginnt mit der Prozession. Eine Jesuskind-Figur wird von der Kalibo-Kathedrale zum Pastrana-Park getragen, mit anschließender Messe unter freiem Himmel. — *www.ati-atihan.net*

RECHTS: **Orthodoxe Priester bei der Timkat-Feier in Lalibela.**

UNTEN: **Speed-Rausch beim Bobrennen am Lake Placid in den Adirondack Mountains.**

Hydrospeed in Rotorua

NEUSEELAND

WARUM JETZT Wenn man sich in Gletscherflüsse wagt, dann zur wärmsten Jahreszeit

WO Rotorua, Nordinsel

WANN Ganzjährig, ideal Januar und Februar

18 JAN

Beim River Surfing (Hydrospeed) geht es – wie beim Rafting – um das ganz persönliche Mit-oder-gegen-die Stromschnellen eines Flusses, das aber mit nur einem Paar Flossen und dem Schwimmkörper, den man vor sich hält. Hat man's geschafft, den Schwimmkörper in eine stehende Welle zu drehen, gerät man im nächsten Moment schon in ein schwarzes Loch unter Wasser. Hydrospeed gibt's nicht nur in Rotorua, auch Wanaka und Queenstown bieten River Surfing. In Rotorua jedoch kann man sich mit dem Helikopter den Okere River hinaufbringen lassen und sich dann durch die Stromschnellen (Grad 5) zurückkämpfen.
— *www.kaitiaki.co.nz*

Mit Gläubigen bei der Timkat

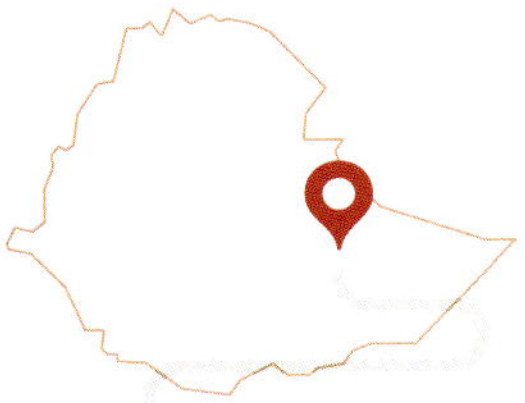

ÄTHIOPIEN

WARUM JETZT Um die orientchristliche Erscheinung des Herrn zu erleben

WO Fasilidas' Bath, Gonder

WANN 18.–20. Januar

19 JAN

Das farbenreichste Spektakel Äthiopiens wird anlässlich der Taufe Jesu am Fluss Jordan veranstaltet und im ganzen Land gefeiert, am eindrucksvollsten jedoch in der früheren Hauptstadt Gonder. Am Vorabend des Timkat-Festes werden Tabot-Tafeln der Kirche (Nachbildungen der Bundeslade) zum Fasilides-Bad getragen. Diese werden nachts dann von Priestern und Gläubigen bewacht.

Am Morgen des 19. Januar versammeln sich alle am Wasser, das gesegnet und auf die Teilnehmenden gesprenkelt wird, Taufversprechen werden dabei erneuert. Dann werden die Tabot-Tafeln von Gesängen und Tänzen begleitet zur Kirche zurückgebracht. Hunderte Gläubige springen nach der Weihe ins Wasser und zelebrieren die Taufe als Tauchbad. Gonder – als „Camelot Afrikas" bekannt – ist das ganze Jahr über ein sinnträchtiger Ort. Ein Besuch der Weltkulturerbe-Festungsstadt Fasil Ghebbi lohnt, und auch der Klosterkirche von Debre Berhan Selassie, deren Wände mit kunstvollster Malerei verziert sind.

— *www.tourismethiopia.gov.et*

Eleganz im Kranich-Tanz

JAPAN

WARUM JETZT Um dem winterlichen Balztanz dieser anmutigen Vögel zuzusehen

WO Kushiro, Hokkaido

WANN Januar bis Februar

20 JAN

Trotz ihrer mythologischen Bedeutung als Symbole des ewigen Lebens wurden die rotköpfigen Mandschurenkraniche im Japan der späten 1880er-Jahre durch Jagden praktisch ausgerottet. So wurde es als ein Wunder betrachtet, als 1910 plötzlich wieder einer auf freiem Feld gesichtet wurde. Als man im legendären Winter 1952 dann den kläglichen Restbestand einer verhungernden Kranichschar fand, fingen Bauern und Kinder damit an, die Kraniche zu füttern – eine Tradition, die bis heute fortlebt.

Heute kann man einige Hundert Exemplare beobachten, die sich auf den schneebedeckten Feldern vor Kushiro auf der japanischen Insel Hokkaido versammeln und dort sogar so etwas wie ein Nationalheiligtum darstellen. Einer der besten Beobachtungsorte ist das „Rotschopf-Reservat" Tancho-no-Sato, das an das Internationale Kranichzentrum von Akan angrenzt.

Das stolze Schreiten der etwa 1,5m großen majestätischen Vögel ist schon imposant. Grund für die unzähligen Besucher aber ist der einzigartige Balztanz dieser Vögel, der spektakulärste aller Kranicharten (die alle namhafte Tänzer sind). Die Erregung wird spürbar, wenn die Scharen im Sturzflug herankommen, mit Rufen, die von den Hügeln widerhallen und die Inbrunst noch verstärken.

— *www.lake-akan.com/en*

Das Land der Dogon erkunden

MALI

WARUM JETZT Um diese bizarre Welt bei Temperaturen um 30°C zu genießen

WO Dogon Country

WANN November bis Januar

21 JAN

Das Gebiet der Dogon in Mali mutet an wie Tolkiens Mittelerde. Da gibt es Kornspeicher mit hexenhutähnlichen Strohdächern, schreckstarr dreinsehende Affenbrotbäume und makellose Felderchen, die an Hobbington erinnern. Einzig der 150m lange, kupferrote, zerklüftete Bandiagara-Steilhang, der über dieser Landschaft thront, passt nicht ins Bild.

Das Land der Dogon lässt sich am besten bei einer Wanderung entlang dieser Felsen erkunden, von einem Dorf zum anderen, auf uralten Pfaden. Wanderführer sind empfehlenswert. Sie dokumentieren die Route, enthalten einen Sprachführer und bewahren einen davor, unversehens über heilige Orte zu stolpern.
— *www.dogoncountry.com*

Eine Insel umradeln

KUBA

WARUM JETZT Um das coole Kuba zur kühlsten und trockensten Jahreszeit zu erkunden

WO Kuba

WANN Januar bis April

22 JAN

Wer sich die größte karibische Insel mit dem Rad erschließt, sieht hinter all der Politik auch das Land. Ein Abstecher nach Havanna lohnt, um den Malecón entlangzurollen, die breite Uferstraße, mit den Wellen zur einen und kolonialer Grandeur zu anderen Seite. Von Havanna aus geht es gen Osten zu den tropischen Stränden von Varadero, von dort hinüber zur Ostspitze der Insel, um sich an der 300km langen Sierra Maestra zu messen, der höchsten Gebirgskette der Insel. Man kann aber auch gen Westen schwenken und das üppig grüne Viñales-Tal durchfahren, eine Region mit dicht belaubten Tabakplantagen, kugeligen „Mogotes“ (Kalksteinhügel) und abgeschiedenen Pfaden, die für Radtouren wie geschaffen scheinen.
— *www.travel2cuba.co.uk*

LINKS: **Zu den Tänzen der Mandschurenkraniche gehören auch Sprünge, Verbeugungen und synchrones Stolzieren.**

UNTEN: **Durch das Viñales-Tal auf Kuba radeln.**

LINKS: ANDY ROUSE – GETTY IMAGES

Auf den Spuren der Berggorillas

UGANDA

WARUM JETZT Um in der (relativen) Trockenzeit mitten im Regenwald Verwandte zu treffen

WO Bwindi Impenetrable National Park

WANN Dezember bis Februar

23 JAN

Heute leben auf der Welt nur noch etwa 800 Berggorillas, die Hälfte davon im Bwindi-Nationalpark in Uganda. Diesen Tieren zu begegnen, gehört zu den magischen Momenten Afrikas.

Neun im sogenannten Impenetrable Forest (Undurchdringlichen Wald) lebende Gorilla-Gruppen sind an die Gegenwart des Menschen gewöhnt, doch halten sie sich jeden Tag woanders auf. Sie können 15 Minuten Fußweg vom Parkeingang entfernt sein, aber auch viele Stunden anstrengenden Marsches durch Berge und auf glitschigen Pfaden entfernt. Nur acht Menschen dürfen die Gorillas täglich besuchen, und jeder einzelne von ihnen braucht eine Genehmigung (US$ 600). Diese Genehmigungen sind schnell vergriffen, man sollte also vorausplanen. Kindern unter 15 Jahren und Personen mit Erkältung oder anderen Krankheiten ist der Zutritt zum Park nicht gestattet. Erwachsene Berggorilla-Männchen, die Silberrücken, können mehr als 160kg auf die Waage bringen, sind meist aber gelassen, wenn sie sich nicht bedroht fühlen. Bei Gefahr (und manchmal bei Fremden) brüllen sie oder gehen auf den Eindringling los. Dann heißt es Ruhe bewahren und abwarten.

— *www.uwa.or.ug*

Balzende Chamäleons

MADAGASKAR

WARUM JETZT In der Regenzeit kann man Chamäleons balzen sehen

WO Madagaskar

WANN November bis April (Regenzeit)

24 JAN

Die mehr als 75 in Madagaskar lebenden Chamäleon-Arten – von kaum erkennbaren Zwergarten bis hin zu einen Meter langen, vogelfressenden Riesenkreaturen – sind ein uralter und bemerkenswerter Clan von Echsen. Die meiste Zeit bewegen sich diese Zeitlupen-Jäger in veritablem Schneckentempo auf Schraubstocksohlen und suchen Blätter und Äste mit ihren Höckeraugen ab, um die Beute dann mit ihren körperlangen klebrigen Schleuderzungen blitzartig zu schnappen.

Dieses recht beschauliche Spektakel ändert sich zur Regenzeit, wenn die wild oder in den Parks der Insel lebenden Chamäleons aus ihren Verstecken hervorkommen und mit ihrem farbenprächtigen Balz- und Paarungsspektakel beginnen. Einige Arten, vor allem die mit den gehörnten Männchen, lassen sich in harten Kopfstoß-Manövern aufeinander ein, die meisten aber nehmen statt der tarnbraunen leuchtende Regenbogenfarben an, wobei sie die Farben verblüffend schnell und in Millisekunden ändern können. So wundert auch der griechische Begriff „Erdlöwen“ nicht. — *www.wildmadagascar.org*

Gezwitscher im Banc d'Arguin

MAURETANIEN

WARUM JETZT Im Winter leben hier unzählige Vogelpopulationen

WO Parc National du Banc d'Arguin

WANN Januar

25 JAN

Zwischen Atlantik und Sahara liegt der mauretanische Nationalpark Banc d'Arguin, eines der weltweit bedeutendsten Vogelbeobachtungsgebiete. Er erstreckt sich nördlich von Cap Timiris über eine Länge von 200km und ist das Überwinterungsgebiet von etwa 2 Millionen Schreitvögeln. Rund ein Drittel dieser Vögel nimmt die Atlantik-Flugroute, das ist das größte Vorkommen solcher Vögel weltweit.

Darunter sind Rosaflamingos, Nashorn- und Braunpelikane, Trauerseeschwalben und Löffler. Die Vögel brüten vorrangig auf den Inseln, auf die man mit kleinen Booten vom Fischerdorf Twik aus gelangen kann.

— *www.pnba.mr*

Zum Roraima wandern

VENEZUELA

WARUM JETZT Zu anderen Jahreszeiten gießt es hier in Strömen

WO Nationalpark Canaima

WANN Dezember bis März

26 JAN

Sir Arthur Conan Doyles „Vergessene Welt" spielte an einem aus der Zeit gefallenen Ort, der noch von Dinosauriern bewohnt wurde. Inspiriert hatte Doyle ein Sandstein-Tepui (Tafelberg) im südamerikanischen Urwald. Der 34km^2 umfassende Roraima-Tepui erstreckt sich über die Grenzen von Venezuela, Guyana und Brasilien.

Seine Landschaft ist geprägt von geschwärzten Felsen und rosa-farbenen Stränden. Ein paar Lebewesen haben sich an die unwirtlichen Bedingungen angepasst: schwarze Frösche, die nicht springen, sondern krabbeln, oder fleischfressende Pflanzen, die Insekten einfangen.

— *www.venezuelaturismo.gob.ve*

LINKS: **Das prächtige Pantherchamäleon ist im Norden und Osten Madagaskars beheimatet.**

UNTEN: **Ein Nashornpelikan segelt über Rosaflamingos.**

Auschwitz Ehre erweisen

POLEN

WARUM JETZT Es ist der Internationale Holocaust-Gedenktag

WO Nahe Krakau, Südpolen

WANN 27. Januar

27 JAN

Am 27. Januar 1945 wurde Auschwitz-Birkenau, das wohl berüchtigtste faschistische Konzentrationslager, durch die Rote Armee befreit. An diesem Tag begeht man heute den Internationalen Tag des Gedenkens an die Opfer des Holocausts, um dafür zu sorgen, dass so ein Verbrechen nie wieder begangen wird. Das Lager ist heute ein ergreifendes Museum; ein Besuch ist bedrückend und doch unerlässlich. In den alten Baracken von Auschwitz sind Exponate wie Fotos, Berge von Haaren, Brillen, Schuhen zu sehen; in Birkenau die verfallenen Massenvernichtungsanlagen, mit denen mehr als eine Million europäische Juden vernichtet wurden.

— *www.auschwitz.org*

Keas treffen

NEUSEELAND

WARUM JETZT Um größere Gangs dieser kecken Vögel anzutreffen und zu bewundern

WO Arthur's Pass National Park, Südinsel

WANN Januar und Februar

28 JAN

Wer auf der Neuseeländischen Südinsel auf Keas trifft, der weiß, warum diese bemerkenswerten Bergpapageien als verspielt, neugierig, zahm und ausgesprochen frech gelten. Sie wälzen sich am liebsten im Schnee oder taumeln vergnügt durch die Luft, können aber ebenso gut in Gangs unterwegs sein und im Handumdrehen die Scheibenwischerblätter eines Autos abfetzen. Im Januar und Februar versammeln sie sich zu Scharen von bis zu 20 Tieren. Die Nahrung ist knapp in den Bergen, und so versuchen sie sich dank ihrer Neugier an immer neuen, manchmal auch sonderbaren Futterquellen.
— *www.keaconservation.co.nz.*

Abfahrt durchs Vallée Blanche

FRANKREICH

WARUM JETZT Für 22km Abfahrt braucht es Schnee, den es nur im tiefsten Winter gibt

WO Chamonix

WANN Januar und Februar

29 JAN

Vom immergrünen Skiort Chamonix, dem Austragungsort der ersten Olympischen Winterspiele 1924, geht es per Seilbahn den Aiguille du Midi hinauf bis zur stecknadelkopfgroßen Bergstation hoch über der Stadt. Von dort kann man die längste Abfahrt Europas hinunterpreschen.

Die Route durchzieht das gleichnamige Gletscherbecken Vallée-Blanche, vorbei an Gletschern wie dem Mer de Glace, 22km hinunter nach Chamonix. Die Strecke selbst ist relativ leicht zu bewältigen, doch die Gefahren der Gletscherspalten müssen mit einem qualifizierten Bergführer gebannt werden.
— *www.chamonix-guides.com*

RECHTS: **Die Wolfsrudel im Yellowstone sind im WInter leichter aufzuspüren.**

UNTEN: **Skifahrer schieben sich den Kamm entlang zum spektakulären Start der Vallée-Blanche-Tour.**

Adam's Peak erklimmen

SRI LANKA

WARUM JETZT Um sich in der Trockenzeit den Pilgern aus der Region anzuschließen

WO Zentrales Hochland

WANN Dezember bis Mai, zur Pilgerzeit

30 JAN

Der Adam's Peak (2243m) hat seit Jahrhunderten schon die Fantasien beflügelt. Der heiligste Berg des Landes hat nämlich einen riesigen „Fußabdruck" auf seinem Gipfel, der von den einen als Abdruck des auf die Erde herabkommenden Adam, von anderen als Abdruck des ins Paradies aufsteigenden Buddha und wieder anderen als der des Shiva oder des Apostels Thomas gedeutet wird. So steigt zur Pilgerzeit ein steter Menschenstrom die unzähligen Stufen und Steige von der Ortschaft Dalhousie den Bergpfad hinan, der dann sogar beleuchtet ist. Bei einem Anstieg bei Nacht erwartet den Wallfahrer ein traumhafter Sonnenaufgang.
— *www.srilankatravel*

Wölfe im Yellowstone

USA

WARUM JETZT Die Schönheit der Wölfe

WO Yellowstone-Nationalpark, Wyoming

WANN Januar bis März

31 JAN

Wer das Lamar Valley des Yellowstone-Nationalparks betritt, versteht, warum der Park auch als Serengeti von Nordamerika bezeichnet wird. Durch dieses weit reichende Flusstal im Nordosten des ältesten Nationalparks der Welt streifen große Herden von Wapitis, Bisons, Elchen und Gabelhornantilopen, aber auch allerlei Raubtiere sind hier zu Hause, von Weißkopfseeadlern bis hin zu Grizzlybären. Komfortable Aussichtsplattformen sorgen für Massentourismus im Sommer, im Winter jedoch ist die Szenerie eine ganz andere. Da kann das Thermometerende schon mal abfrieren. Doch die Parkplätze sind voller Wildtier-Groupies, die alle aus einem Grund hier sind: Wölfe! Seit die Tiere 1995 wieder angesiedelt wurden, hat sich der Park zum weltweit besten Beobachtungsort für wild lebende Wölfe gemausert. Deren Spuren sind im Schnee deutlich besser zu verfolgen. Weitere Highlights sind dann auch die reifbedeckten Bisons, die sich um heiße Quellen herum versammeln bis hin zu Wapitis, die zwischen gespenstischen Bäumen umherschweifen; die Luft funkelt von Eiskristallen. — *www.nps.gov/yell*

Eisklötze staunen beim Eis- und Schneefestival

CHINA

WARUM JETZT Sich blenden lassen von der spektakulärsten Eiskunst

WO Harbin, Provinz Heilongjiang

WANN Anfang Januar bis Ende Februar

01 FEB

Die Nordprovinz Heilongjiang in China mag zwar mit den kältesten Temperaturen Asiens gestraft sein, doch hat deren Hauptstadt Harbin mit ihrem Eis- und Schneefestival das Beste daraus gemacht. Im tiefsten Winter dreht sich hier alles um Eisskulpturen, darunter sogar Nachbildungen berühmter Gebäude und Bauwerke. Dazu zählten Miniausgaben der „Verbotenen Stadt" und der Chinesischen Mauer, die sogar als Eisrutsche fungierte. Während die meisten Menschen die Skulpturen im zentral gelegenen Shaolin Park und im Sun Island Park bestaunen, mischen sich die Hartgesottensten unter die Eisbadenden (brrrrr!) und steigen in den zugefrorenen Fluss Songhua. Daneben gibt es weitere Attraktionen, die von der Kälte ablenken, wie etwa die russisch-orthodoxe Sophienkathedrale in Harbins Stadtbezirk Daoli. Die Farm der Sibirischen Tiger hat es sich zur Aufgabe gemacht, Nachwuchs heranzuziehen und auszuwildern. Die Transsibirische Eisenbahn bringt alle Eisfans von Moskau nach Harbin und wieder zurück.
— *www.cnto.org*

RECHTS: **SINO – GETTY IMAGES**

Februar

Wale in der Baja California

MEXIKO

WARUM JETZT Um Grauwale zu grüßen, die freundlichsten Wale der Weltmeere

WO San Ignacio Lagoon, Baja

WANN Dezember bis März

02 FEB

Die Grauwale wurden in den 1850ern fast ausgerottet, bringen es heute aber auf einen bemerkenswerten Bestand von etwa 20 000 Meeresriesen. Seither ist es auch wieder möglich, sie im Dezember bei der Ankunft in ihren Kalbungsgebieten vor den Küsten von Baja California zu beobachten.

Dieses Erlebnis ist umso fesselnder, als die Wale seit einiger Zeit positiv auf die Anwesenheit des Menschen reagieren. So bringen Muttertiere ihre Kälber hinüber zu den vollbesetzten Booten, um die Riesenbabys von Touristen streicheln zu lassen.

Grauwale legen die außergewöhnlichsten Wanderungen aller Säugetiere zurück. Sie überwinden bis zu 10 000km lange Strecken vom Beringmeer bis nach Baja California, nur um ein warmes, geschütztes Plätzchen für die Geburt ihrer 600kg schweren Kälber zu finden. Die Männchen suchen sich hier eines der vielen versammelten Weibchen zur Paarung. Wer Glück hat, kann wirklich auf Tuchfühlung gehen.
— *www.visitmexico.com*

Bohnen bringen Glück

JAPAN

WARUM JETZT Um das Fest des „Jahreszeitenwechsels" zu feiern, einen Tag vor Frühlingsbeginn

WO Countrywide

WANN 3. Februar

03 FEB Fertigmachen zum Ausruf: „Oni wa soto! Fuku wa uchi!" („Dämonen hinaus! Glück herein!"). Setsubun – der „Wechsel der Jahreszeit" – ist nach dem japanischen Lunisolarkalender der Vortag des Frühlingsanfangs. Seit dem 8. Jahrhundert verjagen die Chinesen damit auch die bösen Geister.

An Schreinen und Tempeln werden die Sojabohnen von religiösen Observanten in die Menge geworfen und von den eingangs geübten Worten begleitet. Der Tradition nach soll man so viele Bohnen werfen, wie man Jahre alt ist, und danach genussvoll ein paar dampfende Soja-Brötchen essen.

— *www.jnto.go.jp*

Geparden folgen

TANSANIA

WARUM JETZT Um den Massentourismus zur Großen Tierwanderung zu meiden

WO Serengeti-Nationalpark

WANN Januar und Februar, kurze Trockenzeit

04 FEB Raubkatzen zu begegnen, ist auf einer Safari fast garantiert, hier jedoch wird man am ehesten Geparden sehen, die ihre Beute zu Fall bringen. Geparden sind tagaktive Jäger und über die weiten Ebenen der Serengeti hinweg leicht zu erspähen. Sie haben es naturgemäß nur auf die schnellsten Antilopen abgesehen (Impalas und Gazellen). Mit Geschwindigkeiten von bis zu 110km/h und 7m weiten Sprüngen reißen sie ihre Beute nieder. Im Gebiet des Wandamu-Flusses hat man in den kühleren frühen Morgenstunden oder am späten Nachmittag die besten Chancen auf wilde Jagdszenen.

— *www.serengeti.org*

LINKS: **Anmutige Grauwale beobachten in Baja California, Mexiko.**

UNTEN: **„Dämonen hinaus, Glück herein!"; Bohnenstreuen am Yasaka-Schrein zu Setsubun in Japan.**

Windsurfen in Cabarete

DOMIINKANISCHE REPUBLIK

WARUM JETZT Jetzt sind die besten Wellen

WO Cabarete, Nordküste

WANN Dezember bis März

05 FEB Die Bucht von Cabarete scheint fürs Windsurfen wie gemacht. Ein Riff auf der Luvseite der Bucht bildet einen Schutz vor Wellen und Strömungen; zwischen Riff und Ufer liegt eine weite Fläche seichten und stehtiefen Wassers. Mit leichten morgendlichen Brisen und milden Strömungen ist die Bucht ideal für Anfänger. Nachmittags kommen von Osten her thermische Winde auf, die nach Westen ziehen und Geschwindigkeiten von 25 bis 40km/h erreichen. Etwa einen Kilometer vor der Küste brechen sich die Wellen an einem zweiten Korallenriff. Dort zieht es Profi-Windsurfer hin, um ein 360°-Carving und Loops zu üben.

Der Ort Cabarete lebt unterdessen auch vom Kitesurfen. — *www.activecabarete.com*

Auf dem Zanskar wandern

INDIEN

WARUM JETZT Weil der entlegene Zanskar-Fluss zu dieser Jahreszeit zugefroren ist

WO Ladakh, Zugang über Leh

WANN Dezember bis Februar

06 FEB

Durch die extreme Kälte der Region Ladakh verirrt sich im Winter hier kaum jemand. Die Gebirgspässe sind dann geschlossen, einzig auf dem Luftweg ist eine Hin- und Rückreise noch möglich. Dennoch gibt es für jene Hartgesottenen, denen der Sinn nach etwas Ausgefallenem steht, die Möglichkeit, von Chilling nach Padum über den zugefrorenen Fluss Zanskar zu trekken. Für Zanskaris – die Bewohner der gleichnamigen Gegend – ist dieser Weg dann die einzige Zugangsmöglichkeit. Für Trekker aber bedeutet das eine achttägige Wanderung bei Übernachtungen unter überhängenden Felsen.

Der Weg führt vorbei an entlegenen Himalaya-Dörfchen, die spannende Einblicke in die Landeskultur geben. — *www.ladakh-tourism.net*

Auf zum Winterkarneval

KANADA

WARUM JETZT Um sich der größten Winterparty der Welt anzuschließen

WO Québec City, Québec

WANN Meist in den ersten zwei Februarwochen

07 FEB

Der 17-tägige Karneval von Québec, der 1894 ins Leben gerufen wurde, um die Winterkälte zu bezwingen, preist sich selbst als größter Winterkarneval der Welt. Geboten werden Nachtparaden, Eisrutschen, Hundeschlittenrennen, ein Open-Air-Kino und Tanzpartys im Schnee. Für die mutigsten Karnevalisten gibt es das Schneebaden, für das man dreimal im Badeanzug in den Schnee tauchen muss. Hauptattraktion ist jedoch das Eiskanurennen, bei dem die Teilnehmer eine Strecke von 3,2km auf dem Sankt-Lawrence-Strom zurücklegen müssen – durch Berge von Eis. Man sollte warme Kleidung einpacken und die Reise im Voraus planen, da die Unterkünfte schnell ausgebucht sind. Die beste Aussicht hat man von der Dufferin-Terrasse.— *www.carnaval.qc.ca*

RECHTS: **Ein Adeliepinguin betrachtet Eindringlinge ins arktische Eis.**

UNTEN: **Party im Schnee beim Québecs Winterkarneval.**

Mit Adeliepinguinen watscheln

ANTARKTIS

WARUM JETZT Die Jungen müssen jetzt im Alleingang zum Meer

WO Kap Adare, nördlich der McMurdo-Station

WANN Mitte Februar

08 FEB

Kein Wunder, dass diese lustigen Gesellen seit jeher zu den Hauptattraktionen der Antarktis gehören. Die Adeliepinguine sind die weltweit häufigsten und verbreitetsten Pinguine und werden von Antarktis-Reisenden gern beobachtet, besonders in der Zeit von Dezember bis März, wenn sich die 70cm hohen Vögel auf eisfreien Felshängen zu Brutkolonien versammeln. Allein im Rossmeer liegen die Bestände bei fünf bis sieben Millionen Tieren; die größte Brutkolonie mit etwa 250 000 Pinguinen befindet sich auf Ridley Beach bei Kap Adare. Zwischen unüberschaubaren Mengen von zänkischen Pinguinen zu stehen, die auf ihren kleinen Steinnestern sitzen oder die flaumigen Nestlinge versorgen, lässt sich mit nichts vergleichen.

Eine der interessantesten Verhaltensweisen ist in der ersten Februarhälfte zu beobachten, wenn sich alle Jungvögel in einer Reihe anstellen, um dann einer nach dem anderen den tollkühnen Sprung ins Meer zu wagen und sich den fortziehenden Eltern anzuschließen. Das ist ein furchtbar lärmerfüllter Augenblick, weil Fressfeind Nummer eins – der Seeleopard – schon in der Brandung hockt und auf die Leckerbissen wartet.

— *www.antarctica.ac.uk*

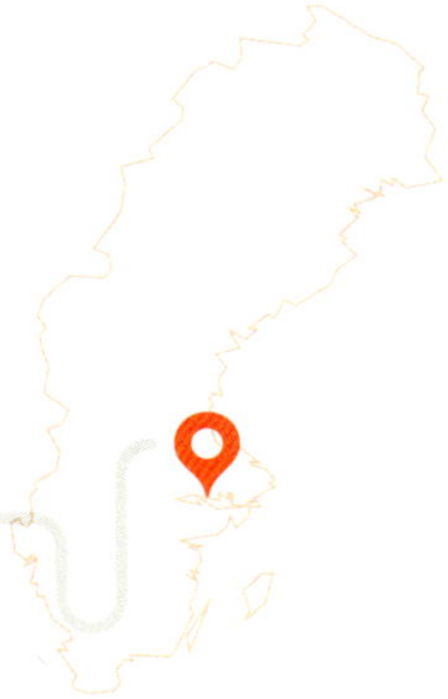

Eislauf auf dem Mälaren

SCHWEDEN

WARUM JETZT Vielleicht erwischt man sogar das legendäre Wikingerrennen

WO Mälarsee, westlich von Stockholm

WANN Dezember bis März

09 FEB

Schweden ist eine Hochburg für Eislauf-Wanderer. Sobald das Eis dick genug ist, werden der große Stockholmer See und seine Kanäle von begeisterten Eisläufern ausgelotet, um die längstmögliche Strecke ausfindig zu machen.

Der Mälaren westlich von Stockholm ist der drittgrößte See des Landes und Hauptaustragungsort für Nordic-Skating-Veranstaltungen. Man muss nur ein kurzes Stück mit öffentlichen Verkehrsmitteln zurücklegen, schon kann man über gefrorenes Frischwasser skaten, bis zu 100 km täglich zurücklegen und unterwegs in Ortschaften anhalten, wie etwa der alten Wikinger-Handelsstadt Birka mit dem größten Wikingerfriedhof Skandinaviens. Auf dem Mälaren findet seit 1999 auch das „Vikingarännet" (Wikingerrennen) statt, ein Schlittschuh-Rennen über eine Distanz von 80km von Uppsala nach Stockholm; der Rekord liegt bei 2 Stunden und 44 Minuten. Friert die Ostsee zu, das passiert ein- bis zweimal in zehn Jahren, dann bietet auch Stockholm fantastische Touren um ihre Inseln herum.

— www.sssk.se/english; www.vikingarannet.com

RECHTS: FRANS LEMMENS – GETTY IMAGES

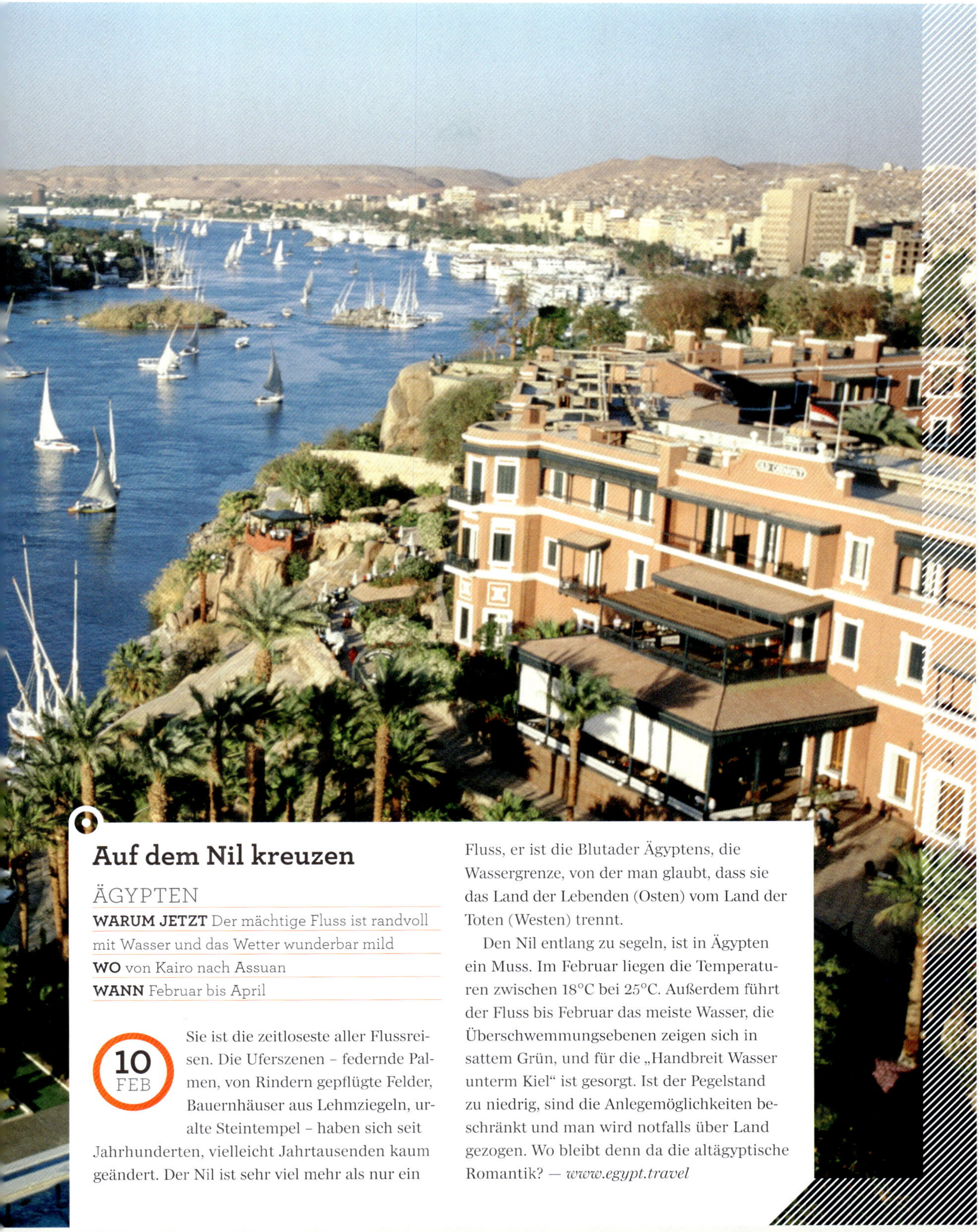

Auf dem Nil kreuzen

ÄGYPTEN

WARUM JETZT Der mächtige Fluss ist randvoll mit Wasser und das Wetter wunderbar mild

WO von Kairo nach Assuan

WANN Februar bis April

10 FEB

Sie ist die zeitloseste aller Flussreisen. Die Uferszenen – federnde Palmen, von Rindern gepflügte Felder, Bauernhäuser aus Lehmziegeln, uralte Steintempel – haben sich seit Jahrhunderten, vielleicht Jahrtausenden kaum geändert. Der Nil ist sehr viel mehr als nur ein Fluss, er ist die Blutader Ägyptens, die Wassergrenze, von der man glaubt, dass sie das Land der Lebenden (Osten) vom Land der Toten (Westen) trennt.

Den Nil entlang zu segeln, ist in Ägypten ein Muss. Im Februar liegen die Temperaturen zwischen 18°C bei 25°C. Außerdem führt der Fluss bis Februar das meiste Wasser, die Überschwemmungsebenen zeigen sich in sattem Grün, und für die „Handbreit Wasser unterm Kiel" ist gesorgt. Ist der Pegelstand zu niedrig, sind die Anlegemöglichkeiten beschränkt und man wird notfalls über Land gezogen. Wo bleibt denn da die altägyptische Romantik? — *www.egypt.travel*

Am Glover's Reef tauchen

BELIZE

WARUM JETZT Wegen wunderbarer Wetterlage; Hauptsaison zwischen Weihnachten und Ostern

WO 45km vor dem Festland, Süden von Belize

WANN Dezember bis Mai

11 FEB

Das im 18. Jahrhundert nach den Piratenbrüdern John and Roger Glover benannte Riff ist das südlichste der drei Atolle vor Belize. Sechs kleine Cayes (Mini-Inseln) mit feinem weißen Sand und Palmen liegen südöstlich davor und bergen eine Handvoll schlichter Unterkünfte und auch Tauchstationen. Das Glover-Riff ist Teil eines riesigen Barriereriffs am Rande des Kontinentalschelfs. Auf der Ostseite fällt der Meeresboden 800m tief ab. Hier hat man meist eine Sichtweite von mehr als 30m und begegnet Adlerrochen, Stechrochen, Meeresschildkröten, Muränen, Delfinen, Haien und tropischen Rifffischen.

— *www.gloversreef.org*

Den Aconcagua erklimmen

ARGENTINIEN

WARUM JETZT Um in der besten Anden-Trekking-Saison über ganz Amerika zu stehen

WO Mendoza

WANN Dezember bis März

12 FEB

Mit seinen 6962m ist der Aconcagua der höchste Berg außerhalb Asiens und für Trekker allemal eine Herausforderung. Mindestens 15 Tage braucht es für den Aufstieg, das Akklimatisieren eingerechnet. Traditionell wird der Berg über die Nord-West-Route bestiegen, eine 40km lange Tour vom Basislager an der Laguna los Horcones aus. Die „Falsche Polenroute" ist länger (76km) und schwerer, aber malerischer und weniger frequentiert. Die dritte schließlich, die „Südwand", ist eine Herausforderung für Kletterer. Selbst Versierte nehmen sich oft einen Führer, der das wechselhafte Wetter des Berges kennt.

— *www.aconcagua.mendoza.gov.ar*

RIECHTS: **Das winterliche Terni, Geburtsort des hl. Valentin, bei Nacht.**

UNTEN: **Die Riffe vor Belize erkunden, an einem der besten Plätze für Sporttaucher.**

Schnabeltiere aufspüren

AUSTRALIEN

WARUM JETZT Jetzt ist die beste Gelegenheit, die ersten Streifzüge der Jungtiere zu beobachten

WO Eungella-Nationalpark, Queensland

WANN Dezember bis Februar

13 FEB

Zweifler unter den Biologen hielten es einst für einen Scherz, als man entdeckte, dass dieser semiaquatische Sonderling auch noch Eier legte und Giftsporne an den Hinterbeinen hatte. Heute kann sich jeder selbst ein Bild von diesen Tieren machen. Im Eungella-Nationalpark in Queensland gibt es Aussichtsplattformen, von denen man in den Broken River hinunterschauen kann, in dem sich eine stattliche Anzahl dieser Tierchen tummelt. Vielleicht erhascht man sogar ein Jungtier, das hinter der Mutter her paddelt, am ehesten während der Nahrungsaufnahme am frühen Morgen oder am späten Nachmittag anzutreffen.

— *www.nprsr.qld.gov.au*

Alles Liebe zum Valentinstag

ITALIEN

WARUM JETZT In der Geburtsstadt St. Valentins in Romantik schwelgen

WO Basilica di San Valentino, Terni, Umbrien

WANN 14. Februar

14 FEB

Wo lässt es sich am Valentinstag besser Hand in Hand mit dem liebsten Menschen spazieren als zum Valentinsfest in der Heimatstadt des namensgebenden Heiligen? Es heißt, in Terni habe Valentin jungen Paaren oft Blumen aus seinem eigenen Garten geschenkt. Eines dieser Paare soll auf der Stelle geheiratet haben, und so waren die Liebe und der hl. Valentin für immer verbunden.

Den ganzen Februar über ist Terni ein Ort der Romantik, doch der Valentinstag wird mit einem Fest rund um jene Basilica gefeiert, in der die Gebeine des Heiratsvermittlers verwahrt werden. Zum Fest gehört auch die Verleihung des internationalen Preises „San Valentino d'Oro", mit dem eine besondere Liebesbotschaft gewürdigt wird – ein Nobelpreis für die Leidenschaft.

Nach Terni kommt man am besten als Liebespaar. In der Basilica di San Valentino (aus dem 17. Jh.) sind die Gebeine des Heiligen aufbewahrt, noch schöner sind aber die marmornen römischen Wasserspiele 7km vor der Stadt.
— *www.umbria-turismo.it*

Kostümiert zum Karneval in Venedig

ITALIEN

WARUM JETZT Um Venedig maskiert zu erleben

WO Piazza San Marco, Venedig

WANN 17 Tage; von zwei Freitagen vor Aschermittwoch bis Faschingsdienstag

15 FEB

Das bekannteste barocke Kostümfest der Welt, der Karneval von Venedig, ist so extravagant, wie der von Rio zügellos ist. Die Venezianer feiern ihren Karneval seit (mindestens) dem 15. Jh. Im 18. Jh. war Venedig vom Hedonismus ergriffen – man feierte ganze zwei Monate lang. Später, mit Mussolinis Maskierungsverbot – verfiel der Brauch. Erst 1979 wurde er wiederbelebt und der Carnevale erneut zu einem der erlesensten Feste der Welt.

Offiziell eröffnet wird er am Samstag, wenn die Maskenparade gegen 16 Uhr den Markusplatz verlässt. Zu den Highlights gehören der Dogenball (für Kostümierte und Tanzkundige) und der Korso der geschmückten Boote und Gondeln auf dem Canale Grande.

Auch abseits der Hauptveranstaltungen ist viel los. Straßenkünstler bespielen die Plätze, manchmal gibt's auf dem Campo San Polo auch eine Spritzeisbahn. Also los: Eine Maske besorgen und Karnevalsstimmung schnuppern.
— *www.carnevale-venezia.com*

Eisklettern in Valdez

USA

WARUM JETZT Eis vom Feinsten, das den Eispickeln standhält

WO Valdez, Alaska

WANN Februar

16 FEB

Der Prince William Sound in Alaska und die Stadt Valdez mögen zwar am ehesten für die Exxon-Valdez-Ölpest bekannt sein, fragt man jedoch jemanden mit Eispickel, dann ist die Antwort: fürs Eisklettern. 20km vor der Stadt liegt der Keystone Canyon, das zweifellos beste Eisklettergebiet der USA. Die Wasserfälle, die in dieser 5km langen Schlucht hinunterstürzen, gefrieren zu prächtigen Mehrseillängenrouten wie Bridal Veil Falls und Keystone Greensteps, die jeweils in vier 60m-Seillängen zu erklimmen sind; man muss also nicht die gesamte Ausrüstung mitschleppen. Wer Mitte Februar kommt, erwischt das jährliche Eiskletter-Festival.
— *www.valdezalaska.org*

Das Leere Viertel betreten

SAUDI-ARABIEN

WARUM JETZT Weil das Wüstenklima jetzt gerade so erträglich ist

WO Rub' al Khali

WANN Januar und Februar

17 FEB

Das „Leere Viertel" (Rub al-Chali), auch bekannt als Wohnort der Stille, ist die größte Sandwüste der Erde. Sie bedeckt gute 750 00km^2, mehr als die doppelte Fläche Deutschlands. Europäischen Reisenden galt sie von jeher als Inbegriff arabischer Romantik, die kaum von ihrem Zauber verloren hat. Die markant geformten Sanddünen ragen bis zu 300m hoch auf und bilden Hunderte von Kilometern lange Kämme. Durch die Passatwinde getrieben, können sich diese Dünen jährlich bis zu 30m verschieben. Man braucht eine Erlaubnis der National Commission for Wildlife Conservation and Development in Riad.
— *www.sauditourism.sa/en*

LINKS: **Der geheimnisvolle venezianische Carnevale.**

UNTEN: **Kalahari-Löwe in Erwartung der Regenzeit.**

Safari in Kgalagadi

BOTSUANA & SÜDAFRIKA

WARUM JETZT Weil die Regenfälle einsetzen

WO Kgalagadi Transfrontier Park

WANN Februar

18 FEB

Kgalagadi (auch: Kalahari) bedeutet „trockenes Land". Die einzigen beiden Flusstäler des 38 000km^2 großen Nationalparks führen nur einmal in zehn Jahren Wasser. Ein herbes Fleckchen Erde, aber reich an Wildtieren. Die Kalahari ist genau genommen aber eine Trockensavanne. Das wird deutlich, wenn die Regenfälle die Landschaft mit einem Teppich aus leuchtend grünem Gras überziehen. Gabelbock-Männchen stecken dann ihre Territorien ab und kämpfen um die Weibchenherden; Raubtiere wie Geparden und schwarzmähnige Kalahari-Löwen lauern nicht weit. Die um die Pumpbrunnen am Wegesrand entstandenen Wasserstellen sind gute Wildtierbeobachtungsorte. — *www.sanparks.org*

Oman erkunden

OMAN

WARUM JETZT Das Februarwetter ist am besten geeignet – warm, aber nicht zu heiß

WO Im ganzen Land

WANN Februar

19 FEB

Oh, wunderbarer Februar! Im Sultanat Oman wird es von März bis Oktober ziemlich heiß, dann können die Temperaturen durchaus auch über 40°C liegen. Der Februar aber hat mit seinen lauen Tagen und den windig-kühlen Nächten das ideale Reisewetter.

Zu entdecken gibt es allerhand. Beginnen kann man in der Hauptstadt Maskat, und dort mit der Großen Sultan-Kabus-Moschee (einer der größten der Welt) und dem quirligen Suk von Matrah. Wer Glück hat, erwischt noch das Ende vom vierwöchigen Muscat-Festival. Ansonsten sorgen zahlreiche Konzerte und Darbietungen exzellenter internationaler Musiker und Künstler im Al-Flayj-Schlosstheater für Abwechslung. Wer von der Stadt genug hat, fährt am besten zur Halbinsel Musandam, um an unberührten Stränden zu tauchen oder mit einer traditionellen Dau zu segeln. Bei diesem milden Wetter lässt es sich auch im Hadschar-Gebirge wandern und den alten Handelsrouten oder Wadis (Felstälern) folgen, vorbei an alten Festungen, Obstgärten und Dörfern. Wem das zu anstrengend ist, kann sich auf den Gipfel des Dschabal Schams (3005m) fahren lassen und die Aussicht genießen.

— *www.omantourism.gov.om*

RECHTS: ALAN MARSH – GETTY IMAGES

Monarchfalter bewundern

MEXIKO

WARUM JETZT Je sonniger jetzt die Tage, desto aktiver die Monarchfalter

WO Sanctuario de la Mariposa Monarca, Michoacán

WANN Februar bis März

20
FEB

Einheimische Dorfbewohner nennen die Schmetterlinge der Kolonie Las Palomas „die Seelen der Verstorbenen", weil die Monarchfalter seit Menschengedenken immer um den Día de los Muertos, den Tag der Toten (1. November), dort ankamen. Dabei ahnten die Dörfler nicht, dass sie damit eines der größten Tierrätsel des 20. Jhs. beantworteten: Wo überwintern die 120 Millionen nordamerikanischen Monarchfalter? Erst 1975 kam die unglaubliche Geschichte der in Mexiko überwinternden Falter ans Licht.

Vier bis fünf Monate verharren die Schmetterlinge nahezu starr, doch mit den ersten warmen Sonnenstrahlen fangen sie an, sich zu regen. Bald darauf verwandeln sie die Luft in ein irres Flirren und gleichen einem Schneesturm aus orangen Flocken, wenn sie zum Boden herabschweben. Von Mexiko-Stadt fahren Busse nach Angangueo.
— *www.monarchwatch.org*

Schneeschuhwandern

USA

WARUM JETZT Mitte Februar gilt als sicherste Zeit fürs Schneeschuhwandern

WO Montezuma County, Colorado

WANN Februar

21 FEB

Mit Schneeschuhen kann man auch im tiefsten Winter losziehen, wenn alle anderen Wanderer in der warmen Stube bleiben. Im Mesa-Verde-Nationalpark – im Winkel des Vierländerecks („Four Corners") – hat das Ganze noch ein außergewöhnliches Extra: Hier geht es schneebeschuht an vorkolumbischen Pueblos vorbei.

Der Park ist nur ein paar Tage im Jahr fürs Schneeschuhwandern geöffnet. Der Cliff-Palace-Rundweg ist ein 10km langer Streifzug mit guten Aussichten auf die Felsbehausungen; der Morefield-Campground-Rundweg bietet mehrere kurze und auch lange Strecken.
— *www.nps.gov/meve*

Kilimandscharo besteigen

TANSANIA

WARUM JETZT Um bei gutem Wetter und ohne Gedränge auf dem Dach Afrikas zu stehen

WO Norden von Tansania

WANN Februar

22 FEB

Hoch über tierreichen Ebenen thront der Kilimandscharo (5895m), der höchste Berg Afrikas. Er ist auch eine der beliebtesten Trekking-Herausforderungen des Kontinents. Den Massentourismus zu Neujahr sollte man meiden und den Berg stattdessen bei bestem Wetter im Februar besteigen.

Die Marangu-Route ist die älteste und vielbestiegenste, die Umbwe-Route die schwere Direkttour, die Lemosho-Route die längste, die Rongai-Route die reizvollste und die Machame-Route die wohl malerischste. Der Aufstieg ist nicht einfach, die Höhenlage lässt jeden Schritt wie eine Meile erscheinen.
— *www.tanzaniaparks.com*

RECHTS: **Ausschau halten nach Rotaugenlaubfröschen im Monteverde-Regenwald.**

UNTEN: **Bergwanderer auf dem Weg zum Kilimandscharo.**

Mit Walhaien schwimmen

PHILIPPINEN

WARUM JETZT Um mit den größten Fischen der Welt durchs Meerwasser zu gleiten

WO Donsol, Luzon Peninsula

WANN November bis Mai

23 FEB

Bis 1998 war Donsol ein verschlafenes Dorf. Dann filmte ein ortsansässiger Taucher eine Gruppe von Walhaien, die in Küstennähe vorbeischwamm. Nur wenige Tage nach Erscheinen eines Zeitungsberichts über diese „Entdeckung" kamen Wilddiebe in den Ort. Glücklicherweise ist das Jagen von Walhaien seither verboten. Heute ist Donsol einer der besten Orte, um mit den größten Fischen der Weltmeere durchs Wasser zu gleiten. Neben diesen Giganten zu schwimmen oder zu schnorcheln, ist überwältigend. Während der Hauptsaison stellt sich nicht die Frage ob, sondern wie viele, man sehen wird.
— *itsmorefuninthephilippines.com*

Auf wildem Trip in Mittelamerika

COSTA RICA

WARUM JETZT Um die trockenere Jahreszeit zu nutzen – für Wanderungen und Rafting

WO Im ganzen Land

WANN Mitte Februar bis April

24 FEB

Wenn es nach der Anzahl von Tierarten pro 10 000km^2 geht, führt Costa Rica die Liste mit stolzen 615 an. Ein Paradies für Naturliebhaber! Mehr als 850 Tierarten sind hier verzeichnet worden, die größte Attraktion aber sind die vielen Vögel. Die beste Zeit, um deren Hauptakteur zu beobachten, den prächtigen Quetzal, ist von November bis April.

Doch wild ist hier nicht nur die Tierwelt. Die trockenere Jahreszeit eignet sich auch gut für Wanderungen zu Fumarolen und im tropischen Trockenwald des Parque Nacional Rincón de la Vieja oder in den Nebelwald-Reservaten von Santa Elena und Monteverde.

Wer die Ziele höhersteckt, kann über einen 16km langen Aufstieg Costa Ricas höchsten Berg erklimmen (den Cerro Chirripó, 3820m), einen Bungee-Jump von der San-José-Brücke über den Río Colorado wagen, am legendären Witch's Rock surfen oder auf dem Río Pacuare Wildwasser befahren.

— *www.visitcostarica.com*

Tasmanische Teufel sichten

AUSTRALIEN

WARUM JETZT Die Jungtiere sind erstmals allein unterwegs

WO Cradle-Mountain-Lake-St.-Clair NP

WANN Januar und Februar

25 FEB

Abgesehen von seinem reißerischen Namen hat der größte beutelartige Fleischfresser Australiens einen schlechten Ruf, den er eigentlich nicht verdient hat. Klar, er knurrt böse, fletscht die Zähne und schreit kilometerweit, dass einem das Blut in den Adern gerinnt und man an eine Horde Teufel denkt, die sich über einen Kadaver hermacht.

Für Tasmanische Teufel ist das Leben ein Kampf. Bis zu 30 Junge bringt ein Weibchen mit einem Wurf zur Welt – ein jedes so groß wie ein Reiskorn – die dann 8cm Weg vom Geburtskanal bis zum Beutel der Mutter überwinden müssen, um sich dort um vier Milchdrüsen zu streiten. Nur vier Junge überleben also, und die Natur scheint die wildesten und stärksten Teufel zu bevorzugen.

Wer ein bis zwei Stunden nach Sonnenuntergang mit dem Auto Waldwege befährt, hat gute Chancen, diese nachtaktiven Fleischfresser zu erspähen. Jungtiere, die gerade erst auf eigene Faust unterwegs und im Tarnen noch unerfahren sind, lassen sich im Januar und Februar gut beobachten, besonders im Cradle-Mountain-Lake-St.-Clair-Nationalpark (rechts).

Großes Plus: In Tasmanien ist um diese Zeit Sommer!

— *www.parks.tas.gov.au*

RECHTS: **AUSCAPE – GETTY IMAGES**

Die Pipeline surfen

USA

WARUM JETZT Die beste Chance auf eine Riesenwelle außerhalb der besten Surf-Zeiten

WO Oahu, Hawaii

WANN Februar und März

26 FEB

Hawaii liegt den großen Wogen, die über den Pazifik fegen, genau im Wege. Im Winter treffen die größten Wellen auf die Nordufer der Inseln. Die glasklaren Wellentunnel der „Banzai Pipeline" vor dem Nordstrand von Oahu sind inzwischen zum inoffiziellen Mekka der Surfwelt geworden. Bei Winterströmungen kommen bis zu 10m hohe Wellen hereingerollt und brechen sich an einer seichten Sandbank. Wer darin versiert ist, kommt am besten kurz nach der Surf-Hochsaison und bei Tagesanbruch, um sich einen guten Platz in den Wellen zu sichern. Im Sommer wandelt sich die Pipeline zum milden Schwimmvergnügen. Zur Pipeline gelangt man über den Ehukai Beach Park und läuft dann ca. 100m nach links.

— *www.gohawaii.com*

Heli-Biken auf hohe Gipfel

NEUSEELAND

WARUM JETZT Um von den noch schneefreien Gipfeln der Berge hinunterzurollen

WO Im ganzen Land

WANN November bis April

27 FEB

In Neuseeland mag man Abenteuer. Aus Wildwasser-Rafting wurde Höhlen-Rafting, das Mountainbiking erfuhr seine Steigerungsstufe mit dem Heli-Biking, ein Sport, bei dem Fahrer und Räder in Hubschrauber verfrachtet und auf Berggipfeln abgesetzt werden, von denen sie dann downhill zurück in die Städte rasen. Die Aussichten sind durchweg spektakulär. Dieser Adrenalin-Kick ist nur während der Sommermonate zu haben, wenn die Berge noch nicht verschneit sind.

Dafür hat man dann die Qual der Wahl; Heli-Biking wird in Twizel, auf der Coromandel Peninsula, in Nelson, Rotorua, Taupo und in Neuseelands Abenteuerhochburgen Wanaka and Queenstown angeboten.

— *www.helibike.com*

RECHTS: **Kunst, die nicht künstlich ist – das Zitronenfest in Menton.**

UNTEN: **Das Glück die Pipeline zu surfen, ist nur den Profis vorbehalten.**

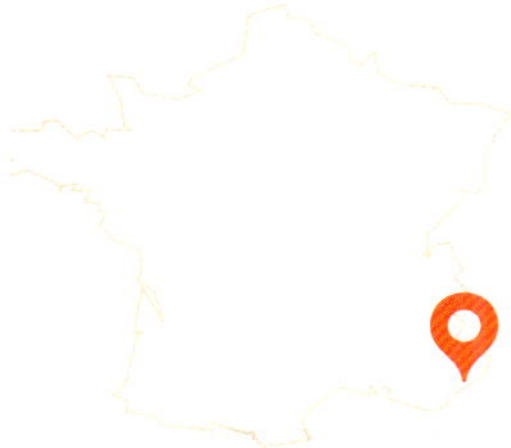

Nichts Süßes, nur Saures

FRANKREICH

WARUM JETZT Pure Lebensfreude genießen im Süden Frankreichs, bei der Fête du Citron

WO Menton, Côte d'Azur

WANN Mitte Februar bis Anfang März

28 FEB

Zitronen werden im Süden Frankreichs ernst genommen. Die Stadt Menton am Mittelmeer ist nur einen Katzensprung von der Grenze zu Italien entfernt und bekannt für ihre herrlichen Zitrusfrüchte. Im subtropischen Mikroklima der Gegend gedeihen sie prächtig und so begeht die Stadt seit den 1930er Jahren denn auch ein Fest zu Ehren der Frucht. Was einst mit ein paar Zitrusbäumchen begann, die auf Wagen durch die Stadt gezogen wurden, hat sich zu einem fantastisch duftenden Karneval gemausert. Um die 250 000 Menschen versammeln sich jährlich von Mitte Februar bis Anfang März, um den Weltklasse-Früchten zu huldigen.

Während dieser Feiertage werden Umzugswagen mit Riesenfiguren aus Früchten dekoriert; da gibt es Gartenzwerge und Ganeshas, Eiffeltürme und Tintenfische, Tadsch Mahals und Tyrannosaurier – jedes Jahr steht unter einem anderen Motto. Manche der Zitrusskulpturen sind 10 m hoch und aus 140 Tonnen Zitronen (und Orangen) gefertigt. Ein Team von 20 Zitrusrettern steht bereit, um faule Früchte sofort auszutauschen, damit sich die Skulpturen stets von der schönsten Seite zeigen.
Besucher können durch die süß duftenden Fantasiegärten wandeln und mit einem aromatisierten Trunk auf die Frucht anstoßen.
— *www.fete-du-citron.com*

Leoparden in Yala sehen

SRI LANKA

WARUM JETZT Die beste Zeit, um Leoparden und Elefanten zu sichten

WO Yala-Nationalpark

WANN Februar bis Juni

01 MÄR

Der Yala befindet sich an der Südostküste Sri Lankas und umfasst 1270km^2 Buschland, Ebenen, Lagunen und Felsformationen. Dazwischen lauern die vielgestaltigsten Tiere, darunter auch die größten Leopardenbestände der Welt.

Trotz der üppigen Tierwelt vereiteln Wälder so manch gute Sicht. Zum Glück gibt es kleine grasbewachsene Lichtungen und viele Wasserstellen, an denen sich die Tiere versammeln. Die beste Besuchszeit ist das Ende der Trockenzeit (März bis April), wenn sich die Leoparden und anderen Tiere in Nähe der Wasserstellen aufhalten. Außerdem tummeln sich hier Elefanten, Lippenbären, Schakale, Wildschweine, Krokodile, Büffel, Mangusten und 150 Arten kreischender Vögel.

— *www.sltda.lk*

LINKS: ANDY ROUSE – GETTY IMAGES

März

Trekking im Ruwenzori

UGANDA

WARUM JETZT Beste (trockenste) Zeit fürs Trekking durch das „Regenmacher"-Gebirge

WO Westen Ugandas

WANN November bis März

02 MÄR

Das Ruwenzori-Gebirge (auch „Regenmacher" oder „Wolkenkönig"), das sich über Ugandas Grenze hinweg bis in die Demokratische Republik Kongo erstreckt, umfasst sechs Bergmassive. Die Pfade durch die Wildnis sind schmal, die Büsche dicht und die Sümpfe tief. Wer die Gipfel bezwingen will, braucht technische Fertigkeiten, Seile und Steigeisen. Der höchste von Bergwanderern erreichbare Punkt ist Elena Hut (4540m) auf dem Elena-Gletscher, von wo die Kletterrouten auf den Mt. Stanley beginnen. Als Basislager wird meist die Stadt Kasese genutzt, die ca. 500km westlich der Hauptstadt Kampala liegt.
— *www.ugandawildlife.org*

Höhlen-Tubing testen

BELIZE

WARUM JETZT Niedriger Schwierigkeitsgrad, hoher Spaßfaktor – am besten in der Trockenzeit

WO Caves Branch River

WANN Februar bis April

03 MÄR

Fürs Tubing – man sitzt in einem aufgeblasenen Luftreifen und treibt oder paddelt auf einem Fluss – eignet sich Belize hervorragend. Das Land ist gesegnet mit vielen gemächlichen Wasserläufen, die sich durch atemraubend schöne Landschaften winden. Die meiste Zeit treibt man stromabwärts, man muss dafür nur grob die Richtung halten können, ohne zu stranden und in Strudel oder an Felsen zu geraten. Auf dem Mopan River bei San Ignacio ist das Tubing beliebt; der Inbegriff für Tubing-Abenteuer in Belize sind jedoch die Touren durch eine Reihe von Höhlen auf dem Caves Branch River im Archäologischen Schutzgebiet Nohoch Che'en. — *www.travelbelize.org*

RECHTS: **Echte Karettschildkröten nisten an den einsamen Stränden von Sabah.**

UNTEN: **Mit dem Schneemobil durch die Wälder von Maine, Neuengland.**

Mit dem Schneemobil am Moosehead

USA

WARUM JETZT Um hier mobil zu sein, braucht's Schnee; jetzt ist die verlässlichste Zeit dafür

WO Maine, Neuengland

WANN Januar bis Mitte März

04 MÄR

Durch die Wälder im ländlichen Norden Neuenglands winden sich unzählige Routen für Motorschlitten; auch die meisten Naturparks dürfen damit befahren werden. Allein das Streckennetz von Maine umfasst 20 000km solcher Trails.

In diesem Bundesstaat liegt auch das Paradies für Schneemobil-Fans: der Moosehead Lake. Hier führt der 267km lange Moosehead Trail um den gesamten See herum. Man kann ihn in nur einem Tag umrunden oder Zwischenstopps mit Übernachtungen in Greenville, Kokadjo, NE Carry, Seboomook, Pittston Farm und Rockwood einlegen.
— *www.visitmaine.com*

Nachwuchs bei Karett-schildkröten

MALAYSIA

WARUM JETZT Echten Karettschildkröten zusehen, wie sie Unmengen von Eiern ablegen

WO Pulau Gulisaan, Sabah, Borneo

WANN Februar bis April

05 MÄR

Der Name „Borneo" bedeutet „wild". Und er trifft auf keinen Ort der Insel mehr zu als auf den malaysischen Bundesstaat Sabah mit seinen hohen Bergen, wunderschönen Korallenriffen und einer sagenhaften Vielfalt an Tieren und Pflanzen. Sabahs Aushängeschilder sind die Orang-Utans. Diese wilden roten Fellbündel lassen sich im Sepilok Orang-Utan Rehabilitation Centre bestaunen.

Wer im März kommt, sollte die winzige Insel Pulau Gulisaan besuchen, eine der drei kleinen Inseln des Nationalparks Turtle Islands. Auf diesem 1,6 Hektar großen Eiland kann man Echten Karettschildkröten dabei zusehen, wie sie an Land kommen und ihre Eier ablegen. Die Weibchen schleppen sich zum Strand hinauf, graben mit ihren kräftigen Heckflossen eine Grube, legen ihre Eier darin ab und bedecken diese dann vorsichtig mit Sand, in der Hoffnung, dass das kostbare Gut die Zeit bis zum Schlüpfen gefahrlos übersteht.

— *www.sabahparks.org.my*

Anflug auf die Moskitoküste

HONDURAS

WARUM JETZT Um diese Zeit sieht man die meisten Vögel, davon viele Zugvogelarten

WO Nordosthonduras

WANN März

06 MÄR

La Mosquitia – die Moskitoküste – umfasst den gesamten Nordosten von Honduras. Hier gibt es wenige Straßen und wenige Einwohner, die Gegend ist von unberührt schöner Natur. In den östlichen Lagunen leben Rundschwanzseekühe und andere Tierarten. Affen kommen in den bewaldeten Gebieten bis an die Flussufer; zur Vogelvielfalt zählen Tukane, Aras, Papageien und verschiedene Reiher. Wer sich tiefer in den Urwald hineinwagt, kann sogar Jaguare sichten, und in Gewässern Krokodile. Wie der Name schon vermuten lässt, gibt es jede Menge Stechmücken und Sandfliegen.

La Mosquitia ist wahrlich eine abgelegene Gegend, in deren Mitte das Biosphärenreservat Río Plátano liegt, ein großartiges Weltnaturerbe. Das Río Plátano besteht aus tropischem Tieflandregenwald. In die südlichen Gebiete gelangt man über die Straße durch Olancho, jenseits der Gemeinde Dulce Nombre de Culmí; in die nördlichen Gebiete per Flieger von La Ceiba nach Palacios und von dort mit Motorbooten zu weiteren Reisezielen. Die zentrale Region ist sehr abgelegen und nur nach langen Expeditionen zu erreichen.

Hauptausgangspunkt ist Palacios mit seinem Flughafen und einigen Unterkunftsmöglichkeiten; November bis Juli ist die beste Reisezeit.

— *www.lamosquitia.org*

RECHTS: STUART WESTMORLAND – GETTY IMAGES

Achtung, Flughunde!

AUSTRALIEN

WARUM JETZT Die Kolonie ist jetzt am größten

WO Tooan Tooan Creek, Queensland

WANN Januar bis März

07 MÄR

Noch nie einen Flughund gesehen? Man stelle sich so etwas wie eine „Fledermaus" vor, nur wesentlich mächtiger. Tatsächlich sehen diese Riesen mit 1m Flügelspanne eher aus wie Flugsaurier. Das macht schon ein bisschen Angst, vor allem, wenn sie sich zum Schlafen in riesigen Kolonien wie der am Tooan Tooan Creek in Hervey Bay (Queensland) zusammenfinden.

Die auf diesem Schlafplatz lebende Kolonie von mehreren Tausend Schwarzen Flughunden vermehrt sich periodisch um Hunderttausende Graukopf- und Rote Flughunde, die auf ihrer Wanderung am Tooan Tooan Creek Station machen. Sie folgen den Blütephasen der Teebäume und schwirren nach ein paar Wochen wieder ab, um woanders die nächsten Blüten zu ernten. Dieses Zugverhalten ist weitgehend unerforscht. Die Schwarzen Flughunde vom Tooan Tooan Creek dagegen sind es zufrieden, auf immer denselben Bäumen abzuhängen und zu schlafen. Wer in der Abenddämmerung kommt, kann sie dabei beobachten, wie sie in Scharen nach Eukalyptusblüten suchen.

— *www.nprsr.qld.gov.au*

LINKS: **Schlafende Rote Flughunde.**

UNTEN: **Skifahren bei Pulverschnee und blauem Himmel in Niseko, Japan.**

Skifahren in Niseko

JAPAN

WARUM JETZT Idealer Pulverschnee und wärmer werdende Tage
WO Niseko, Hokkaido
WANN März (Skisaison Dez. bis Mai)

08 MÄR

Niseko auf der Insel Hokkaido im hohen Norden ist ein riesiges Skigebiet. Hier gibt es jede Menge Schnee in herrlich großen Pulverbergen, ein Gefühl wie eine Fahrt durch Puderzucker. Im März ist das Wetter nicht mehr so eisig, die Tage sind sonnig, die Schneestürme haben sich gelegt. Niseko ist vor allem bei Australiern beliebt, Gegend und Infrastruktur sind daher auch in englischer Sprache gut erschlossen. Dennoch: Am Ende eines großartigen Tages auf den Hängen sollte man statt Foster's heißen Sake bestellen und in ein dampfendes Onsen steigen – Après-Ski auf Japanisch. Oder man zieht weiter auf die Flutlicht-Hänge.
— *www.jnto.go.jp*

Blauwale beobachten

CHILE

WARUM JETZT Einer der verlässlichsten Orte, um die größten Tiere der Welt zu sichten
WO Golf von Corcovado
WANN Dezember bis April

09 MÄR

1997 untersuchte eine Gruppe von Meeresbiologen 4000km chilenische Küste und fand nur 40 dieser riesigen Säuger. Als man jedoch per Schiff den Heimweg antrat und den Golf von Corcovado kreuzte, geschah ein Wunder: In nur vier Stunden wurden 60 Blauwale gesichtet; man entdeckte, was sich später als eines ihrer bedeutendsten Aufzuchtgebiete herausstellen sollte. Die unberührten Wasser des Golfs sind scheinbar ein idealer Zufluchtsort für Muttertiere, die im chilenischen Sommer hierherkommen, um zu kalben. Ganze 90kg nimmt ein Kalb an einem Tag zu und braucht erstaunliche Mengen von garnelenartigem Krill.
— *www.ballenazul.org*

Den Milford Track wandern

NEUSEELAND

WARUM JETZT Die Urlauberscharen sind weg, die guten Witterungsbedingungen aber noch nicht
WO Milford Track, Fiordland-Nationalpark, Südinsel
WANN Ende Oktober bis April

10 MÄR

Der 53,5km lange Milford Track ist so beliebt, dass in der Hochsaison sogar Genehmigungen erforderlich sind und den Wanderern strenge Auflagen erteilt werden: Nur 40 Wanderer dürfen täglich starten; Übernachtung ausschließlich in Hütten und man muss einer festgelegten 4-Tages-Route folgen. Im Gegenzug darf man ein Stück Weltnaturerbe erleben – den Fiordland-Nationalpark. Der Wanderweg führt bis zum Mackinnon-Pass hinauf; von dort wird am Oberlauf des Arthur River entlang abgestiegen, vorbei an den 580m hohen Sutherland Falls. Der Track endet schließlich im Milford Sound; wer will, kommt von dort per Kajak weiter.
— *www.doc.govt.nz*

Lederschildkröten hüten

TRINIDAD

WARUM JETZT Für diese gefährdeten Tiere beginnt jetzt die Nistzeit

WO Strand von Matura, 50km von Port of Spain

WANN März bis August

11 MÄR

Als Reaktion auf fallende Bestandszahlen beschloss die Regierung von Trinidad 1990, die weltweit größte Nistkolonie am Strand von Matura zu schützen. Als Patrouillen das Gebiet daraufhin absperrten, protestierten die Anwohner gegen den Verlust ihres Lieblingsstrandes und gründeten eine Organisation namens Nature Seekers, die sich fortan selbst um den Schutz der Schildkröten kümmerte. Zur Zeit der Eiablage kommen die majestätischen, 900kg schweren Schildkröten des Nachts schwerfällig an diesen Strand, um zu nisten; manchmal bis zu 150 Tiere. Dann sind auch die Nature Seekers dort und beschützen die Schildkröten und ihre Eier gegen Wilddiebe. Freiwillige Helfer sind gerne gesehen. — *www.natureseekers.org*

Den Israel Trail bewandern

ISRAEL

WARUM JETZT Ab durch die Wüste, bevor die Sommerhitze zuschlägt

WO Von Dan nach Eilat

WANN März bis Mai

12 MÄR

Der Fernwanderweg Israel National Trail wurde 1995 eröffnet und führt durchs ganze Land. Ein Streifzug von über 900km durch die am dünnsten besiedelten und malerischsten Regionen – von Tel Dan im Norden nahe der libanesischen Grenze bis nach Eilat am Roten Meer ganz im Süden. 45 bis 60 Wandertage benötigt man für die gesamte Strecke. Wer eine Kostprobe mag, der fährt am besten ans Ende der Route bis in die Berge bei Eilat und folge dann vom Wasserfall bei Ein Netafim dem 15km langen Weg zum Shehoret Canyon („Schwarze Schlucht"), an dessen Eingang die spektakulären Amram-Säulen stehen. Von hier geht es weiter gen Süden durch die Nahal-Gishron-Schlucht bis zum Ende des Fernwanderweges. — *www.israeltrail.net*

RECHTS: **Austin ist die Kulturhauptstadt von Texas, USA.**

UNTEN: **Orientierung auf dem Fernwanderweg Israel National Trail, im Hintergrund der Mount Eilat.**

Verrückt nach Musik

USA

WARUM JETZT Musik auf die Ohren beim besten Texas-Liedfest, dem SXSW

WO Austin, Texas

WANN Anfang bis Mitte März

13 MÄR

Ein weiterer Beweis dafür, dass Texas einfach nicht genug kriegen kann, ist sein Musikfestival, das so groß ist, dass es der Stadt Austin fast in Eigenregie den Titel „Livemusik-Hauptstadt der Welt“ einbrachte. Die seit 1987 einberufene South by Southwest Music & Media Conference bringt Musikindustrie und Musiker jeweils zehn Tage zusammen; Bands spielen, um entdeckt zu werden, und Label-Haie kommen, um sie zu entdecken. Tagsüber sind die Branchengiganten im Konferenzcenter unterwegs und fachsimpeln auf der Messe, und nachts werden mehr als 1200 Liveacts auf 50 oder mehr Bühnen überall in der Stadt gegeben.

In den letzten Jahren hat sich das SXSW ziemlich gemausert und bietet jetzt zudem noch ein Filmfestival und ein Festival für interaktive Medien. Wer sich für einen Platin-Pass registriert, hat damit Zugang zu allen drei Fachmessen, Konferenzen, Filmvorführungen, Clubs und VIP-Lounges; per Vorkasse zahlt man weniger. Ein preiswerteres Ticket verschafft Zugang zu allen Musikkonferenzen, Fachmessen und nächtlichen Gigs. Wer noch mehr Livemusik will (wirklich?!), der kann einfach durch das reizvolle Austin bummeln; hier spielen Bands in Supermärkten, Plattenläden und sogar auf dem Flughafen.

— *sxsw.com*

Prosit, Starkbierzeit

DEUTSCHLAND

WARUM JETZT Es ist Starkbierzeit!

WO Paulaner-Keller, München

WANN Zwei Wochen um den Josefstag (19. März)

14 MÄR

Es ist die bescheidene Ausgabe des Oktoberfests, der kleine Bruder, dessen Gesellschaft man ohne Menschenmassen genießen kann. Wenn der Sommer sachte über den Horizont lugt, beginnt für die Bayern die neue Biertrink-Saison. Zur Starkbierzeit präsentieren die Brauer ihr potentestes Bier, das Doppelbock (mehr als 7% Alkohol). Die Tradition geht auf die Paulanermönche des 17. Jhs. zurück, die das erste Doppelbock brauten, um die Fastenzeit besser zu überstehen. Das erste Fässchen Starkbier wird daher im Paulanerkeller angestochen. Darüber hinaus gibt es im Löwenbräukeller den legendären Steinhebe-Wettbewerb. Immer dem Ächzen nach! — *www.muenchen.de*

Durch Amazonien segeln

BRASILIEN

WARUM JETZT Auf Augenhöhe mit den Tieren

WO Anavilhanas-Archipel

WANN November bis April

15 MÄR

In Manaus können spektakuläre Schiffsreisen – komplett mit Captain und Crew, Kajüte und Koch – gebucht werden. Von Manaus aus sind viele Flüsse und Nebenflüsse des großen Stroms befahrbar, die beste Wahl ist jedoch, mit dem Motorboot 60km den Río Negro hinaufzufahren und sich dann in das 80km lange Netz aus Kanälen und Inseln des Ökosystems Anavilhanas-Archipel einzufädeln.

Von November bis April führt der Río Negro das meiste Wasser und überflutet weite Bereiche des Igapó-Waldes. Dadurch bleibt der Archipel vor Eingriffen des Menschen geschützt; ein Paradies für wilde Tiere.

— *www.visitbrasil.com*

RECHTS: **Farbe bekennen und zum St. Patrick's Day Grün tragen, wo immer man ist.**

UNTEN: **Der schwelende Vulkan, Montserrat.**

Auf zum Feuerberg

MONTSERRAT

WARUM JETZT März ist ein etwas kühlerer Monat und: Die Insulaner lieben St. Patrick's Day!

WO Montserrat, Kleine Antillen

WANN März

16 MÄR

Am 18. Juli 1995 meldete sich der Vulkan Soufriére Hills auf Montserrat mit einem großen Hallo zurück und beendete damit seinen 400-jährigen Dornröschenschlaf. Die Hauptstadt Plymouth wurde daraufhin evakuiert; Touristen verließen die Insel. 1997 brach der Vulkan erneut aus und ist seither stetig aktiv, aber das Inselleben hat inzwischen zu relativer Normalität zurückgefunden. 5000 Menschen leben noch im nördlichen Drittel der Insel.

Der Vulkan ist heute Sperrgebiet, man kann ihn jedoch von etlichen Aussichtspunkten betrachten und hat Zugang zum Montserrat Vulkan-Observatorium.

— *www.visitmontserrat.com*

St. Patrick’s Day feiern

IRLAND

WARUM JETZT Auf den Schutzheiligen Irlands ein Glas von diesem grünen Zeug erheben

WO Dublin

WANN 17. März

17 MÄR

Wo immer man einen „Plastic Paddy“ sieht, wird der St. Patrick’s Day gefeiert, mit grünem Bier, Geschwätz und Spaß. Am authentischsten feiert man den irischen Schutzheiligen jedoch in der Landeshauptstadt Dublin. Zu diesem Festival – der Mutter aller irischen Feste – kommen Hunderttausende auf den Straßen und in Veranstaltungsorten des Stadtzentrums zusammen, um den Heiligen zu „ehren“, der die Schlangen aus dem Land vertrieben haben soll. Straßentheater, eine Festwiese und ein Musikfestival werden geboten, der berühmte St.-Patrick’s-Straßenumzug am 17. März ist schließlich der Höhepunkt. Er startet Punkt 12 Uhr mittags auf dem Parnell Square und zieht sich dann die O’Conell Street hinunter, über den College Green bis zum passenden Ziel, der Kathedrale St. Patrick’s. Wer die beste Sicht haben will, kann Tribünenplätze erstehen. Keine Lust auf den Umzug? Dann ab zum Stadtteil Temple Bar und in die dortigen Speiselokale und Spelunken; da feiert man ebenso traditionell.

— www.stpatricksfestival.ie

LINKS: ANTONY SPENCER – GETTY IMAGES

Von Nordlichtern geblendet werden

SKANDINAVIEN

WARUM JETZT Polarlichter verführen jeden

WO Skandinaviens hoher Norden

WANN September bis April; Tagundnachtgleiche ist am 20. März

18 MÄR

Die Finnen nennen sie „Revontuli" (Fuchsfeuer) und glauben, dass das Phänomen Schneestaub sei, der vom Schwanz eines magischen Wesens aufgewirbelt würde. Die Norweger halten sie für Geister alter Jungfern, die einen Tanz aufführen. Das Volk der Sami in Lappland meint, sie seien Energien, die von den Seelen der Verstorbenen erzeugt würden.

Die wissenschaftliche Erklärung ist deutlich nüchterner. Polarlichter kommen durch Sonnenwindteilchen zustande, die durch die Sonne in den Weltraum ausgestoßen werden. Im Magnetfeld der Erde werden diese Teilchen zu den Polen gelenkt, wo sie mit Luftteilchen zusammenstoßen, die dadurch Photonen in unzähligen Farben und Formen abgeben. Grün kommt am häufigsten vor, aber auch rote, gelbe und violette Lichterscheinungen sind dann sichtbar. Ihre Bewegungen sind hypnotisierend. Beobachten kann man diese Phänomene am besten in den Regionen nahe der Polarkreise. Im Norden sind das die nördlichen Ausläufer von Norwegen, Schweden und Finnland, aber auch Alaska, Nordkanada, Russland, Island und Grönland. Die wärmeren Tage um die Frühlings-Tagundnachtgleiche eigen sich bestens dafür. Daumen drücken für klare Himmel! — *www.gi.alaska.edu/AuroraForecast*

Das Feuer der Fallas spüren

SPANIEN

WARUM JETZT Um kopfüber in das feurigste Fest des Frühlings zu tauchen

WO Valencia

WANN 15.–19. März

19 MÄR

Ausgelassen und anarchisch – die Fallas sind Europas wildeste Frühjahrsparty. Nicht schlecht für ein Fest, das eigentlich ein sakrales Puppenspiel ist und erstmals Ende des 15. Jhs. begangen worden sein soll. In diesen Tagen ist die Stadt voll der namensgebenden „Fallas", riesiger Skulpturen aus Holz und Pappmaché, die von ansässigen Künstlern gebaut werden. Dabei finanziert jedes Nachbarschaftsviertel seine eigene Falla, und wenn die Stadt nach der nächtlichen Plantà (Errichtung) am Morgen des 16. März erwacht, stehen über 350 dieser Figuren auf den Straßen. Die teils grotesken Karikaturen von Stars und Prominenten sind bis zu 15m hoch und können mehrere 100 000 € kosten.

Wenn die Fallas stehen, geht es richtig los. In allen Stadtvierteln sind sie zu finden, und man hat vier Tage Zeit, um herumzuschlendern oder an Veranstaltungen wie Straßenpartys, Paella-Wettkochen, Umzügen, Open-Air-Konzerten und Stierkämpfen teilzunehmen. Die Fallas sind bekannt für ihre Feuerwerke: Jeden Tag um 14 Uhr erzittert die Stadt bei den Mascletàs (fünf Minuten ohrenbetäubendes Knallen und Pfeifen). Um Mitternacht des 19. März (Josefstag) jedoch gibt es das größte Spektakel: Die Fallas gehen alle in Flammen auf; viele Monate Arbeit zerfallen in Sekunden zu Schutt und Asche. Den feierlichen Abschluss bildet die als beste Falla gekürte Figur. — *www.turisvalencia.es*

Tagundnachtgleiche

MEXIKO

WARUM JETZT Baukunst der Mayas huldigen

WO Chichén Itzá, Yucatán

WANN Tagundnachtgleiche, meist 20. März

20 MÄR In der zerfallenen Stadt Chichén Itzá ersannen die Erbauer der El-Castillo-Pyramide einen hübschen Trick, der Jahrhunderte funktionieren sollte. Sie errichteten ihr Bauwerk mit solch astronomischer Genauigkeit, dass die Morgensonne zum Frühlingsanfang – wenn der Tag fast genauso lang ist wie die Nacht – die Licht-und-Schatten-Illusion einer Schlange auf die Pyramidenstufen wirft, die hinauf bzw. wieder hinab zu kriechen scheint. Eine spektakuläre Erscheinung! Der einzige Nachteil ist, dass der Ort um diese Zeit viel zu voll ist. Das Schauspiel lässt sich fast ebenso gut eine Woche vor und nach der Tagundnachtgleiche bewundern. Und in Dzibilchaltún lässt die aufgehende Sonne das Haupttor des Templo de las Siete Muñecas feurig erstrahlen. — *www.visitmexico.com*

Höhlen erforschen

MALAYSIA

WARUM JETZT Trockenster Monat des Jahres mit angenehmen Temperaturen

WO Sarawak, Borneo

WANN März

21 MÄR Gunung Mulu ist der größte Nationalpark im Bundesstaat Sarawak auf Borneo in Malaysia. Er umfasst zwei aneinander angrenzende Bergmassive, eines aus Sandstein, das andere aus Kalkstein. Unterhalb des Kalksteinmassivs liegt ein 51km langes Tunnelsystem. 1981 entdeckten Höhlenforscher im Gunung Mulu die damals größte Höhle der Welt (die Sarawak-Höhle), die sechsmal so groß wie ein Fußballfeld sein soll. Die Schauhöhlen des Parks sind Deer, Lang, Clearwater, Cave of the Winds und Lagang. Für mutigere Höhlenkriecher gibt es darüber hinaus eine Reihe von Abenteuerangeboten, die für Anfänger, Fortgeschrittene bzw. Profis ausgewiesen sind. Erfahrenen Höhlenforschern steht auch die Sarawak-Höhle offen. — *www.mulupark.com*

LINKS: **Während der Fallas in Spanien brennen feurige Figuren.**

UNTEN: **Zur Frühlings-Tagundnachtgleiche nach der Sonnenlicht-Schlange auf den Stufen von Chichén Itzá Ausschau halten.**

Ningaloo Reef erschwimmen

AUSTRALIEN

WARUM JETZT Um das Korallenlaichen zu erleben und den größten Fisch der Welt zu sehen

WO Ningaloo Marine Park, Westaustralien

WANN März und April

22 MÄR

Die meisten kommen wahrscheinlich zum Ningaloo, um dort die größten Tiere zu sehen, mit etwas Glück sieht man aber auch die allerkleinsten. Denn jedes Jahr ein paar Tage nach dem Vollmond im März/April „entbindet" das gesamte Riff. Dieses Massenlaichen der Korallen findet ohne Vorwarnung und wie auf Kommando statt. Für ein paar Stunden färbt sich das Meer rosa, wenn Millionen von Ei- und Samenzellen ins Wasser abgegeben werden. Diese synchronisierte Abgabe ist nicht nur ein wunderschönes Schauspiel, sondern zieht auch Scharen von Zooplankton und Laich fressenden Tieren an, um wahrem Futterrausch zu frönen. Unzählige Walhaie, Medusen und Mantarochen kommen dann an diese Küste. Walhaie treiben sich sogar bis Juni hier herum; die beste Gelegenheit, um diesen kolossalen Container von einem Fisch zu Gesicht zu bekommen.

Das Ningaloo Reef ist Australiens größtes Küstenriff und erstreckt sich über 250km Küstenlinie. Im Gegensatz zu einem Barriereriff, kann man das Ningaloo-Riff schwimmend vom Ufer aus erreichen. – *www.tourism.wa.gov.au*

Mit Erdmännchen kichern

SÜDAFRIKA

WARUM JETZT Die Chancen stehen gut, auch reizenden Erdmännchen-Nachwuchs zu sehen

WO Addo-Elefanten-Nationalpark

WANN Februar bis April

23 MÄR

Nur wenige Tiere haben ein solches Charisma wie die zierlichen Erdmännchen. Um deren Possen auch zu verstehen, lohnt sich ein Ausflug zu einem Park wie dem Addo in Südafrika. Erdmännchen leben in Kolonien von bis zu 30 Tieren. Sie beginnen den Tag mit einer ausgiebigen Toilette, bevor sie auf Futtersuche gehen. Ein Wachposten wird aufgestellt, der mit Rufen warnt, wenn ein Habicht in Sicht ist. Nähert sich aber ein am Boden lebender Räuber, springt die ganze Bande synchron auf und ab, um einen eigenen Angriff vorzutäuschen. Um den Nachwuchs kümmern sich alle gemeinsam; beim Erziehen der Gören wechselt man sich ab.
— *www.sanparks.org/parks/addo*

Den Fansipan erklimmen

VIETNAM

WARUM JETZT Um in den trockensten Monaten zu wandern, mit Wildblumen in voller Blüte

WO Lào Cai, Nordwesten Vietnams

WANN Februar und März

24 MÄR

Um Vietnams höchsten Gipfel zu erklimmen – den 3143m hohen Fansipan, das Dach von „Indochina" –, sind Ausdauer und ein guter Bergführer überaus hilfreich. Trotz der kurzen Strecke (19km) dauert eine Rundwanderung drei bis vier Tage. Berghütten gibt es nicht, man ist hier auf sich selbst gestellt.

In der Region gibt es viele Minderheitengemeinden; nach dem ersten Wandertag sind allerdings keine Anzeichen für menschliche Zivilisation mehr zu sehen, nur Wald, beeindruckende Berge und rauschende Wasserfälle. Auch Affen, Bergziegen und Vögeln begegnet man hier, und wunderschönen Orchideen.
— *www.vietnamtourism.com*

LINKS: **Riesige Walhaie vorm Ningaloo-Riff treffen.**

UNTEN: **Sich schwedische Waffeln mit Preiselbeeren schmecken lassen.**

Waffeln satt

SCHWEDEN

WARUM JETZT Feiern (und futtern) am Waffeltag!

WO Schweden

WANN 25. März

25 MÄR

Schweden im März: Der Süden wärmt sich gerade fürs Frühjahr auf, der Norden ist noch immer frostig. Doch das wärmer werdende Wetter ist nicht der Grund für den heutigen Besuch, sondern Våffeldag, der Waffeltag. Klingt wie eine Geschichte, die irgendein großindustrieller Teigbäcker ausgeheckt hat, der noch mehr Knete machen wollte. Der wirkliche Anlass jedoch scheint noch unglaublicher. Der 25. März ist das Fest Mariä Verkündigung, der Tag, an dem Erzengel Gabriel Maria die Geburt ihres Sohnes Jesus ankündigte; in Schwedisch: Vår Fru, was ähnlich klingt wie Våfflor, Waffel. Die phonetische Verwechslung hat aus dem göttlichen Tag also einen köstlichen gemacht.
— *www.visitsweden.com*

Hanami genießen

JAPAN

WARUM JETZT Die schönste Picknick-Party unter einem blühenden Kirschbaum feiern

WO Überall in Japan

WANN März und April

26 MÄR

Eines der schönsten Naturschauspiele Japans sind ganze Haine von üppig blühenden Kirschbäumen, die wie irdische Blumenwolken aussehen. Dieses Blütenmeer zu genießen, ist hierzulande von solcher Bedeutung, dass staatliche Nachrichtendienste Karten bereitstellen, auf denen die „Kirschblütenfront" verzeichnet ist. Hanami (jap. „Blüten betrachten") feiert man traditionell mit einem Picknick unter den Bäumen, und zwar von den ersten Knospen bis zu den letzten Blüten am Baum. Üblich sind Tagespartys als auch Soireen im Mondlicht, zu denen man sich in Parks versammelt und Bier und gute Stimmung genießt.

Hanami ist überall dort, wo Kirschbäume stehen, obgleich es auch ein paar Lieblingsplätze gibt. Der Ueno-Park in Tokyo etwa verfügt über 1000 Kirschbäume und ist eine Art Ground Zero für die Kirschblüten-Explosion. In Kyoto ist es der Maruyama-Park, in dessen Mitte eine riesige Trauerkirsche steht. Buchstäbliches Highlight aber ist der Berg Yoshino in der Präfektur Nara, der mit Tausenden von Kirschbäumen bestanden ist, die sich wie ein Blütenteppich die Hänge hinaufziehen. — *www.jnto.go.jp*

RECHTS: **OLIVER J DAVIS – GETTY IMAGES**

Wunderreich Galápagos

ECUADOR

WARUM JETZT Die Schildkröten nisten und Seelöwenwelpen tummeln sich an den Ufern

WO 1000km westlich des Festlandes von Ecuador

WANN März und April

27 MÄR

Die Galápagos-Inseln garantieren Tuchfühlung mit der heimischen Tierwelt, sowohl über als auch unter Wasser. Der entlegene Archipel wurde von den ersten Erkundern einst „Islas Encantadas“ genannt, die Verzauberten Inseln, und sie haben über die Jahrhunderte hinweg nichts von ihrem Zauber verloren. Noch immer fallen Inselbesucher in ihren Bann, sobald sie über dösende Seelöwen hinweggestiegen sind, um dann staunend vor der üppigen Vogelwelt und den schwerfälligen Riesenschildkröten zu stehen.

Große Meeressäuger gibt es in Hülle und Fülle. Seelöwen und Seebären treiben in den fischreichen Gewässern des Humboldtstroms und sind zum Greifen nahe. Wer zwischen den Inseln kreuzt, sollte nach Delfinen und Walen Ausschau halten. März und April bieten ein besonderes Schauspiel: die eigentümlichen Balztänze der Albatrosse und Blaufußtölpel. — *www.galapagos.org*

Jagende Orcas beobachten

ARGENTINIEN

WARUM JETZT Orcas sprengen an den Strand und fressen junge Robben

WO Halbinsel Valdés

WANN Ende März

28 MÄR

Schwertwale (Orcas) zählen zu den spektakulärsten Tieren der Welt, und nichts in ihrem Verhalten ist so beeindruckend wie die Show, die sie vor Argentiniens Halbinsel Valdés abziehen. Ab Dezember versammeln sich hier die Seehunde, um sich zu paaren und ihre Jungen zur Welt zu bringen. Gegen Ende März unternehmen die Zöglinge dann ihre ersten Ausflüge ins Wasser. Um diese Zeit kommen auch die Orcas. Diese 10m langen Raubfische fangen Robbenjunge, indem sie mit solcher Geschwindigkeit gen Ufer preschen, dass sie sich gischtumspült selbst aus dem Wasser katapultieren, sich ein Robbenjunges schnappen und zurück ins Wasser gleiten. — *www.pnor.org*

Lauthals lachen

AUSTRALIEN

WARUM JETZT Für ein herzliches Lachen auf dem Internationalen Comedy-Festival Melbourne

WO Melbourne, Victoria

WANN Ende März, drei Wochen lang

29 MÄR

Lachen, bis sich die Balken biegen, kichern, bis der Bauch wehtut: Im australischen Herbst veranstaltet Melbourne das (nach Montréal und Edinburgh) drittgrößte Comedy-Festival der Welt. Und es entlockt selbst dem humorlosesten Zaungast ein Schmunzeln.

Drei Wochen lang wird die australische Stadt von Nummernkomödianten, Kabarettisten, Schauspielern und Straßenkünstlern besetzt und mit Filmvorführungen und Multimedia-Sendungen verwöhnt. Das Rathaus von Melbourne wird zum großen Dreh- und Angelpunkt, und in der ganzen Stadt gibt es Darbietungen. Das Fest ist einfach ein Riesenspaß. — *www.comedyfestival.com.au*

RECHTS: **Ein Gleitschirmflieger segelt über der Kap-Halbinsel, Südafrika.**

UNTEN: **Ankündigung des Melbourne Comedy Festival, Australien.**

„The Nose" durchsteigen

USA

WARUM JETZT Frühjahr und Herbst sind die besten Jahreszeiten, um El Cap zu bezwingen

WO Yosemite-Nationalpark, Kalifornien

WANN März bis Mai

30 MÄR

Die berühmteste Route am berühmtesten Kletterfelsen der Welt, „The Nose" (die Südkante) am El Capitan, ist die Wiege des Bigwall-Kletterns. Der imposante Granit-Monolith wacht über den Zugang zum Yosemite-Tal und erhebt sich bis zu 1000m über den Merced River.

Erstmals wurde die „Nose" 1958 durchstiegen, in 45 Klettertagen. Heute brauchen die meisten Kletterer nur 5 Tage für diesen 31-Seillängen-Aufstieg. Die Speed-Elite schafft das in nur einem Tag. Die Route durch die „Nose" gilt zwar als technisch nicht sehr anspruchsvoll, aber sie ist lang und ausgesetzt. Auch als Zuschauer hat man Adrenalin im Blut. — *www.nps.gov/yose*

Gleitsegeln in Westkap

SÜDAFRIKA

WARUM JETZT Die Thermik ist stark, doch auch für Anfänger gut geeignet

WO Kapstadt und Umgebung

WANN März und April

31 MÄR

Südafrika ist einer der besten Orte fürs Gleitschirmfliegen. Für erfahrene Piloten gibt es nur minimale Luftraumbeschränkungen; das Potenzial für Strecken- und Überlandflüge ist enorm. Die eigene Mobilität ist hier entscheidend, um zu den geschütztesten Plätzen in Porterville (Kamm), Hermanus (Küste) und Sir Lowry's Pass (Kamm) zu gelangen. Wenn es die Bedingungen erlauben, kann man auch vom Tafelberg, Löwenkopf oder Signal Hill starten und am Strand von Clifton oder Camps Bay landen. An den Zwölf-Apostel-Bergen vorbeizusegeln, wenn sich die sogenannte Tischtuchwolke bildet, ist ein nahezu biblisches Erlebnis.

Die Thermik ist von November bis April am stärksten, wobei März und April die besten Bedingungen für Anfänger bieten, um per Tandemflug mit einem erfahrenen Piloten vom Tafelberg zu springen. Dieser Sport gilt als leicht erlernbar und sicher; die South African Hang Gliding and Paragliding Association stellt Listen mit Veranstaltern zur Verfügung. Darüber hinaus gibt es viele Gleitschirmschulen, die Kurse anbieten. — *www.sahpa.co.za*

Durchs Pantanal waten

BRASILIEN

WARUM JETZT Um das als Weltnaturerbe gelistete Feuchtgebiet zu erkunden

WO Pantanal

WANN April bis Mai

01 APR

Dem Amazonas mag zwar mehr Ruhm und Ehre zuteil werden, aber zur Wildtierbeobachtung eignet sich das riesige Pantanal-Feuchtgebiet mitten in Südamerika besser. Es ist das Gebiet mit der größten Tierdichte der Welt. Und während Amazoniens dichtes Laub die Tierwelt versteckt, zeigt sich das Leben in den offenen Weiten des Pantanal selbst dem beiläufigsten Besucher. Bewohner gibt es wenige, Städte gar keine. Die Entfernungen sind so groß und der Bodentransport so wenig ausgebaut, dass die Menschen hier in kleinen Flugzeugen oder Booten unterwegs sind. Die einzige Straße, die tief ins Pantanal hineinführt, ist die Transpantaneira. Diese aufgeschüttete Erdstraße sollte eigentlich bis zur bolivianischen Grenze verlaufen, doch sie ist mangels Geld nicht fertiggestellt worden. Eine der beiden Trockenzeiten des Pantanal fällt auf April und Mai; in der Regenzeit (Oktober bis März) ist das Gebiet überschwemmt. In der Trockenzeit dann weicht das Wasser zurück, die Lagunen und Sümpfe trocknen weg und sind bald schon von frischen Gräsern überwachsen. — *www.pantanal.org*

RECHTS: **NATPHOTOS – GETTY IMAGES**

April

Wasserspaß im Sinharaja

SRI LANKA

WARUM JETZT Der Beginn der Regenzeit im April erweckt alles zu neuem Leben

WO Sinharaja-Nationalpark

WANN Anfang April

02 APR

Der Sinharaja-Nationalpark in Sri Lanka ist eine wahre Naturschutz-Erfolgsgeschichte. Schon im dritten Jahrhundert v. Chr. wurde das Gebiet durch ein Stammesgesetz als Thahanakelle (geschützter Wald) deklariert, denn den Legenden nach lebte hier Sinharaja, der „Löwenkönig“, ein Sagenwesen, das die Gegend beherrschte, bis es bezwungen wurde. In Anerkennung der immensen Artenvielfalt des Waldes wurde das Gebiet von niederländischen Kolonisten 1875 zum Reservat erklärt. Schließlich wurde es nach landesweiten Protesten gegen die Abholzung 1977 auch von der Regierung Sri Lankas geschützt.

Obwohl der Sinharaja Forest kaum 0,7% der Fläche Sri Lankas einnimmt, birgt er die Hälfte aller endemischen Tierarten der Insel. Hier gibt es einen lebhaften Mix endemischer Vögel, vom Nacktstirnkuckuck bis zum Ceylonpapageichen, und spektakuläre Flügelfruchtbäume. Die Wälder mit ihren 45m hohen Baumkronen werden von klaren Bächen durchzogen und sind die Heimat vieler Tiere, wie der Roten Schlankloris, der Weißbartlanguren, der Känguru-Eidechsen oder der Ceylon-Lanzenotter. Leoparden wird man selten sehen, dafür aber – ein Trost – die größten Schmetterlinge der Welt.

— *www.slwcs.org*

Nach Tokelau segeln

NEUSEELAND

WARUM JETZT Jetzt beginnt die beste Jahreszeit – ohne Wirbelstürme und volle Frachter

WO Tokelau

WANN April bis Oktober

03 APR

Die drei kleinen Atolle von Tokelau liegen 480km nördlich von Samoa in einer Reihe. Die flachen Inseln erheben sich maximal 5m über den Meeresspiegel. Man geht davon aus, dass die Atolle Ende des 21. Jhs. aufgrund der globalen Erwärmung nicht mehr bewohnbar sein werden.Die Reise nach Tokelau ist beschwerlich. Es gibt keinen Flughafen; ohne eine Yacht kommt man nur per Frachter von Apia (Samoa) hierher. Die MV Tokelau segelt alle zwei Wochen von Apia nach Fakaofo (Samoa am nächsten gelegen) und braucht dazu 24 Stunden. Keines der Atolle verfügt über einen Hafen. Schiffe ankern vor der Küste, Passagiere und Fracht werden in kleinen Booten oder Schlauchbooten an Land gebracht – ein richtiges Südseeabenteuer. — *www.tokelau.org.nz*

Seeotter beobachten

USA

WARUM JETZT Um bei wunderschönem Wetter Otterjunge zu beobachten

WO Monterey Bay, Kalifornien

WANN April und Mai

04 APR

Die raue Schönheit der kalifornischen Küste wird durch die Anwesenheit der niedlichsten aller Meeressäuger großartig ergänzt. Seeotter zu beobachten ist ein wahres Vergnügen, ob sie spielend herumtollen oder Muscheln mit einem Stein aufschlagen. Zum Glück gibt es sie noch, denn um 1900 herum hielt man sie schon für ausgerottet. Doch 1911 entdeckte man wieder eine kleine Gruppe von 50 Tieren an der Big Sur in Kalifornien. Heute liegt der Bestand bei etwa 2000.

Seeotter lassen sich nirgendwo besser beobachten als im reizenden Städtchen Pacific Grove in der Bucht von Monterey. Einfach auf einer Uferbank Platz nehmen und den auf Algenbetten wippenden Tieren zuschauen oder ins Monterey Bay Aquarium. — *www.monterey.com*

LINKS: **Sägerückenagame im Sinharaja-Nationalpark, Sri Lanka.**

UNTEN: **Seeotter grüßen in Monterey.**

Hanshi & Qingming

CHINA

WARUM JETZT Das Hanshi- und das Totengedenkfest markieren den Frühlingsanfang

WO Im ganzen Land

WANN 4.–7. April

05 APR

Anfang April ist für China ideal. Das Wetter ist genau richtig und die Chancen auf einen wolkenlosen Himmel stehen hoch. Außerdem kann man gleich zwei Feste in einem feiern. Das Qingming-Fest (Helles-Licht- oder Totengedenkfest) und das Hanshi-Fest (Kalte-Speisen-Fest) sind im Laufe der Jahre zusammengelegt worden. Hanshi findet zuerst statt und hat eine 1000-jährige Tradition. Einst schnitt sich ein Mann namens Jie Zhitui ein Stück seines Schenkels heraus, um es seinem im Exil lebenden, hungernden Herrn zu servieren. Später wollte es ihm der Herr danken, doch das Feuer, mit dem er den im Wald lebenden Jie herauslocken wollte, tötete den einstigen Gefolgsmann. So rief der Herr den Hanshi-Tag aus, an dem keine Feuer gemacht und nur kalte Speisen gegessen werden durften.

Heute hat der gemeinsame Festtag zwei Anlässe. Jede Familie fegt die Gräber ihrer verstorbenen Verwandten sauber, legt Nahrungsmittel dazu und verbrennt Papier, das Geld und Wohlstand darstellen soll. Auch das Drachenfliegen ist an diesem Tag beliebt, sowohl am Tage als auch nachts; bei Dunkelheit werden Lichter angebunden. Manche schneiden den Strick durch und lassen den Drachen zum Himmel aufsteigen, auf dass er Leid und Krankheiten mit sich fortnehme und Glück bringe. — *www.cnto.org*

Die „fünfte“ Jahreszeit

ESTLAND

WARUM JETZT Um in der baltischen Wildnis einem einzigartigen Klimawandel beizuwohnen

WO Nationalpark Soomaa

WANN Ende März bis April

06 APR

Wer den Kalender ein bisschen durcheinanderbringen mag, sollte im April ins Marschland von Soomaa im Südwesten Estlands reisen, dort gibt es eine fünfte Jahreszeit. Zu dieser Zeit rauscht das Schmelzwasser vom Hochland herunter, lässt die Flusspegel (um bis zu 5m) steigen und verwandelt die Landschaft. Der Nationalpark mit seinen Flüssen, Feucht- und Sumpfgebieten verschwindet dann für kurze Zeit unter der Sintflut. Aus Ebenen werden Seen, Wege werden zu Wasserstraßen und grasbewachsene Hügel zu einzelnen Inseln.

Die „fünfte“ ist die beste Jahreszeit für geführte Kanutouren. Einfach durch den Wald rudern, nach Adlern und Bibern Ausschau halten und den Wölfen lauschen.

— *www.soomaa.com*

Ein scheues Land erkunden

NORDKOREA

WARUM JETZT Nordkorea ist wunderschön um diese Zeit: milde Temperaturen und Blütenpracht

WO Pjöngjang und Umgebung

WANN April und Mai

07 APR

„Touristisch unerschlossen“ ist zu vorsichtig formuliert für ein Land, dass im Jahr weniger als 2000 Abendländer hereinlässt. Nordkorea ist im Kalten Krieg erstarrt. Besucher werden immer und überall von Führern begleitet. Es gibt keinen Internetzugang für Touristen und pro Woche nur eine Handvoll Flüge in die Hauptstadt Pjöngjang. Diese drakonischen Maßnahmen machen Nordkorea zum Magneten für Kulturabenteuersuchende.

Hat man den Papierkrieg hinter sich, laufen die Touren meist wie am Schnürchen. Die Demilitarisierte Zone (DMZ) zu besuchen, ist ein Muss. Wer es abenteuerlich mag, plane eine Tour auf den Paektsuan. Er ist der höchste Berg Koreas (2744m).

— *www.korea-dpr.com*

LINKS: **Eine papierne Lotusblüte, übrig vom Qingming-Fest (Totengedenkfest).**

UNTEN: **Blick in die Nachbarschaft – auf das Myohyang-Gebirge in Nordkorea.**

Skispaß auf der Haute Route

FRANKREICH, ITALIEN & SCHWEIZ

WARUM JETZT Skitauglichster Schnee

WO Von Chamonix bis Zermatt

WANN April

08 APR

Die Haute Route ist eine der besten Tourenski-Routen der Welt, verbindet die zwei beliebtesten Berge der Alpen miteinander und verläuft vom französischen Skiort Chamonix am Fuße des Mont Blanc bis ins schweizerische Zermatt im Schatten des Matterhorn.

Die 140km lange Strecke wurde erstmals in den 1860ern von Mitgliedern des Alpine Clubs erwandert. Heute ist sie zwar noch immer eine beliebte Sommertour (auf einer leicht veränderten Route), am besten bekannt aber als klassische Tourenski-Expedition im Frühjahr. Geschätzt wird sie sowohl für ihr anspruchsvolles Terrain als auch für die namhaften Weggefährten – Mont Blanc, Monte Rosa, Grand Combin und das Matterhorn.

Mit Tourenskiern braucht man in der Regel sechs bis sieben Tage für diese Von-Hütte-zu-Hütte-Tour, die über mehr als 20 Gletscher hinweg einer Höhenlinie über die verschneiten Hänge der Alpen folgt und nur selten in die Täler abfällt. Über eine Reihe von Pässen – darunter der spektakuläre Val d'Arpette mit seiner Sicht auf die brüchige Oberfläche des Trientgletschers – geht es weiter über den Gipfel des Pigne d'Arolla in knapp 3800m Höhe. Die Haute Route kann ziemlich anstrengend sein, aber die Mühe lohnt. — *www.chamonix.com*

RECHTS: **JOHNNY HAGLUND – GETTY IMAGES**

Canyoning im Paria Canyon

USA

WARUM JETZT Um die Gefahren von Sommer- oder Wintersturzfluten zu mindern

WO Grenze Arizona–Utah

WANN April und Mai

09
APR

Viele der imposantesten Ansichten im Südwesten der USA sind von gewundenen Felskorridoren gerahmt. Manche davon verengen sich zu Felsschluchten (Slot Canyons) und bieten einige der allerbesten Canyoning-Gelegenheiten mit Kletterpartien, Schwimmstrecken und Wasserfallrutschen. Der Paria Canyon an der Grenze von Arizona und Utah ist einer der schönsten. Hauptanziehungspunkt ist hier der Buckskin Gulch, eine tiefe, 19km lange Schlucht, die selten breiter ist als 5m. Wire Pass und Buckskin sind beliebte Ausgangspunkte; erfahrene Canyoneers können die 5-Tages-Tour (61km) bis nach Lees Ferry in Angriff nehmen – durch die längste und sturzflutgefährdetste Schlucht der Welt. — *www.utah.com*

Auf Bäume klettern

AUSTRALIEN

WARUM JETZT Den windschwächsten Monat weiß man auf einem 75m hohen Baum zu schätzen

WO Pemberton, Westaustralien

WANN April

10 APR

Bis zu 90m hoch kann der in Westaustralien endemische Karribaum werden. Acht solcher Riesenbäume wurden in der ersten Hälfte des 20. Jhs. als Feuerwachbäume eingerichtet; man baute Plattformen in die Baumkronen und hämmerte Stahlsprossen in ihre Stämme. Heute sind drei davon zu „Kletterbäumen" umgerüstet worden, die von Besuchern bestiegen werden können. Der Lohn sind herrliche Aussichten über die dicht mit Primärwäldern bewachsenen Hänge – und ein Zertifikat. Der Gloucester Tree ist 61m hoch, 3km vom Holzindustrie-Städtchen Pemberton entfernt; der höchste ist der 75m hohe Dave Evans Bicentennial Tree. — *www.pembertonvisitor.com.au*

88 Tempel ablaufen

JAPAN

WARUM JETZT Den langen Weg bezwingen, bevor die Sommerhitze zuschlägt

WO Tokushima, Shikoku

WANN April

11 APR

Japans bekanntester Pilgerweg ist der lange Rundweg der 88 Tempel auf der Insel Shikoku. Kōbō Daishi, einer der meistverehrten Heiligen Japans, soll diesen 1400km langen Weg einst selbst gewählt haben. Zwei Monate Pilgerzeit sollte man einplanen; der Weg beginnt in Tokushima und wird meist im Uhrzeigersinn gelaufen. Einige der Tempel liegen nur wenige 100m voneinander entfernt, andere mehr als 100km. Dabei sind die Tempel selbst oft weniger interessant als die ganze Reise. Die 88 Tempel stehen für die Anzahl der im Buddhismus definierten bösen Triebe; wer den Rundweg vollendet, soll sich davon befreit haben. — *www.shikokuhenrotrail.com*

RECHTS: **Das Songkran-Fest in Bangkok genießen.**

UNTEN: **Bleibt fern, ihr Grauen! Eichhörnchen wie dieses Jungtier können in Schottland am besten beobachtet werden.**

Die guten Eichhörnchen

SCHOTTLAND

WARUM JETZT Eichhörnchenjunge sehen

WO Abernethy Forest, bei Nethy Bridge

WANN April und Mai

12 APR

Das Eichhörnchen gehört zu den meistgeliebten Tieren Großbritanniens. Diese spitzohrigen Hörnchen sind charismatisch, doch leidet ihr Bestand massiv unter der Ausbreitung Nordamerikanischer Grauhörnchen. Letzte Zählungen ergaben 140 000 Eichhörnchen, Bestand rückläufig, und 2,5 Millionen Grauhörnchen, Zahlen steigend. Das Eichhörnchen bewohnte einst die ausgedehnten Kiefernwälder Großbritanniens, die vor 1000 Jahren gefällt wurden. Heute leben ca. 85% der Population in Schottland, die meisten in den Waldkiefern des Abernethy-Reservats. Hier kann man ihnen dabei zusehen, wie sie herumflitzen, sich zanken, ihre Jungen in die Welt entlassen. — *www.forestry.gov.uk/forestry/Redsquirrel*

Wasser marsch! zu Songkran

THAILAND

WARUM JETZT Um sich bei der größten Wasserschlacht der Welt zu beweisen

WO Im ganzen Land

WANN 13.–15. April

13 APR

Zum Neujahrsfest nach dem Lunisolarkalender geht Thailand buchstäblich baden. Teils mit Respekt begangen, teils mit Randale – Songkran ist eine Gelegenheit, bei der Buddha „gebadet" wird und junge Thais sich den Segen der Familienältesten holen, indem sie ihnen duftendes Wasser über die Hände gießen. Darüber hinaus ist es ein wildes Wasserwerfen für die Massen. Eine gute Gelegenheit, in der heißesten Jahreszeit ein bisschen abzukühlen. An diesen drei Feiertagen ist niemand vor einer Dusche sicher. Wasserbomben werden auf ahnungslose Passanten geworfen, man spritzt mit Wasserpistolen von Rädern, Motorrädern und aus Autos. Zu Songkran werden in den Vorhöfen der Tempel Sand-Chedis errichtet; Vögeln und Fischen schenkt man die Freiheit.

Am besten lässt sich das Fest in der nordthailändischen Stadt Chiang Mai erleben, dort wird es mit großer Begeisterung begangen. Die Feiernden postieren sich an den Stadtgräben, an denen Pumpen installiert sind, mit denen das Wasser hochgesogen und wild verspritzt werden kann. — *www.tourismthailand.org*

Bisket Jatra bejubeln

NEPAL

WARUM JETZT Neujahr auf Nepalesisch

WO Taumadhi Tole, Bhaktapur

WANN Beginn des nepalesischen Monats Baishak (um den 13./14. April)

14 APR

Das Bisket-Jatra-Fest verkündet den Beginn des nepalesischen neuen Jahres und wird am eindrucksvollsten in Bhaktapur gefeiert. Bei einer der spannendsten Veranstaltungen des Jahres im Kathmandutal wird ein riesiger, schwerfälliger Wagen mit Bildnissen des Gottes Bhairava auf dem Taumadhi-Platz errichtet. Dann rumpelt der ächzende Wagen – von Dutzenden Einwohnern gezogen – durch die Stadt, um am Ende in einem gigantischen Tauziehen in die Ober- oder Unterstadt gezerrt zu werden. Nach dem Wettziehen geht es wieder zum Taumadhi-Platz, wo ein 25m hohes Lingam (ein Mast als Phallussymbol) in einer steinernen Yoni (weibliche Genitalien) aufgerichtet wird. Am Abend des nächsten Tages (des Neujahrstages) wird dieser Mast dann in einem oft heftigen Gezerre umgelegt. Wenn der Mast zersplittert, gilt das neue Jahr als offiziell begonnen.

Auch in den Orten Thimi und Bode wird das Fest gefeiert; in Ersterem mit einem Umzug mit Bildnissen der Götter, die von den Einwohnern mit rotem Pulver beworfen werden.

— *www.welcomenepal.com*

Mit Wisenten wandern

POLEN

WARUM JETZT Die beste Zeit: nach dem Schnee und noch vor dem Sommerregen und den Mücken
WO Białowieża-Nationalpark
WANN Mitte März bis Anfang Mai

15 APR

Der riesige Tiefland-Urwald des Białowieża-Nationalparks erstreckt sich bis über die Grenze nach Weißrussland und wird oft übersehen, obwohl er praktisch das europäische Äquivalent zur afrikanischen Serengeti oder dem amerikanischen Yellowstone-Nationalpark ist. Ein Stück vorzeitliches Europa, wo sich heulende Wölfe und Sagengestalten in den dunklen Wäldern entlegener Dörfer herumtrieben. Hier, unter den Kiefern, Eichen und Birken, leben Elche, Grauwölfe, Rothirsche, Luchse, Biber und Otter. Das Gebiet – früher ein königliches Jagdgebiet – war trotz des Artenschutzes die letzte Hochburg europäischer Wisente. Heute leben hier ca. 3000. — *www.*

Canyoning Wadi Mudschib

JORDANIEN

WARUM JETZT Die Schlucht ist offen ab April – da brennt einem die Sonne nicht aufs Hirn
WO Wadi Mudschib
WANN April bis Oktober

16 APR

Von der Wüstenautobahn bis zum Toten Meer erstreckt sich über eine Entfernung von 70km das große und wunderschöne Wadi Mudschib. Vier Hauptwanderwege führen durch das Mudschib-Reservat, der durch die Schlucht ist jedoch der abenteuerlichste. Der Weg folgt dem Fluss, der sich durch die Erde frisst; man muss sich an einem 20m hohen Wasserfall abseilen und streckenweise schwimmen oder untertauchen, um sich unter Felsbarrieren hindurchzuzwängen. Diese Strecke bedarf einer Zeit von bis zu 12 Stunden und darf nur mit einem Führer der Königlichen Gesellschaft für Naturschutz absolviert werden. — *www.rscn.org.jo*

LINKS: **An den Seilen zerren beim Bisket Jatra.**

UNTEN: **Pandas müssen täglich mehr als 12 Stunden lang Bambus fressen.**

Pandabären treffen

CHINA

WARUM JETZT Die beste Gelegenheit, den Liebesliedern sich paarender Pandas zu lauschen
WO Wolong-Naturreservat, bei Chengdu
WANN April

17 APR

Der Pandabär gehört zu den beliebtesten bedrohten Tierarten. Einer Studie von 2006 zufolge sollen derzeit noch 3000 Exemplare in den zentralchinesischen Bergen leben.

Etwa 100 Pandas bewohnen die Gebirgswälder des 2000km² großen Wolong-Naturreservats, des bekanntesten der 50 Panda-Reservate in China. Es ist jedoch außerordentlich mühevoll, einen aufzuspüren, da die Tiere weit verstreut leben und Einzelgänger sind. Im April sind die Weibchen für einige Tage fruchtbar, und die schwachsichtigen Männchen müssen ihre Futterplätze verlassen, um sie ausfindig zu machen. Und die Rhododendren-Hänge stehen in voller Blüte. — *www.pandasinternational.org*

In der Wüste tanzen

USA

WARUM JETZT Zum Coachella, einem der angesagtesten Musikfestivals

WO Indio, Südkalifornien

WANN Zwei Wochenenden im April

18 APR

Zum Coachella Valley Music and Arts Festival spielen jedes Jahr die Großen der Szene, wie bisher Red Hot Chili Peppers, Radiohead, Pearl Jam, Jay-Z, Paul McCartney oder die Beastie Boys. Doch viele Festivalbesucher kommen offenbar nicht nur wegen der Acts auf der Bühne, sondern auch wegen der Menge davor. Denn Coachella ist zu einem Lieblingsort für inkognito reisende Hollywoodstars und allerlei Jazzer geworden, die so begeistert sind wie Otto Normalverbraucher und drei Tage Wüstensonne ertragen, um sich Electronica, Dance, Trance, Rock, Pop, Indie, Jazz, Blues, Funk, Lasershows, Kunstinstallationen und überdimensionierte mechanische Spinnen reinzuziehen. Auf dem Festivalgelände – ein paar unscheinbaren Feldern in einem Tal der Sonora-Wüste – ist es heiß, sogar im April schon (an die 30°C). Dennoch ist die Stimmung ausgesprochen cool und sehr südkalifornisch. Am besten kampiert man gleich dort, um besser in die Coachella-Welt einzutauchen. Neben den atemraubenden Gigs gibt es noch mehr im Angebot: Man kann sich zur Stein-Schere-Papier-Meisterschaft herausfordern lassen, ein paar Yoga-Positionen lernen und Craft-Bier mit Baja-Tacos genießen. Und bloß nicht vergessen, nach Stars Ausschau zu halten! — *www.coachella.com*

RECHTS: **ZUMA PRESS – ALAMY**

Der Küste folgen

ENGLAND

WARUM JETZT Der Weg ist lang, man sollte ihn zeitig im Jahr beginnen

WO Somerset, Devon, Cornwall und Dorset

WANN April und Mai

19 APR

Das Netz der Nationalen Wanderwege in Großbritannien ist riesig. Allein die 15 Fernwanderwege ergeben 4400km. Es heißt, dass es im Umkreis von 80km immer einen nationalen Wanderweg gäbe, egal, wo man steht. Der beliebteste ist der Südwestküstenpfad (South West Coast Path), der sich um die spektakulär zerklüftete Südwestspitze der Insel windet, von Minehead bis nach Pole. An die acht Wochen dauert es, die gesamte Strecke von 1014km zu erwandern. Die Entfernung ist nur die halbe Miete; die Küste ist bergig, an die 27 000 Höhenmeter sind im Anstieg zu bewältigen – etwa dreimal die Höhe des Mount Everest. — *www.southwestcoastpath.com*

Schimpansen aufspüren

TANSANIA

WARUM JETZT Schimpansen sind in der Regenzeit öfter anzutreffen

WO Gombe Stream

WANN Februar bis Juni

20 APR

Mit einem Gebiet von 52km² ist der Gombe-Stream-Nationalpark der kleinste Tansanias. Er ist auch der Ort, an dem die bisher längste Studie der Welt an einer Population wilder Tiere betrieben wurde. Die britische Wissenschaftlerin Jane Goodall kam 1960 hierher, um das Verhalten wild lebender Schimpansen zu erforschen, und das macht sie bis heute. Die etwa 100 Gombe-Schimpansen sind an Menschen gewöhnt; für den Gombe sollte man sich zwei Tage Zeit nehmen. Die Unterkünfte sind allerdings eine Frage der Extreme: eine heruntergekommene Herberge, ein Rasthaus oder ein Luxus-Zeltcamp. — *www.tanzaniaparks.com/gombe.html*

RECHTS: **Das Lianenspringen in Vanuatu wird für einen Männer-Initiationsritus gehalten.**

UNTEN: **Wanderung auf dem Südwestküstenpfad am Pentire Head in Cornwall, England.**

Feiern mit Rom

ITALIEN

WARUM JETZT Um den Geburtstag der Ewigen Stadt gebührend zu feiern – im lauen Frühling

WO Rom

WANN 21. April

21 APR

Rom hat ein stolzes Alter – aber zu feiern versteht man hier nach wie vor. Gegründet worden sein soll die Stadt 753 v. Chr. von Romulus, einem der beiden ausgesetzten Söhne des Mars, der dann von einer Wölfin gesäugt wurde und später seinen Bruder Remus umbrachte. Heute feiert die Stadt ihren Gründungstag jedes Jahr mit Konzerten, Festumzügen, historischen Aufführungen und lauter Menschen in Togas. Viele der Archäologischen Stätten und Museen bieten an diesem Tag freien Eintritt, Hauptort der Festlichkeiten ist jedoch der Aventin. Wer eine gute Sicht aufs Feuerwerk haben will, sollte sich rechtzeitig auf dem Kapitolshügel postieren — *www.turismoroma.it*

Vorreiter Bungee-Jumping

VANUATU

WARUM JETZT Die Absprungtürme sollten jetzt fertig sein fürs schwindelerregende Abenteuer

WO Pentecost-Insel

WANN Anfang April bis Juni

22 APR

Naghol (Lianenspringen) auf der Insel Pentecost ist einer der bemerkenswertesten Bräuche der Welt. Jedes Jahr Anfang April, wenn sich die ersten Yamspflänzchen zeigen, errichten die Bewohner der Südseeinsel hohe Holztürme. Ein Turm ist mindestens 16m hoch, manchmal bis zu 30m. Sobald er fertiggestellt ist und bis Ende Juni springen Jungen und Männer von diesen fragilen Bauwerken in die Tiefe, mit nur zwei wenig elastischen Lianen an den Knöcheln – ein Sprung, der eine reiche Yamswurzel-Ernte bescheren soll. Zwischen 20 und 60 Männer eines Dorfes wagen den Sprung. Vorher hebt der jeweilige Springer seine Hände und teilt der Menge seine persönlichsten Wünsche mit. Schließlich klatscht der Springer in die Hände, kreuzt die Arme vor der Brust und lässt sich nach vorn fallen. Die Lianen stoppen den Fall abrupt; nur die Haare des Springers werden den Boden berühren und den Yamsboden fruchtbar machen. Im Süden der Insel ist das Lianenspringen verbreitet; insbesondere in Lonorore und in den Bergen zwischen Panas und dem nahen Wali. — *vanuatu.travel*

Tour auf dem Friendship Highway

CHINA & NEPAL

WARUM JETZT Um die Nordwand des Mount Everest von seiner besten Seite zu sehen

WO Von Lhasa bis Kathmandu

WANN Ende März bis Anfang Mai

23 APR

Diese Radtour führt an den meisten Hauptattraktionen Tibets vorbei, bietet großartige Landschaften und – für diejenigen, die von Lhasa starten – eine Berg- und Talfahrt vom Lalung La (5124m) hinunter ins Kathmandutal. Die Reise zählt zu den eindrucksvollsten der Welt. Die Strecke umfasst insgesamt 940km, die meisten Fahrer starten aber in Shigatse, Tibets zweitgrößter Stadt 300km westlich von Lhasa, und lassen den meistbefahrenen Abschnitt weg. Mindestens zwei Wochen dauert die Fahrt; mit Zwischenstopps in Gyantsê, Xigazê und Sakya sollte man aber 20 Tage einplanen.

Um diese Zeit ist Tibets natürliche Hauptattraktion – die Nordwand des Mount Everest – von ihrer klarsten Seite zu sehen. Wer ein Mountainbike fährt, kann bei Shegar abfahren und einen Abstecher zum Everest-Basislager machen. Aufgrund der schweren Erdbeben im April/Mai 2015 sollte man sich vor der Anreise über den Stand informieren. – *www.cnto.org*

RECHTS: MONIKA LEWANDOWSKI – GETTY IMAGES

Tulpenduft-Erwachen

NIEDERLANDE

WARUM JETZT Um Millionen und Abermillionen blühender Tulpen zu sehen und zu schnuppern

WO Keukenhof, Südholland

WANN Mitte März bis Mitte Mai

24 APR

Ein Meer aus sieben Millionen kirschroten Tulpen, die ihre Köpfchen sanft im lauen niederländischen Wind wiegen ... Mit diesem Bild grüßt Keukenhof, der größte Blumengarten der Welt, seine Besucher jährlich zur Eröffnung der Frühjahrssaison. Vom 20. März etwa bis in den späten Mai können Blumenliebhaber durch die einzelnen Themengärten wandeln und Blumenzwiebeln zum Mitnehmen kaufen. Keukenhof – Niederländisch für „Küchengarten" – war im 15. Jh. ein Jagdgebiet, in welchem Wild aufgespürt und Kräuter für die Küche des nahen Schlosses gesammelt wurden. Jetzt ist dieser Ort eine blühende Fantasie, vom „Bee Happy"-Insektengarten bis hin zum Kuhgarten, dessen schwarz-weiße Blütenbüschel die friesische Kuh nachbilden. Es ist wunderbar, mit dem Fahrrad ein Stück über Land zu fahren – oder nach Amsterdam, das liegt nur 35km entfernt. — *www.keukenhof.nl*

Zur Hauptstadt des Jazz

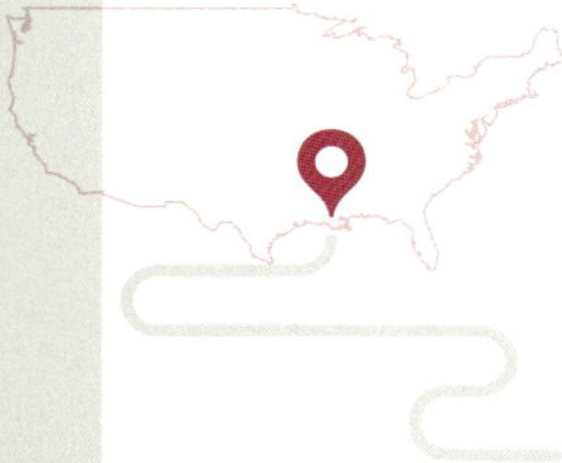

USA

WARUM JETZT Um zu den abgefahrensten Songs in der Stadt des Jazz abzuhängen

WO Fair Grounds, New Orleans

WANN Letztes April-, erstes Maiwochenende

25 APR

Wo sonst wollte man Jazz hören, wenn nicht in jener Stadt, die ihn hervorgebracht hat? Nach dem Karneval ist das Jazz & Heritage Festival – das Jazz-Fest – New Orleans' größter Anlass zu feiern: eine bunte Mischung aus jazziger Wohlfühlmusik, serviert an zwei Wochenenden auf mehr als zehn Bühnen.

Das Jazz-Fest wurde erstmals 1968 anlässlich der 250-Jahr-Feier der Stadt veranstaltet und zog damals Musiker wie Louis Armstrong, Duke Ellington und Dave Brubeck an. Nachdem die Besucherzahlen ein paar Jahre lang zu gering waren, verlegte man das Fest 1972 auf die Fair-Grounds-Rennbahn und begann, neben dem Zugpferd Jazz auch andere Musikrichtungen zu präsentieren. Das Konzept war und ist auch heute noch erfolgreich; zu den Hauptevents gehörten u. a. Norah Jones, Van Morrison, Harry Connick Jr, Rod Stewart, ZZ Top und Steely Dan. Die Fair Grounds sind von 11 bis 19 Uhr geöffnet, danach wird in den Bars und Clubs der Stadt bis in die frühen Morgenstunden gejazzt. — *www.nojazzfest.com*

LINKS: **Jive tanzen zu Straßenmusik in New Orleans, Louisiana.**

UNTEN: **Die Unterwasserwelt der Poor Knights vor Neuseeland ist artenreich.**

London-Marathon

ENGLAND

WARUM JETZT Lauf durch die Hauptstadt Großbritanniens oder als Zuschauer beiwohnen

WO Von Greenwich zur The Mall, London

WANN Mitte April

26 APR

Er ist nicht nur ein Rennen, sondern eine inspirierende Welle der Menschlichkeit. Der 1981 erstmals veranstaltete London-Marathon ist ein Magnet der Lauf-Elite. Viele der über 35 000 Teilnehmer starten jedoch nicht, um Rekorde zu brechen, sondern um sich der Herausforderung zu stellen, einige sogar als Sponsorenläufer für wohltätige Zwecke. Der London-Marathon ist auch die größte eintägige Charity-Veranstaltung der Welt, und damit auch reichlich karnevalesk. Getragen wird von grellen Neonwesten bis hin zu riesigen Nashorn-Kostümen. Einen Startplatz zu ergattern ist schwer, die Verlosung schließt kurz nach der Eröffnung. — *www.virginmoneylondonmarathon.com*

Schluchten durchklettern

KROATIEN

WARUM JETZT Der Frühling ist die beste Kletterjahreszeit und zieht Kletterer von Weltrang an

WO Nationalpark Paklenica

WANN April und Mai

27 APR

Die kahlen Gipfel des Velebit-Gebirgsmassivs hoch über der Adria erstrecken sich über 145km atemraubende Landschaft aus Felsen und Meer. Der Nationalpark Paklenica nimmt 96km² dieses Gebirges ein, umfasst zwei tiefe Schluchten und ist mit seinen Karstfelsen eines der beliebtesten Klettergebiete Europas. Der feste, teils scharfkantige Kalkstein bietet nach Schwierigkeitsgraden eingestufte Routen, darunter 72 kurze für Sportkletterer und 250 längere. Die größte Herausforderung ist eine Besteigung des Anića Kuk, der 100 Routen von bis zu 350m bietet. Viele dieser Routen sind mit Bohrhaken versehen. — *www.paklenica.hr*

Vor Poor Knights tauchen

NEUSEELAND

WARUM JETZT Die Sichtweite kann in den Herbstmonaten bis zu 50m betragen

WO 20km vor der Ostküste der Nordinsel

WANN März bis Mai

28 APR

Die Poor Nights Islands – von Jacques Cousteau einst als eines der zehn besten Tauchgebiete der Welt bezeichnet – sind Überbleibsel eines vorzeitlichen Vulkans. Sie werden von der East-Auckland-Strömung mit warmen Wassern des Korallenmeers umspült und bergen von Fischen bevölkerte Höhlen, Felsbögen und Riffe, die spektakuläre Tauchgänge vor der Kulisse farbenprächtiger Lebewesen bieten. Die Tauchplätze hier sind vielgestaltig – für jeden ist etwas dabei, auch schnorcheln kann man gut. Auch für einen Neuseelandbesuch eignet sich diese Zeit hervorragend – bei Herbstfarben, Weinernten und den niedrigeren Preisen der Zwischensaison. — *www.doc.govt.nz*

Der Lykische Weg

TÜRKEI

WARUM JETZT In Lykien kann es sehr heiß werden, also vor der sommerlichen Wasserknappheit

WO Lykische Küste

WANN März bis Mai

29 APR

Der 1999 geschaffene Lykische Weg war der erste Fernwanderweg der Türkei, wenngleich die Ursprünge dieses ausgetretenen Pfades sehr viel weiter zurückreichen. Das ins Mittelmeer hineinragende Lykien – die antike Bezeichnung für die Teke-Halbinsel – ist ein strategisch wichtiger Punkt. Das erkannten auch viele Eroberer wie die Perser, Alexander der Große oder die Römer; Spuren dieser vergangenen Kulturen sind im Vorbeigehen zu sehen. Der Weg selbst – auf den Spuren alter Handels- und Karawanenpfade – verläuft über 509km an der Küste und durch die Berge von Lykien, von Fethiye bis hinüber nach Antalya. Der gesamte Weg kann in etwa 25 bis 30 Tagen zurückgelegt oder – bei kleinerem Zeitfenster – in kürzeren Strecken begangen werden, etwa von Ölüdeniz, Kaş, Adrasan oder Olympos aus.

Pensionen und Hotels entlang der Strecke erlösen einen zuweilen vom Zelt, Privatunterkünfte sind auch ein paar vorhanden.

— *www.lycianway.com*

LINKS: **TIM BARKER – GETTY IMAGES**

Willkommen zur Walpurgisnacht

DEUTSCHLAND

WARUM JETZT Verkleiden und zum Gruseln ab auf den Berg – die Hexen tanzen

WO Brocken, Harz

WANN 30. April

30 APR

Was gibt es Besseres, als den April auf einem Berggipfel in Begleitung von Hexen und Zauberern zu verabschieden! Überlieferungen der Region zufolge versammeln sie sich in der Walpurgisnacht (die ihren Namen der heiligen Walburga verdankt, der man am 1. Mai gedenkt) an verschiedenen Orten im Harz, bevor sie auf Besenstielen oder Ziegen zum 1142m hohen Brockengipfel hinauffliegen. Dort oben erzählen sie sich die Übeltaten des Jahres mit einem bacchantischem Rausch.

Ängstliche Bauern hängten einst Besen und Kräuter an die Stalltüren, um ihr Vieh zu beschützen. Auch Peitschenknallen oder das Läuten der Kirchenglocken sollten streunende Hexen von einem Besuch abhalten.

Am besten lässt sich die Walpurgisnacht in Thale feiern, wo sich an die 35 000 nicht sonderlich heidnische Zeitgenossen versammeln, um ausgelassen und vielgestaltig zu feiern.

— *www.harzinfo.de*

Tanz in den Mai

ENGLAND

WARUM JETZT Um in der Universitätsstadt den Wonnemonat Mai zu begrüßen

WO Oxford

WANN 1. Mai

01 MAI

Heute gilt's, den Wecker früh zu stellen, denn in Oxford fängt der Schabernack am 1. Mai schon um 6 Uhr morgens an. Seit Langem ist der Erste Mai in aller Welt ein traditionelles (und oft lautstarkes) Fest, mit dem man das wärmer werdende Wetter feiert. Auch in der englischen „Stadt der Turmspitzen“ wird der Wonnemonat seit Jahrhunderten angemessen verkündet. Die Feierlichkeiten beginnen mit dem stimmgewaltigen Chor des Magdalen College, der vom Glockenturm herunter den „Hymnus Eucharisticus“ singt. Danach erschallt ein Wer-immer-noch-nicht-wach-ist-der-ist-es-jetzt-Glockenläuten. Auch viele Bars und Cafés der Stadt öffnen zeitig, um ein herzhaftes Frühstück zu servieren – ein nützlicher Kraftstoff für die Aktivitäten des Tages.

Tradition wird hier noch großgeschrieben, mit Live-Musik, Hornbläsern und rasselnd-stockklappernden Morris-Tänzen. Allerlei todesmutige Teufelskerle gibt es auch, die von der Magdalen-Brücke in den Cherwell springen. Am besten vergnügt man sich aber auf dem Trockenen.
— *www.oxford.gov.uk*

LINKS: **HOMER SYKES – ALAMY**

Mai

Trek durch die Tigersprung-Schlucht

CHINA

WARUM JETZT Wandern, wenn die Hänge von leuchtenden Wildblumen erglühen

WO Yunnan, Südwestchina

WANN Mai bis Anfang Juni

02 MAI

Nach der ersten Flussschlinge bei Shigu wogt der mächtige Yangtsekiang durch die Tigersprung-Schlucht, eine der tiefsten Schluchten der Welt. 16km ist sie lang, und von der tiefsten Stelle bis zu den höchsten Gipfeln schwindelerregende 3900m hoch. Durch die Schlucht führen zwei Wanderwege. Der obere Weg ist der ältere und auch als „24-Kurven-Pfad" bekannt (obwohl es fast 30 sind), der untere eine jüngst fertiggestellte Straße voller abgasender Reisebusse.

Die Strecke ist in zwei Tagen zu schaffen, besser aber in drei oder vier, um auch die überwältigende Landschaft zu genießen. Unterwegs geht es vorbei an Reisfeldern, winzigen Dörfern, Felder pflügenden Ochsen und Herden von Ziegen. Übernachtet wird in ländlichen Pensionen, von denen die besten auch über Veranden verfügen. Der beste Ausgangspunkt für die Tour ist Lijiang, 160km nördlich der Provinzhauptstadt Dali; von dort sind es nur zwei Stunden bis zum Start in Qiaotou. — *www.cnto.org*

Surfen am Bells Beach

AUSTRALIEN

WARUM JETZT Der australische Herbst ist die verlässlichste Zeit für hervorragenden Wellen

WO Great Ocean Road, Victoria

WANN März bis Mai

03 MAI

Für einen Strand, auf den solche Loblieder gesungen werden, ist Bells überraschend klein. Gediegen liegt er in einer Bucht, davor die Klippen, dahinter die Great Ocean Road, die landschaftlich reizvollste der australischen Küstenstraßen. Doch wegen des Strandes kommt keiner her, hier dreht sich alles nur ums Wasser. Die gefährliche Brandung – die Wellen, nicht der Film – ist für Surfer legendär, vor allem, wenn bei Südwestwind eine 4m-Welle vom Südmeer hereinrollt. Wer noch nicht sicher auf Bells-Brettern steht, kann im nahen Torquay oder in Anglesea dafür üben oder in Torquay einfach durch Surfworld flanieren, das größte Surf-Museum der Welt. — *www.visitvictoria.com*

LINKS: **Träger helfen Wanderern durch die Tigersprung-Schlucht.**

UNTEN: **Am 5. Mai wird gefeiert in Puebla, Mexiko.**

Schneeleoparden folgen

BHUTAN

WARUM JETZT Das Wetter ist hervorragend und es gibt fantastische Blumen zu sehen

WO Im ganzen Land

WANN April und Mai

04 MAI

Hier im Land hat man das Jagen und das Holzfällen verboten und gelobt, mindestens 60% der gesamten Fläche für alle Zeit bewaldet zu belassen, weil man glaubt, dass eine gesunde Umgebung unerlässlich ist fürs seelische Glück. Dementsprechend paradiesisch ist die Natur. Bhutan verfügt über eine schier unglaubliche Vielfalt von Habitaten und Wildtieren, auch seltene Tiere leben hier. Die dreiwöchige Tashitang-Wanderung ist wahrscheinlich die beste Methode, um einen Schneeleoparden zu erspähen, einen Katzenbär oder den wunderlichen Takin. Von März bis Mai stehen obendrein die Rhododendren in voller Blüte. — *www.tourism.gov.bt*

Die Schlacht feiern

MEXIKO

WARUM JETZT Weil die Mexikaner am „Cinco de Mayo" ihren Sieg feiern

WO Puebla

WANN 5. Mai

05 MAI

Am 5. Mai 1862 brachte eine zahlenmäßig unterlegene mexikanische Armee in der Schlacht von Puebla einen völlig unerwarteten Sieg gegen die Franzosen zuwege. Diesem historischen Ereignis wird mit großem Stolz gedacht, vor allem in der Stadt Puebla, die diesen Tag jedes Jahr mit großer Party begeht.

Puebla ist immer eine Augenweide. Der Legende nach wurde es von Engeln erbaut – auf dass es der Mensch genieße. Das ansehnliche Stadtzentrum ist seit 1987 ein Weltkulturerbe. Am Cinco de Mayo (5. Mai) wird es noch hübscher, wenn sich prächtige Paraden durch die Straßen schlängeln und die Schlacht bühnenreif nachgestellt wird. — *www.visitmexico.com*

Larapinta-Trail erwandern

AUSTRALIEN

WARUM JETZT Bestmögliche Bedingungen für die Wüste: 23°C im Schnitt und wenig Regen

WO Von Alice Springs bis Mount Sonder

WANN Mai

06 MAI

Der Larapinta-Trail ist einer der großen Wüstenwanderwege der Welt und führt über 223km von Alice Springs durch australisches Hinterland bis zum wohlgeformten Mount Sonder. Der Weg über die gesamte Länge der westlichen MacDonnel Ranges, einer der ältesten Gebirgsketten der Welt, hat von Quarzit-Kämmen, Stachelkopfgras-Ebenen bis zu den tief eingekerbten Schluchten des West-MacDonnell-Nationalparks einiges zu bieten.

12 bis 16 Tage sollte man für die Gesamtstrecke einplanen, die sich in 12 Etappen gliedert und daher auch in Teilstrecke zu erlaufen ist. Der Weg bietet wenig Schatten. Mai bis August ist die beste Zeit, obgleich es in den Juninächten schon ziemlich kühl werden kann.

— *www.larapintatrail.com.au*

Rosenduft inhalieren

MAROKKO

WARUM JETZT Um in der Wüste in einem Meer aus Blütenblättern zu feiern

WO El-Kelaâ M'Gouna

WANN Anfang Mai (Datum ist ernteabhängig)

07 MAI

In den dürren Falten des Hohen Atlas, fast an der Grenze zur Sahara, liegt unverhofft ein Ort namens Vallée des Roses. Im Frühjahr ist das gesamte Gebiet dort mit herrlich pinkfarbenen Damaszenerrosen übersät. Auch in der kleinen Stadt El-Kelaâ M'Gouna stecken die Hecken voller Rosen. Sie sind zwar nicht sofort augenscheinlich, dennoch aber das Lebenselixier dieser Stadt: aus ihnen wird Rosenwasser gewonnen. Die Blütenernte im Mai wird von einem farbenfrohen und süß duftenden Rosenfest begleitet, das an die 20 000 Besucher anlockt. In diesen drei Tagen wird gesungen und getanzt, festlich gegessen, ein buntes Markttreiben veranstaltet und einer Wagenprozession durch einen Regen aus Rosenblüten gefolgt. — *www.visitmorocco.com*

RECHTS: **Giraffen sind leicht zu sichten im Südluangwa-Nationalpark, Sambia.**

UNTEN: **Im Hohen Atlas in Marokko werden pinkfarbene Damaszenerrosen gepflückt und getrocknet.**

Große Giraffenherden sehen

SAMBIA

WARUM JETZT Die Giraffen versammeln sich hier zum Ende der Regenzeit

WO Südluangwa-Nationalpark

WANN Mai

08 MAI

Das Luangwa-Tal erstreckt sich über eine Fläche von 700km Länge und 100km Breite und ist Teil des Großen Afrikanischen Grabenbruchs. Es ist auch ein abgeschiedenes Paradies für eine einzigartige Giraffenart: die Thornicroft-Giraffe.Im Südluangwa-Nationalpark gräbt sich der Luangwa-Fluss seinen Weg südwärts zum Sambesi, durch ein Mosaik von Mopane-Büschen, Miombos (Waldsavannen) und Grassteppen, die während der Regenzeit (November bis Mai) unter Wasser stehen. Wird der Park überflutet, bleiben die Sandböden um den Ort Mfue herum über Wasser und bilden kleine Trockeninseln, auf denen sich an die 700 Giraffen versammeln. Die Inseln sind auch ein Bonus für Besucher, weil die Giraffen so leichter zu erspähen sind.

Thornicroft-Giraffen sind an ihren dunkelbraunen Halsflecken und der fehlenden Zeichnung unterhalb der Knie zu erkennen. Eine Kuh mit Jungtier zu entdecken, ist ein Glücksfall, denn bis zu 75% der Kälber fallen noch im ersten Lebensjahr Raubtieren zum Opfer. Zuweilen sieht man zwei Bullen miteinander kämpfen, indem sie Kopf und Hälse gegeneinander schlagen; mitunter ein heftiges Gerangel. Tipp: der wenig besuchte Nordluangwa-Nationalpark.

— *www.zambiatourism.com*

Rio aufs Dach steigen

BRASILIEN

WARUM JETZT Das Wetter zeigt sich von seiner besten Seite: kühle Lüftchen und mäßige 30°C

WO Rio de Janeiro

WANN Mai bis August

09 MAI

Rio ist zwar besser bekannt fürs Tanzen und Feiern, doch auch die Stadt mit den meisten Kletterrouten der Welt. Nur eine Autostunde von der Metropole entfernt gibt es 350 dokumentierte Klettertouren, darunter auch welche auf die beiden berühmten Wahrzeichen der Stadt: den Zuckerhut und den Corcovado mit seiner Christus-Statue. Jetzt ist die beste Zeit dafür: Der Winter naht, die Felsen sind angenehm kühl, fürs Klettern wie gemacht.

Die Südwand des Corcovado bietet einige der längsten Mehrseillängen-Routen, die den Aufstieg mit großartigen Aussichten auf die Stadt belohnen. Wer ganz der Großstadt entkommen will, findet im gleichnamigen Bundesstaat weitere Kletterrouten. Der ca. 50km von Rio entfernt liegende Parque Nacional da Serra dos Órgãos ist Brasiliens Kletterhochburg mit Wahrzeichen wie dem Dedo de Deus (Finger Gottes).

Wer dort ist, sollte auf jeden Fall auch einen Tag mit den schönen Badegästen an den Stränden von Copacabana oder Ipanema abhängen, das Museu de Arte Contemporânea de Niterói besuchen (das wie ein Raumschiff aussieht) oder einen geführten Rundgang durch die Favelas unternehmen. — *www.climbinrio.com*

LINKS: GILES BRACHER – GETTY IMAGES

Zu Pferd in Andalusien

SPANIEN

WARUM JETZT Um auf Vollblutpferden durch frühlingsfrische Landschaften zu galoppieren

WO Andalusien

WANN Mai (Feria del Caballo: Anfang/Mitte Mai)

10 MAI

Andalusien ist eine traditionsreiche Reitgegend. Zum einen war das Pferd lange Zeit ein fester Bestandteil des bäuerlichen Lebens, zum anderen ist die Region das bedeutendste Zuchtgebiet der eleganten Andalusier, auch Cartujanos oder Kartäuserpferde genannt. Unzählige gute Reitpfade verlaufen kreuz und quer durch diese Gegend, man kann auch einen von „Picaderos" (Stallburschen) geführten Ausritt unternehmen. Die Pferde sind mittelgroß, intelligent, verlässlich und trittsicher. Bei einem der größten Feste in Andalusien – der Feria del Caballo (Pferdemesse) in Jerez – wird alles gefeiert, was mit den edlen Vierbeinern zu tun hat. Farbenprächtige Pferde paradieren durch das Gelände des Parque González Hontoria. Die Reiter tragen klassische flache Zylinderhüte und Rüschenhemden, die Reiterinnen lange Pünktchenkleider.

— *www.andalucia.org*

Dunkle Mächte erhellen

VENEZUELA

WARUM JETZT Weil einen die Massen von schreienden Nachtvögeln glatt umhauen

WO Cueva del Guácharo National Park

WANN April bis Juni

11 MAI

Man starrt in eine Höhle, aus der es tönt wie aus der Unterwelt. Tief aus ihrem Innern erschallt ein ohrenbetäubendes Getöse, dann brechen urplötzlich Tausende Vögel mit 1m Flügelspannweite hervor – wie ein Strom dunkler Dämonen. Es ist die Nachtwanderung der „Guácharos" (Fettschwalme), der einzigen nachtaktiven, fruchtfressenden Vögel.

Bei Tage hocken die 15 000 Vögel auf Felsvorsprüngen in der nach ihnen benannten dunklen Höhle und orientieren sich wie Fledermäuse per Echoortung mit Klack-Signalen, bei Sonnenuntergang fliegen sie in die Nacht hinein und gehen auf Nahrungssuche.

— *www.venezuelaturismo.gob.ve*

Bermuda-Dreieck-Cruise

BERMUDA

WARUM JETZT Weil die See jetzt sanft ist, abgesehen von Ereignissen der paranormalen Art...

WO Atlantik, bei Bermuda

WANN April und Mai

12 MAI

Einfach alle Bedenken in den atlantischen Wind schlagen und ins Bermuda-Dreieck abdrehen, jenes berüchtigte Seegebiet im Atlantik, das im Norden von den Bermudainseln, im Westen von Florida und im Süden von Puerto Rico begrenzt wird. Ganze 100 vermisste Schiffe und Flugzeuge schreibt man dieser Gegend zu, wobei die ersten davon bereits Mitte des 19. Jhs. auf mysteriöse Weise verschwanden. Immer noch mutig? Dann ein Boot in Florida oder auf den Bermudainseln mieten und lossegeln; wer's nicht selbst beherrscht, kann eine Kreuzfahrt buchen. Wie auch immer man kreuzt, Ende Mai ist dafür die beste Zeit. — *www.gotobermuda.com; www.visitflorida.com*

RECHTS: **Ein Trugbild von Impalas im Krüger-Nationalpark.**

UNTEN: **Seemannsleben auf St David's Island, Bermudainseln.**

Die Prärie genießen

USA

WARUM JETZT Jetzt sieht man die Prärie in voller Pracht – und zuweilen sogar Bison-Kälber

WO Tallgrass Prairie Preserve, Oklahoma

WANN Ende April bis Mitte Juni

13 MAI

Die ersten europäischen Entdeckungsreisenden, die die Great Plains zu durchqueren suchten, nannten sie die „Große Amerikanische Wüste". Und doch lebten hier 30 Millionen Bisons und gigantische Mengen von Gabelböcken, Wapitis, Bären und Wölfen. Heute sind in dem als Tallgrass Prairie Preserve bekannten Abschnitt 2500 Bisons verblieben.

Der Mai ist die beste Zeit, um nach neugeborenen Kälbern Ausschau zu halten – bei Vogelgezwitscher und Wildblumen so weit das Auge reicht. Vielleicht hört man auch den dröhnenden Ruf von Präriehühnern oder sieht ein Gürteltier. — *www.nature.org/ourinitiatives/regions/northamerica/unitedstates/oklahoma*

Wild Big Five

SÜDAFRIKA

WARUM JETZT Jetzt sind im Krüger-Nationalpark etwa 25°C und nur geringfügige Niederschläge

WO Krüger-Nationalpark

WANN Mai

14 MAI

Der Krüger-Nationalpark mit seinen ausgedehnten Savannen und den reichen Tierbeständen ist eine der besten Safari-Gegenden der Welt. Mit 147 verzeichneten Säugetier- und 507 Vogelarten leben hier mehr Tierarten als in irgendeinem anderen afrikanischen Park, heißt es. Am besten geht man mit diesem Zählappell von Tieren auf Tuchfühlung, wenn man eine der Wildwanderungen durch den Park unternimmt, und zwar in kleinen Gruppen unter Leitung von sachkundigen und bewaffneten Führern. Sie bieten die großartige Gelegenheit, den Busch unmittelbarer zu erleben, als das per Fahrzeug möglich ist.

Insgesamt gibt es sieben solcher Wanderrouten, eine jede mit ihren individuellen Attraktionen. Der Napi-Trail zum Beispiel ist bekannt für die Chancen, die Big Five zu sehen; der Buschmann-Trail bietet einen Abstecher zu den Felsmalereien der San. Die 3-tägigen Wanderungen sind nicht sonderlich strapaziös und umfassen nur 20km pro Tag bei moderatem Tempo. Die Route richtet sich dabei nach den Interessen der Teilnehmer. — *www.sanparks.org/parks/kruger*

Heiligenrennen Corsa dei Ceri

ITALIEN

WARUM JETZT Um einen steilen Berg hinaufzurennen und den Stadtheiligen zu verehren

WO Gubbio, Umbrien

WANN 15. Mai (Tag des heiligen Ubald von Gubbio)

15 MAI

Nur wenige italienische Feste können der jahrhundertealten Zeremonie des Corsa dei Ceri zu Ehren des Stadtheiligen Ubald von Gubbio das Wasser reichen. Seit dem 12. Jh. wird es ausgetragen. Drei Mannschaften laufen um die Wette durch die Straßen und den steilen Monte Ingino zur Basilica hinauf, in welcher die Gebeine des heiligen Ubaldo liegen. Jede Mannschaft trägt dabei eine symbolische „Ceri“ (Wachskerze), die tatsächlich aber eine 4m lange Holzsäule ist, auf der die Statue je eines der drei „rivalisierenden“ Heiligen thront (Ubaldo, Georg und Antonius). Jede dieser Säulen wiegt 400kg. Das Rennen beginnt um 18 Uhr mit einem Segensspruch des Bischofs, dann folgt der Lauf durch die Stadt und die 300m hinauf zur Basilica des hl. Ubaldo. Ein kunterbuntes Spektakel! Jeder „Ceraiole“ (Wachskerzenläufer) trägt Kleidung in den Farben „seines“ Heiligen: Gelb für Ubaldo, Blau für Georg und Schwarz für Antonius.
— *www.ceri.it*

Stars und Sternchen

FRANKREICH

WARUM JETZT Um sich an der Côte d'Azur unter die Stars und Sternchen der Leinwand zu mischen

WO Palais des Festivals, Cannes

WANN Mitte Mai

16 MAI

Im Mai ist die Stadt Cannes an der glitzernden Côte d'Azur für 12 Tage lang der Nabel der Filmwelt. Produzenten, Verleiher, Regisseure, Stars und Mitläufer steigen herab, um mehr als 2000 Filme zu kaufen, zu verkaufen oder zu bewerben. Das Festival gliedert sich in die Bereiche „Wettbewerb" und „Außer Konkurrenz"; Filme in Ersterem konkurrieren um die begehrte Goldene Palme. Gezeigt werden die Streifen offiziell im Palais des Festivals, doch dort ist kein Reinkommen. Eine bessere Chance hat man auf Tickets für Filme nach deren Erstvorführung. Auf jeden Fall lohnt sich ein Promi-Spotting am Palais-Eingang zum Roten Teppich. — *www.festival-cannes.org*

Per Rad auf Safari

BOTSUANA

WARUM JETZT Das beste Wetter und eine üppige Tierwelt garantieren schönste Aussichten

WO Mashatu Game Reserve

WANN Mai bis September

17 MAI

Zwischen Simbabwe und Südafrika liegt das Mashatu Game Reserve, eines der größten privaten Tierschutzgebiete Südafrikas und ein hervorragender Ort für die Beobachtung von Wildkatzen und Elefanten.

Das Reservat ist nur vorangemeldeten Besuchern zugänglich, die in einer der beiden verfügbaren Unterkünfte – sie gehören zu den luxuriösesten von Botsuana – übernachten. Wer schon mal hier ist, kann die traditionelle Safari noch mit einer Radtour durch den 250km² großen Park krönen und Elefantenpfaden folgen. Radsafaris werden von Parkwächtern begleitet und starten morgens und nachmittags von den Lodges. — *www.mashatu.com*

LINKS: **Dem Heiligenrennen in Umbrien (Italien) zusehen.**

UNTEN: **Komodowarane haben ein ziemlich potentes Bissgift und einen schlechten Ruf.**

Zu den Drachenkämpfen

INDONESIEN

WARUM JETZT Um Drachen bei Kämpfen und Paarung zuzusehen

WO Nationalpark Komodo

WANN Mai

18 MAI

Komodowarane – auch Komododrachen – wiegen mehr als 166kg und können einen ausgewachsenen Wasserbüffel niederreißen und töten. Sie spielen eine große Rolle in der Vorstellung der Einwohner und werden als mythische Vorfahren verehrt. Die prähistorischen Echsen werden bis zu 3m lang und sind auf den wenigen Inseln, auf denen sie leben, die Spitzenprädatoren. Zur potenziellen Beute zählt jede Kreatur, auch der Mensch.

Während der Balzzeit kann man riesige Männchen kämpfen sehen. Die Weibchen schlagen bei der Paarung so heftig zurück, dass verliebte Männchen sie arg in Schach halten müssen. — *www.indonesia.travel*

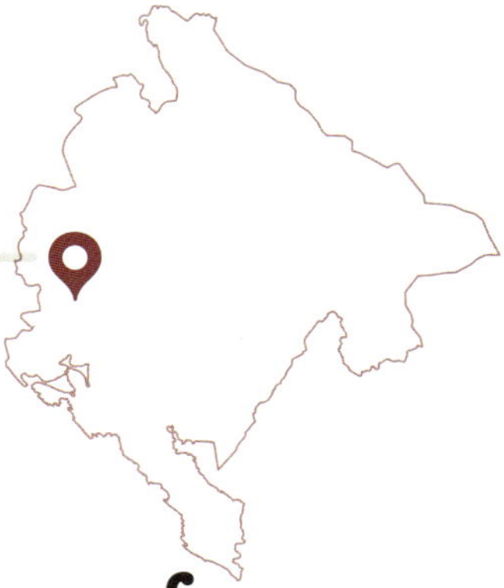

Rafting auf der Tara

MONTENEGRO

WARUM JETZT Weil die Tara jetzt richtig in Fahrt ist

WO Durmitor-Nationalpark

WANN Mai bis Oktober

19 MAI

Ins Bergmassiv des Durmitor nordwestlich von Montenegro hat sich die Tara eingeschnitten, ein kräftiger Strom, der über die Zeit eine bis zu 1300m tiefe Schlucht gegraben hat; der Grand Canyon ist nur 200m tiefer. Rafting-Touren auf der Tara sind beliebt und werden von Mai bis Oktober angeboten; die höchsten Pegelstände und schnellsten, reißendsten Strömungen bringt jedoch die Schneeschmelze im Mai.

Gut befahren lassen sich die 82km von Splavište südlich der 150m hohen Đurđevića-Tara-Brücke bis nach Šćepan Polje an der Grenze zu Bosnien. Die klassische Zwei-Tage-Tour verläuft am ersten Tag durch den tiefsten Teil der Schlucht, übernachtet wird in Radovan Luka. Die meisten Eintagstouren passieren lediglich die letzten 18km; die tiefsten Stellen sind dort nicht dabei, aber imposant ist diese Strecke allemal. — *www.visit-montenegro.com*

RECHTS: **TIM BARKER – GETTY IMAGES**

Das Wadi Rum erkunden

JORDANIEN

WARUM JETZT Keine Extremtemperaturen

WO Wadi Rum

WANN April bis Mai

20 MAI

Das Wadi Rum, bekannt durch T. E. Lawrence und die Arabische Revolte von 1917–18, ist eine eindrucksvolle Wüstenlandschaft. Ihre unzähligen Stimmungen und dramatischen Farben garantieren ein unvergessliches Erlebnis. Das Wadi Rum besteht aus einer Reihe von etwa 2km breiten Tälern, die sich von Norden nach Süden über 100km erstrecken. Die Wüstenlandschaft ist gespickt mit hoch aufragenden Dschabal (Bergen), die sich über 30 Millionen Jahre hinweg durch Erosion aus dem weichen Sandstein bildeten und heute eine Herausforderung für Kletterer sind. Für Amateure bietet sich eine Besteigung des Dschabal Ram (1754m) an, des zweithöchsten Berges von Jordanien.

Exkursionen in die Wüste werden entweder auf Kamelen oder per Jeep angeboten. Touren führen zum archäologischen Denkmal in Petra oder nach Aqaba am Roten Meer. — *www.visitjordan.com*

Auf nach St. Helena

ST. HELENA

WARUM JETZT Die ersten Regengüsse sind vorbei und der Nationalfeiertag schenkt Kultur

WO Südatlantik

WANN 21. Mai

21 MAI

Dieses kleine Fleckchen im Südatlantik – ein Britisches Überseegebiet, weit entfernt vom Mutterland – liegt 1950km westlich von Südafrika und ist eine der abgelegensten bewohnten Inseln der Welt. Dort hinzugelangen ist der Traum eines jeden Pfadfinders. Gegenwärtig ist das nur per Postschiff möglich, man erwägt jedoch die Eröffnung eines Flughafens.

Die ersten Regenfälle sind bis Mitte Mai weggetrocknet. Dann wird es Zeit für die Inselbewohner (das sind um die 4200), den Nationalfeiertag zu begehen. Am 21. Mai 1502 nämlich war die Insel entdeckt worden. Gefeiert wird bunt, mit Mini-Marathons und Umzügen, Maskeraden und Feuerwerk. — *www.sthelenatourism.com*

Im Auge des Orkans

USA

WARUM JETZT Im Frühjahr ereignen sich die meisten Tornados und Wirbelstürme

WO Mittlerer Westen der USA

WANN April bis Juni

22 MAI

Die Tornado Alley erstreckt sich von den Rocky Mountains bis zu den Appalachen und über die Bundesstaaten des Mittleren Westens wie Oklahoma, Colorado, Arkansas, Texas und Nebraska hinweg. Im Frühjahr ereignen sich die meisten Tornados mit einer Windstärke von bis zu 500km/h. Wer sich Tornadojägern anschließt, ist meist sechs Tage unterwegs. Start ist das Twister-Zentrum Oklahoma City. Mit Radar- und Satellitenbildern und auch etwas Glück werden diese windigen Großereignisse von Sturmjägern lokalisiert und die Teilnehmer zu einem sicheren Logenplatz mit Aussicht gebracht.
— *www.nssl.noaa.gov*

RECHTS: **Auf dem Inka-Pfad ist nur eine begrenzte Anzahl Wanderer zugelassen; im Voraus buchen, um gute Zeitfenster zu erwischen.**

UNTEN: **Ein Wirbelsturm setzt in Oklahoma auf.**

Schlangen beschwören

KANADA

WARUM JETZT Weil die Schlangendichte hier am allergrößten ist

WO Narcisse Snake Dens, Manitoba

WANN Mai

23 MAI

Wen Schlangen nervös machen, der sollte sich den Schlangenhöhlen in Narcisse mit Vorsicht nähern: Der Höhlenboden ist mit Tausenden von Rotseitigen Strumpfbandnattern bedeckt. In Manitoba gibt es an die 70 „Hibernacula“ (Überwinterungshöhlen), einige davon mit mehr als 10 000 Schlangen. Wachen die Schlangen bei lauer Luft aus ihrer Winterruhe auf, kriechen die Männchen aus den tiefen Felsspalten, in denen sie zuhauf geruht hatten. Anfang Mai kommen die Weibchen dazu und lösen wilde „Massenpaarungen“ aus, bei denen ein Weibchen von bis zu 100 Männchen umgarnt wird. — *www.gov.mb.ca/conservation/wildlife/spmon/narsnakes*

Wandern auf dem Inka-Pfad

PERU

WARUM JETZT Die Landschaft ist schon herrlich grün, der Touristenansturm steht erst bevor

WO Region Cusco, Südperu

WANN Mai

24 MAI

El Camino Inca ist nicht der einzige Pfad zur archäologischen Fundstätte Machu Picchu, doch führt nur dieser an drei weiteren gut erhaltenen Inka-Stätten vorbei. Die Ruinen Sayacmarca, Phuyupatamarca und Wiñay Wayna gäben jede für sich schon eine großartige Tagestour von Cusco, wenn sie auf Straßen erreichbar wären, doch gelangt man zu keiner der drei, ohne den Inka-Pfad ganz oder teilweise abzuwandern.

Der Pfad ist nur 43km lang, birgt aber steile Aufstiege wie den zum 4198m hohen Warmiwañusca-Pass („Tote Frau") sowie auch abschüssige Abstiege in die Nebelwälder an der Grenze zum Amazonasbecken.

Die Ruinen des Machu Picchu – das Ziel des Pfades – bleiben ein Rätsel; in den Berichten der spanischen Eroberer tauchen sie nicht auf. Trotz der Abgeschiedenheit zieht die wunderschöne Lage und die virtuose Baukunst Tausende Besucher an, die mit dem Zug oder zu Fuß herkommen. Clevere Wanderer planen ihren Besuch für den frühen Morgen oder am späteren Nachmittag. — *www.incatrailperu.com*

Für den Sommer satteln

DÄNEMARK

WARUM JETZT In feinster und flachster Manier in den Sommer rollen

WO Im ganzen Land

WANN Mai bis Juni

25 MAI

Dänemark ist fürs Radfahren wie geschaffen. Hier gibt es ziemlich ruhige Straßen, eine attraktive (und weitgehend flache) Landschaft und nicht zuletzt 12 000km gut ausgeschilderter Radwege. Hierzulande haben Radfahrer Rechte, die in vielen Ländern nur Kraftfahrern vorbehalten sind. Die Hauptstraßen der Städte sind von Radwegen gesäumt, Verkehrsschilder unterstützen den Radverkehr, und Autofahrer sind Radlern gegenüber äußerst zuvorkommend. Elf Fernradwege ziehen sich durch Dänemark, alle in tadellosem Zustand. Zusätzlich stellt jede Kommune ein gut ausgebautes Netz an Radwegen, auf denen jeder Fußbreit dänischer Boden erkundet werden kann. Eine klassische Tour, die regionale und auch drei der Fernradwege miteinander verbindet und sechs Inseln einschließt, windet sich über die Insel Seeland und kann in zehn Tagen bis zu drei Wochen bewältigt werden. Selbst die Hauptstadt Kopenhagen ist mit ganzen 350km Radweg ein Paradies für Radler und wird oft zur besten Radstadt der Welt gewählt.

Ende Mai bis Anfang Juni lässt sich dieses Himmelreich am besten erkunden. Dann werden die Tage länger, die Blumen blühen, und das Wetter ist mild und sonnig.

— *www.cyclistic.dk/en*

RECHTS: TIM E WHITE – GETTY IMAGES

RECHTS: **Mit wandernden Sardinen schnorcheln vor der Küste von Port St. Johns.**

UNTEN: **Ziel der Strecke: die Kathedrale von Santiago de Compostela.**

Den Camino laufen

SPANIEN

WARUM JETZT Um das Beste aus den langen Tagen zu machen

WO Von Roncesvalles nach Santiago de Compostela

WANN Mai und Juni

26 MAI

Mehr als 1000 Jahre lang haben Pilger den Camino de Santiago – den Jakobsweg – bestritten, indem sie sich zu Fuß aufmachten, um das Grab des Apostels im Nordwesten der Iberischen Halbinsel zu erreichen. Heute ist dieser herrliche Fernwanderweg eine Mischung aus Pilgerreise und Abenteuer. Er verläuft über eine Strecke von 780km von Roncesvalles an der Grenze zu Frankreich bis nach Santiago de Compostela in Galizien. Einen Monat sollte man dafür einplanen; genächtigt wird in „Albergues" (Pilgerherbergen).

Wer im Mai startet, nutzt schon das Licht der länger werdenden Tage. Die Flüsse führen viel Wasser, die Hänge sind voller Wildblumenblüten und sich wiegender grüner Gräser.

— *www.csj.org.uk*

Zu Pferd durch die Steppen

KASACHSTAN

WARUM JETZT Um auf Zehenspitzen und Hufeisen durch Tulpen zu tappen

WO Naturreservat Aksu-Jabagly

WANN April und Mai

27 MAI

Das Naturreservat Aksu-Jabagly ist ein wunderschönes, $1319km^2$ großes Flickwerk aus Tälern und Bergen. Dieses Gebiet in den westlichen Ausläufern des Talas-Alatau-Hochgebirges, das sich vom Steppenrand auf ca. 1200m Höhe bis hinauf zum 4239m hohen Pik Sairam erstreckt, lässt sich hervorragend zu Pferd erkunden. Eine der besten Touren ist ein Dreitagesritt zu den 900 Jahre alten Petroglyphen. Im Aksu-Jabagly sind etliche Tulpenarten zu Hause, besonders zahlreich die leuchtend rote Greig-Tulpe, die im April und Mai die Wiesen übersät. Zu den Tieren, die man hier erspähen kann, gehören Bären, Steinböcke, Argalis (Riesenwildschafe) und Steinadler; sogar Schneeleoparden leben hier.

— *www.wildnature-kz.narod.rus*

Unter Sardinen-schwärmen

SÜDAFRIKA

WARUM JETZT Um ein saisonales Meereswunder zu erleben, mit Abermillionen von Fischen

WO Küste von Ostkap und KwaZulu-Natal

WANN Ende Mai bis Anfang Juli

28 MAI

Zwischen Ende Mai und Anfang Juli versammeln sich Millionen und Abermillionen von Sardinen vor der südafrikanischen Ostküste zu einer wallenden, silbrigen Masse von bis zu 15km Länge, 3,5km Breite und fast 40m Tiefe – ein solch riesiger Schwarm, dass er sogar von Satelliten aus zu sehen sein soll.

Von ihren Laichgründen vor der Küste von Kap Agulhas wandern die Sardinen über eine Strecke von 1600km gegen den Strom und an der Küste entlang zum Norden von Ostkap und den Südufern von KwaZulu-Natal. Das wiederum lockt sämtliche Räuber der ozeanischen Nahrungskette, diesem bewegten Festmahl zu folgen. Delfine, Meeresvögel, Edelfische und Orcas schließen sich dem Tumult an, und auch etliche Haie, von Kupferhaien bis hin zu Hammerhaien und Weißen Haien. Die Sardinenwanderung fällt zeitlich mit der jährlichen Wanderung der Buckelwale zusammen, die gen Norden in wärmere Gewässer ziehen, um sich dort zu paaren und zu kalben.

Wer immer diesem Futterrausch beiwohnt, wird sich noch lange an den Adrenalinschub erinnern, wenn nur wenige Meter neben dem Boot plötzlich riesige Wale auftauchen und Delfinschulen auf der Bugwelle tanzen. Man kann vom Deck aus dabei zusehen oder schnorcheln. Tauchen sollte nur, wer sehr versiert ist.

— *www.southafrica.net*

Zum König der Berge

NEPAL

WARUM JETZT In diese Woche fallen mit hoher Wahrscheinlichkeit die wenigen „Fenster-Tage“

WO Himalaya

WANN Ende Mai

29 MAI

Ende Mai ist Hauptverkehrszeit im Everest-Kletterkalender. In diese Zeit fallen neben dem Jahrestag der Erstbesteigung durch Edmund Hillary und Tenzing Norgay am 29. Mai 1953 auch die wenigen „Fenster-Tage“, eine Windpause am Everest-Gipfel. Wer zu den wenigen gehören will, die je auf dem Gipfel standen, der prüfe vorher sein Konto: 35 000 US$ muss man dafür berappen. Wem Geld oder Fertigkeiten fehlen, der kann dennoch seine Alpinismus-Erfahrung machen und zum nepalesischen Everest-Basislager auf dem Khumbu-Gletscher trekken. Die meisten Touren starten in Lukla und führen durch das Sherpa-Dorf Namche Bazaar. Aufgrund der verheerenden Erdbeben 2015 sollte man sich vor der Anreise informieren. — *www.welcomenepal.com*

Brüllaffen belauschen

BELIZE

WARUM JETZT Um das dicht bewohnte Wildtierparadies zu erkunden, bevor der Regen fällt

WO Community Baboon Sanctuary

WANN Dezember bis Mai

30 MAI

In Belize sind die Schwarzen Brüllaffen als Baboons bekannt, und das Community Baboon Sanctuary, ein Tierschutzgebiet 40km entfernt von der Hauptstadt Belize City, ist das einzige Gebiet, das ausschließlich zu deren Bestandserhaltung eingerichtet wurde. Es ist eine gemeindebasierte Initiative des Dorfes Bermudian Landing. Grundbesitzer verpflichteten sich dazu, ihr Land freiwillig in einer affenfreundlichen Art und Weise zu verwalten und Flure für Brüllaffen zu schaffen. Das greift auch in den Nachbargemeinden und so findet sich hier die dichteste Brüllaffenkonzentration überhaupt: bis zu 250 Tiere pro Hektar.

Durch die Wälder hallt ohrenbetäubendes Geschrei, sie machen ihren Namen alle Ehre. — *www.howlermonkeys.org*

RECHTS: **Das Dorf Hell-Bourg im Cirque de Salazie, Réunion.**

UNTEN: **Mount Everest, Basislager 1 im Sagarmatha-Nationalpark, Nepal.**

Frankreich im Indischen Ozean

LA RÉUNION

WARUM JETZT Bis Oktober ist Trockenzeit, und Mai und Juni sind die besten Trekking-Monate

WO Réunion, Indischer Ozean

WANN La Réunion

31 MAI

Mit Croissants servierenden Cafés und baskenbemützten Boule-Spielern ist die Insel La Réunion wie ein Stück Frankreich, das in den Indischen Ozean verlegt wurde. Was für eine Insel! Naturbelassen und üppig scheint sie tropfnass dem tiefblauen Meer entstiegen zu sein. Wie auch Hawaii hat Réunion atemraubende natürliche Landschaften, einen aktiven Vulkan und ein mildes tropisches Klima – nur eben dazu noch Baguettes.

Die Insel rühmt sich der mehr als 1000km an Wanderwegen, die sich kreuz und quer durch die Ehrfurcht gebietende Landschaft zerklüfteter Felsen, üppig bewaldeter Täler, hinabstürzender Wasserfälle und vulkanischen Tuffs ziehen. Weite Landstriche des unglaublich schönen Inselinneren sind nur zu Fuß erreichbar und daher bemerkenswert intakt. Es gibt zwei Hauptwanderrouten: Die GR R1 verläuft vom Piton des Neiges über Cilaos, den Forêt de Bélouve, Hell-Bourg und den Cirque de Mafate. Die GR R2 ist von epischer Länge und zieht sich über die gesamte Insel, von Saint-Denis über die drei Cirques bis nach Saint-Philippe.

Auch 1400km ausgeschriebene Radwanderwege mit verschiedenen Schwierigkeitsgraden locken die Besucher. — *www.reunion.fr*

Ins Blaue segeln

TÜRKEI

WARUM JETZT Um einen idyllischen Sommertörn im Mittelmeer und in der Ägäis zu genießen

WO Südwesten der Türkei

WANN Mai bis Anfang Juli

01 JUN

Der Schriftsteller und Maler Cevat Şakir Kabaağaçlı schrieb zwischen den Weltkriegen Erzählungen von seinen idyllischen Segelreisen entlang der südlichen Ägäis und der westlichen Mittelmeerküste der Türkei, einer touristisch damals noch unberührten Region. Er nannte sein Buch „Mavi Yolculuk“ (Blaue Reise), ein Titel, der mittlerweile für sämtliche Segeltörns an diesen Ufern steht.

Heute gibt es zwei Segelrouten, die mit hoher Frequenz von Gülets (hölzernen Yachten) befahren werden. Die beliebteste ist eine Vier-Tage-drei-Nächte-Kreuzfahrt zwischen Fethiye und Demre (Kale); die Route zwischen Marmaris und Fethiye dauert ebenfalls vier Tage und soll noch schöner sein. Erfahrene Segler können auch Boote chartern und selbst eine Mannschaft anheuern. In Marmaris und Fethiye stehen die Charterboot-Chancen gut. Man sollte außerhalb der Schulferien reisen, um Touristenschwärme und Höchsttemperaturen zu meiden. Auch die Winde nehmen im Juli und August etwas zu. Wer sich abkühlen will, kann jederzeit über Bord springen. — *www.goturkey.com*

RECHTS: **STUART BLACK – GETTY IMAGES**

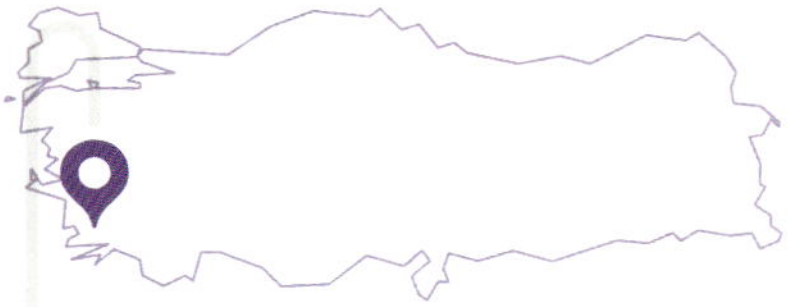

Juni

Die 100 Berge besteigen

JAPAN

WARUM JETZT Wer alle 100 Gipfel besteigen will, sollte zu Beginn des Sommers aufbrechen

WO Im ganzen Land

WANN Anfang Juni

02 JUN

1964 veröffentlichte der berühmte Alpinist und Autor Kyūya Fukada sein Buch „Hyakumeizan", in welchem er „seine" 100 berühmten Berge Japans vorstellte, die er nach unterschiedlichen Kriterien auserwählt hatte – Höhe, Geschichte, Gestalt, Charakter und Individualität. Er hoffte, dass wanderbegeisterte Japaner daraufhin ihre eigenen 100 Gipfel bestimmen, um diese in ihrem Leben zu besteigen.

Seine Rechnung ging nicht ganz auf. Kronprinz Naruhito machte Fukadas Berge bekannt, sodass sie die bis heute „anerkannten 100" sind. Sie wurden zur Gipfelliste nahezu jeden japanischen Wanderers – egal, ob man sie alle in einem Jahr bewältigen wollte oder im Laufe von drei Jahrzehnten. Die Berge liegen ziemlich weiträumig verteilt, von Yakushima, einer Insel vor der Südspitze von Kyūshū, bis in Japans hohen Norden, etliche davon liegen im Akaishi-Gebirge. Zu wenig Zeit für alle 100? Außer dem sinnfälligen und symbolträchtigen Fuji könnte man den nur 877m hohen, aber legendären Tsukuba in Angriff nehmen, der zwei Gipfel hat (einen „männlichen" und einen „weiblichen") und dessen Schrein von vielen besucht wird, um den Ehesegen zu empfangen. An klaren Tagen kann man von dort oben die Wolkenkratzer von Tokyo sehen. Oder wie wäre es mit dem 1721m hohen Rishiri? Dieser erloschene Schichtvulkan nördlich vor Hokkaido steigt förmlich aus dem Japanischen Meer auf und bietet großartige Aussichten. — *www.jnto.go.jp*

Weltmusik lauschen

MAROKKO

WARUM JETZT Man spitze die Horchlöffel und lausche Mawazine, einem Fest der Weltmusik

WO Rabat

WANN Anfang Juni (30. Mai bis 7. Juni 2015)

03 JUN

Das Mawazine ist eine Mezze-Platte von einem Musikfestival. Das Angebot ist vielfältig und vorzüglich und reicht von spirituellen Chören, Berber-Rock, Tuareg-Blues, kongolesischem Soul, kolumbianischer Cumbia, indischer Sitar, Rap aus dem Nahen Osten und usbekischem Folk bis hin zu etablierteren Mainstream-Musikern wie Stevie Wonder oder Kylie Minogue. Das 2001 als Kulturinitiative für ein weltoffeneres Image von Marokko erstmals veranstaltete Mawazine hat sich zu einem international gefeierten Event gemausert – wenn auch zuweilen einem kontroversen, halten doch einige Muslime westliche Tendenzen für eine Bedrohung ihrer Kultur. Doch es dient als Schaubühne für große Namen und einheimische Talente. — *www.festivalmawazine.ma*

Tigern auf der Spur

INDIEN

WARUM JETZT Das Ende der Trockenzeit birgt die besten Chancen, Tiger zu sichten

WO Corbett-Nationalpark, Uttarakhand

WANN Juni

04 JUN

Der Corbett-Nationalpark war Indiens erster, heute sind hier etwa 10% der Tiger des Landes zu Hause. Seine hohen Wälder und die dichte Strauchschicht erschweren das Sichten der Tiere, doch hat man um diese Zeit die besten Chancen: Nach den Hitzemonaten sind Wasserstellen knapp, der Wald ist ausgedünnt und die Grasdecke kümmerlich.

Safaris durch den Corbett sind per Jeep oder auf Elefantenrücken möglich. Die Jeeptouren sind länger und führen an zwei Wassertümpeln vorbei, in denen sich Tiger gelegentlich von der 40°C-Hitze abkühlen. Auf Elefantenrücken reist es sich dagegen romantischer.

Die Anreise empfiehlt sich mit dem Nachtzug Ranikhet Express von Delhi nach Ramnagar. — *www.corbettnationalpark.in*

LINKS: **Zwei geschafft, bleiben 98 – die Gipfel des Rishiri und des Himenuma, Japan.**

UNTEN: **Zoff für zwei – zwei Tiger im Corbett-Nationalpark, Uttarakhand.**

Wandern, Rafting & mehr

SLOWENIEN

WARUM JETZT Im Sommer schmilzt der Alpenschnee und lässt den Pegel der Soča steigen

WO Bovec

WANN Juni bis September

05 JUN

Die kleine slowenische Gemeinde Bovec hat Abenteurern und Aktivurlaubern einiges zu bieten. Mit den Julischen Alpen darüber, der Soča darunter und dem Nationalpark Triglav im Rücken könnte man sich eine ganze Woche lang in der Natur herumtreiben, ohne je zweimal dasselbe zu tun. Man kann sich im Eis- und Felsklettern probieren, im Fallschirmspringen, Gleitsegeln, Höhlenforschen, Bungeespringen oder winters im Schlitten- oder Skifahren. Die Rafting-Saison auf der 96km langen Soča geht von April bis Oktober. Die Stromschnellen hier sind einfach bis extrem anspruchsvoll; Rafting-Touren umfassen meist etwa 10km. Die Wanderungen rund um Bovec reichen von einem zweistündigen Spaziergang zum südlich gelegenen Čezsoča und den geschützten Schotterbänken der Soča bis hin zum Aufstieg auf den 5 Stunden entfernten Rombon (2208m). Die beliebteste Wanderstrecke ist die zum Boka-Wasserfall 5,5km südwestlich von Bovec. Hier fällt das Wasser über eine Breite von fast 30m von den Kanin-Bergen 106m tief ins Tal. — *www.bovec.si*

LINKS: **Kajaken in der Soča-Schlucht im Triglav-Nationalpark.**

UNTEN: **Uralte Akazien in der Namib-Wüste, Namibia.**

Auf Dünen spazieren

NAMIBIA

WARUM JETZT Jetzt beginnt das Wild, sich um die austrocknenden Wasserstellen herum zu versammeln

WO Im ganzen Land

WANN Juni bis September

06 JUN

Das weite Namibia ist ein Ort wie kein anderer. Über mehr als 2000km an der namibischen Atlantikküste entlang erstreckt sich die Wüste Namib. Ihre Dünen ragen gute 300m hoch auf und können erklommen werden. Im Süden liegt der Fish River Canyon, durch dessen sandiges Flussbett sich ein 85km langer Wanderweg windet. Aufgrund von Überschwemmungen (gelegentlich auch im Juni) und Hitze ist dieser Weg jedoch nur von Mai bis August zugänglich. Im Norden befindet sich der Etosha-Nationalpark, dessen Name so viel wie „großer weißer Platz" bedeutet. Wer jetzt kommt, kann Wildtiere an den Wasserstellen beobachten. — *www.namibiatourism.com.na*

Hin zu den Hebriden

SCHOTTLAND

WARUM JETZT Diese Blumen! Diese Vögel! Und die lichten langen Tage!

WO Äußere Hebriden, vor der Westküste

WANN Juni

07 JUN

Traigh Mhòr auf Barra beherbergt die einzige, nach Fahrplan angeflogene Strand-Landebahn der Welt. Doch die Landung ist erst der Anfang. Die Strände sind – auch ohne Rollfeld – schön wie die der Karibik, es gibt einen reichen Schatz an faszinierender Geschichte und ergreifender gälischer Kultur, und Vogelkundler sind hier im siebten Himmel. Juni ist die beste Reisezeit, um ziehende Wachtelkönige und seltene Singvögel zu beobachten. Die tief liegenden „Machair" (Grasebenen) der Inseln sind übersät mit Wiesenblumen, und auf den Uist-Inseln kann man sich geführten Otter-Wanderungen anschließen. — *www.visitouterhebrides.co.uk*

Auf dem Bounty-Ball tanzen

AUSTRALIEN

WARUM JETZT Um die rebellische Vergangenheit einer entlegenen Pazifikinsel zu feiern

WO Kingston, Norfolkinsel

WANN 8. Juni

08 JUN

1789, auf einer Segeltour durch den Südpazifik, rebellierte Fletcher Christian gegen seinen Kapitän, William Bligh – ein Aufruhr, der als Meuterei auf der Bounty bekannt wurde. Die Meuterer ließen sich auf der Insel Pitcairn nieder, hatten sie aber bald übervölkert. So siedelten ihre Nachkommen mit Erlaubnis der britischen Regierung auf die damals wieder unbewohnte Norfolkinsel über. Am 8. Juni 1856 landeten sie in ihrer neuen Heimat. Mit dem Bounty Day wird dieser Ankunft noch heute gedacht. Am Kingston Pear wird die erste Landung nachgespielt, danach gibt es einen Umzug, und der abendliche Bounty-Ball lockt alle Tanzfans. — *www.norfolkisland.com.au*

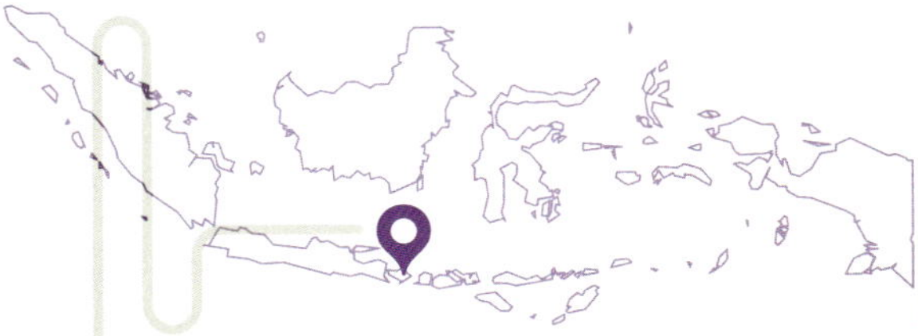

Auf Bali surfen

INDONESIEN

WARUM JETZT Weil's an dieser paradiesischen Küste jetzt die besten Wellen gibt

WO Halbinsel Bukit Badung, Bali

WANN Juni

09 JUN

Wie ein indianischer Traumfänger scheint Balis Südspitze, die Halbinsel Bukit Badung, in den Indischen Ozean herabzuhängen und Wellen aufzunehmen, die um die ganze Welt gereist sind, um schließlich an diese erstklassigen Sandstrände zu wallen. Auf den Küstenstreifen von Ulu Watu im Südwestzipfel bis zum Dorf Canggu nördlich von Seminyak treffen zur Jahresmitte Passatwinde und bringen warme Strömungen und epische Wellen.

Hier ist für jeden Surfer was dabei, für Lernende wie für Legenden. Kuta mit seinen sanften Beachbreaks und Wellentunneln ist Balis Surf-Kinderstube. Canggu hat bei Flut eine gute Rechte, und Balangan ist für klassische 2,5m-Wogen bekannt. Das einstige Fischerdorf Kuta ist heute ein hochgezüchtetes Touristenzentrum und auch ein guter Ort, um seine Indonesien-Surferfahrungen zu vertiefen. Von hier aus kann man auch einwöchige „Surfaris" zu anderen Teilen Indonesiens wie dem legendären Plengkung Beach (G-Land) auf Jawa Timur unternehmen. Surf- und Boogie-Boards verschiedener Qualitäts- und Preisklassen können in Kuta geliehen werden. Auf dem nahe gelegenen Denpasar Airport landen auch die meisten Bali-Flüge.

— *www.balitourismboard.org*

RECHTS: RON AND PATTY THOMAS – GETTY IMAGES

Durch den Yosemite stapfen

USA

WARUM JETZT Das Schmelzwasser rauscht die Wasserfälle hinunter; der Half Dome ist begehbar

WO Yosemite-Nationalpark, Kalifornien

WANN Juni

10 JUN

Der Yosemite mag zwar nicht der erste Nationalpark der Welt sein – diese Ehre gebührt dem weiter östlich gelegenen Yellowstone – doch es ist der Ort, der John Muir, den Gründervater der Naturschutzbewegung, nachhaltig inspirierte. Yosemite wurde 1890 der zweite Nationalpark der Welt und gehört seither zu den Top 10. Kein Wunder bei diesen fast 3100km² Großartigkeit in Granit, einem herrlichen Tal mit alpinen Gipfeln und Wanderwegen von insgesamt 1300km Länge. Juni ist eine hervorragende Reisezeit; die zahlreichen Wasserfälle, darunter auch die Bridal Veil Falls (siehe oben) und die 739m hohen Yosemite Falls, die höchsten Nordamerikas, sind durch das Schmelzwasser der erhabenen Sierra-Nevada-Gipfel am wasserreichsten und eindrucksvollsten. Zu dieser Zeit sind gewöhnlich auch die Straßen alle schneefrei. Und schließlich lässt sich der ikonische Buckel des Half Dome nun besteigen. Die Seile, die jedes Jahr angebracht werden, um die Passage zum steilen Gipfel zu erleichtern, sind in der Regel ab Ende Mai (bis Mitte Oktober) installiert. — *www.nps.gov/yose*

Auf Sand boarden

USA

WARUM JETZT Die Sommersaison beginnt, das Wetter ist ideal und man kann jeden Tag aufs Brett

WO Sand Master Park, Oregon Dunes

WANN 10. Juni bis 10. September

11 JUN

Der Schnee ist sicher vorbei für diese Saison, also warum nicht Sand probieren? Einfach nach Florence in Oregon fahren und sich im weltweit ersten Sandboarding-Park in der Oregon Dunes National Recreation Area, dem größten Dünengürtel der Vereinigten Staaten, in Sandpapier verwandeln. Geöffnet ist der Park von März bis Januar, wunderbare Warmwettertage und lange Sommeröffnungszeiten aber beginnen jetzt.

Sandboarding ist etwas für Sonnenanbeter und funktioniert wie Snowboarding, nur auf etwas grobkörnigerem Pulver. Boards können im Park geliehen werden, Anleitungen für Einsteiger gibt es dazu. — *www.sandmasterpark.com*

Den Damāvand besteigen

IRAN

WARUM JETZT Die Trekking-Saison beginnt und der 5671m hohe Gipfel lockt

WO Damāvand, Elburs-Gebirge

WANN Mitte Juni bis September

12 JUN

Der Damāvand (5671 m) ist der höchste Berg im Nahen Osten und eines der bekanntesten Wahrzeichen Irans – er ziert den 10 000-Rial-Schein. Den Gipfel kann man erwandern. Kletterzeug braucht es nicht, wohl aber eine gute Kondition. Ein zu schnelles Erklimmen dieser schwindelerregenden Höhen ist dabei die größte Gefahr. Aufstiege beginnen in Reyneh. Am ersten Tag wird zu Camp 2 gewandert, dann weiter zu Camp 3 (auf ca. 4250m), bevor es dann auf den Gipfel geht. Die beste Klettersaison ist von Juni bis Mitte September, wenn die Wege meist schneefrei sind und das Basislager mit öffentlichen Verkehrsmittel zu erreichen ist. — *www.damawand.de*

RECHTS: **Wandern auf dem West Coast Trail im Pacific-Rim-Nationalpark, British Columbia, Kanada.**

UNTEN: **Lissabonnerinnen in traditioneller Kleidung am Tag des heiligen Antonius.**

Dem hl. Antonius huldigen

PORTUGAL

WARUM JETZT Um Sardinen zu essen und die Liebe zu finden – durch den heiligen Kuppler

WO Alfama, Lissabon

WANN 13. Juni

13 JUN

Am Gedenktag des hl. Antonius, des Schutzheiligen von Lissabon, ist Portugals Hauptstadt verrückt nach Sardinen. Ein Brauch, der auf jenen Tag im 13. Jh. zurückgeht, da der katholische Heilige das italienische Rimini besuchte. Enttäuscht über das Desinteresse an seinen Predigten, begab er sich ans Ufer, um sich den Fischen anzuvertrauen. Plötzlich steckten Scharen von Fischen die Köpfe aus den Wellen und verbeugten sich. Heute wird ihm zu Ehren ein Festumzug auf der Avenida de Liberdade veranstaltet und unverheiratete Mädchen vollführen Tänze, um Antonius anzuflehen, ihnen bei der Suche nach einem guten Mann behilflich zu sein. — *www.visitportugal.com*

Den West Coast Trail wandern

KANADA

WARUM JETZT Um eine der großartigsten Wanderungen zu machen

WO Vancouver Island, British Columbia

WANN 14. Juni (oder Mai bis Sept.)

14 JUN

Der 75km lange West Coast Trail auf Vancouver Island war nach einem Jahrhundert schrecklicher Seeunglücke einst als Hilfsweg für Schiffbrüchige erschaffen worden. Heute ist er ein fantastischer Wanderweg von 6 bis 7 Tagen, durch unberührte Fichten-, Zedern- und Hemlocktannenwälder hindurch, über Klippen und Hängebrücken hinweg, an menschenleeren Stränden und glasklaren Gezeitenbecken vorbei und an steilen Schluchten und Wasserrinnen hinauf und hinunter.

Man muss sich jeden Kilometer verdienen; eine gute Kondition ist vonnöten, um Hunderte von Felsstufen zu steigen, Flüsse auf glitschigen Balken zu überqueren und durch knietiefen Schlamm zu waten. Dicker Nebel und heftige Regengüsse sind unvermeidlich (wie auch zufällige Begegnungen mit Bären oder gar Pumas). Von Mai bis September kann hier mit Erlaubnis gewandert werden, in der Hauptwandersaison (15. Juni bis 15. September) muss man sich zudem anmelden. Ein Start am 14. Juni verbindet ideales Wetter mit dem Wegfall der Meldepflicht. — *www.pc.gc.ca*

Das Wunder der Weißen Nächte

RUSSLAND

WARUM JETZT Die Stunden nach Geschäftsschluss noch im Sonnenlicht genießen

WO St. Petersburg

WANN Mitte Juni bis Anfang Juli

15 JUN

St. Petersburg liegt auf demselben Breitengrad wie Grönland, so weit im Norden, dass sich von Ende Mai bis Anfang Juli wunderbar lange Tage erleben lassen, wobei die hellste Zeit auf die zweite Junihälfte fällt. Dann nämlich wird es nachts überhaupt nicht dunkel. Stattdessen liegt in den Geisterstunden ein magisches Dämmerlicht über der Stadt; die Straßenlichter bleiben aus und Einheimische halten es nicht für nötig, ins Bett zu gehen.

St. Petersburg nutzt diese Art Erleuchtung und veranstaltet jährlich ein Kulturfestival in der ganzen Stadt, mit einer Fülle an Weltklasse-Opern, Ballett- und Orchesteraufführungen, viele davon im großen Mariinski-Theater.

Doch man kann die Weißen Nächte nicht nur intellektuell genießen, sondern sich auch einen Tag im Letnij Sad (Sommergarten) und an der Newa sonnen, um von dort in den Abend hineinzukreuzen oder nachts auf den Uferpromenaden zu spazieren und zuzuschauen, wie sich die riesigen Brücken öffnen. In hippen Nightclubs wird dann gefeiert, ohne dass je die Sonne untergeht. — *www.visitrussia.org.uk*

Den Bloomsday pilgern

IRLAND

WARUM JETZT Leben wie die großen Literaten und den Tag als Romanfigur von Joyce verbringen

WO Dublin

WANN 16. Juni

16 JUN

Dieses Fest zu Ehren des großen irischen Autors James Joyce findet an jenem Tag statt, an dem sein Meisterstück „Ulysses" spielt. Literarische Bloomsday-Pilger holen die Schreibkunst alljährlich ins Leben und lassen sich an jenen Orten nieder, an denen der Protagonist des Romans gewesen ist: Leopold Bloom. Die Tradition begann 1954, als sich eine Gruppe ansässiger Schriftsteller in modernistischem Zwirn und Pferdekutschen anschickte, all diese Romanschauplätze zu besuchen. Es gibt Lesungen, geführte Touren und Zwischenstopps an Wahrzeichen wie dem Davy Byrnes Pub, in dem sie – wie einst Bloom – ein Gorgonzola-Brot verspeisen. — *www.visitdublin.com*

Jubel zur Regatta

ITALIEN

WARUM JETZT Um einem Rennen mittelalterlicher Boote beizuwohnen und die Verlierer zu verhöhnen

WO Palazzo Medici, Pisa

WANN 17. Juni (Tag des hl. Rainer von Pisa)

17 JUN

Pisas furioses 1500m-Bootsrennen den Arno hinauf geht zurück bis um 1290. Vier schmale Boote, eins für jedes Stadtgebiet, fahren um die Wette. In jedem sitzen ein Steuermann, ein Kletterer und acht Ruderer, die gegen die Wellen ankämpfen. Ziellinie ist ein Boot, das am Palazzo Medici vor Anker liegt, ein Ort, der 1737 auf Anfrage des Herzogs von Montélimar festgelegt wurde, der zu jener Zeit in einem der Paläste logierte. Die Kletterer müssen am Ziel einen 10m hohen Mast hinaufklettern und ein Paliotto (Seidenbanner) herunterholen. Die Gewinner erhalten einen Ochsen oder einen Hahn, die Verlierer Gänseküken – und Schimpftiraden. — *www.pisaunicaterra.it*

LINKS: **Die Bluterlöser-Kirche im sommerlichen Sankt Petersburg.**

UNTEN: **Heldenhafte Anstrengungen zur Feier des Bloomsday in Dublin.**

Segeltour zu Walrossen

USA

WARUM JETZT Weil es jetzt Tausende von drängelnden Walross-Männchen zu sehen gibt

WO Walrus Islands Sanctuary, Alaska

WANN Juni bis August

18 JUN

Wenn die Walross-Weibchen und Jungtiere jeden Sommer gen Norden durch die Beringstraße ziehen, bleiben die Männchen zurück. Sie verbringen ihre Zeit schlafend oder beim Sonnenbaden an Stränden um Alaskas Bristol Bay herum. Ziemlich oft jedoch sieht man sie auch bei Scheinkämpfen, wenn sie sich an Stränden zusammendrängen und um Schlafplätze streiten. Auf Round Island, wo 2000 bis 14 000 Männchen an einem einzigen Strand um Plätze rangeln, kann es ziemlich heiß hergehen. Am besten chartert man ein Boot in Dillingham und macht einen Tagesausflug zum Round Island oder lässt sich zu einem wilden Campabenteuer dort absetzen. — *wildlife.alaska.gov*

Ein Prost auf die Reiter

SCHOTTLAND

WARUM JETZT Um Traditionen zu feiern

WO Scottish Borders

WANN Selkirk Riding wird am zweiten Freitag nach dem ersten Montag im Juni veranstaltet

19 JUN

Das Riding of the Marches, auch Common Riding, findet den ganzen Sommer über in den größeren Städten der Scottish Borders statt. Seine Wurzeln gehen bis ins Mittelalter zurück, als Reiter zur Stadtgrenze geschickt wurden, um die Ländereien der Gemeinde zu kontrollieren. In jenen Tagen der Räuber, Schurken und Wegelagerer waren die jungen Reiter vielen Gefahren ausgesetzt. Beim heutigen bunten Treiben ziehen aufwendig geschmückte Reiterzüge auf ausgetretenem Pfad hinter der Stadtflagge her. Die Feierlichkeiten unterscheiden sich von Stadt zu Stadt, umfassen jedoch alle viel Gesang, Sport, Festumzüge, Konzerte und natürlich 70 Shilling, 80 Shilling und andere Tartan Ales (schottische Biere).

Mythische Mengen von Alkohol oder Drinks wie Curds and Cream (ein Mix aus Rum und Milch) dürfen bei keinem schottischen Rummel fehlen; sie sind so wichtig wie der Umzug selbst.

Die Feier in Selkirk zählt zu den größten Reitertreffen Europas und zu einem der ältesten Common Ridings. Man gedenkt damit der Schlacht von Flodden Field (1513), bei der die Engländer die schottische Invasionsarmee unter Jakob IV. vernichtend schlugen und nur ein einziger Soldat aus Selkirk überlebte. Wer hier in der Gegend ist, besuche das mit Antiquitäten vollgestopfte Abbotsford House. — *www.visitscotland.com/library/commonriding*

LINKS: **DAVID FERNIE – ALAMY**

Fantastische Opern sehen

ITALIEN

WARUM JETZT Um Opern in einem 2000 Jahre altes Amphitheater zu erleben

WO Verona

WANN Mitte Juni bis September

20 JUN

Die von Römern im Jahr 30 n. Chr. erbaute Arena von Verona fasste seinerzeit 30 000 Zuschauer. Noch heute wird hier nach dem Start der sommerlichen Opernsaison manch sehenswerte Aufführung geboten.

Veranstaltungen gibt's von Juni bis Anfang September. Wenn eine Weltklasse-Diva eine Passage aus „Aida" in diese historischen Gemäuer schmettert, ist das schon ein erhebender Moment. Selbst wer kein gesungenes Wort versteht, kann sich der lauen Abende im „Bravo!" rufenden Publikum erfreuen, beim Licht der Kerzen, die bei Sonnenuntergang angezündet werden. Nur nicht vergessen, ein Kissen mitzunehmen.
— *www.arena.it*

Rituelle Sonnenwende

ENGLAND

WARUM JETZT Um mit Druiden die über neolithischen Steinen aufgehende Sonne zu sehen

WO Stonehenge, Wiltshire

WANN Sommersonnenwende, meist am 21. Juni

21 JUN

Feste anlässlich des längsten Tages im Nordjahr gehen auf vorchristliche Bräuche zurück und waren Anlass für vielerlei Rituale, von Fruchtbarkeitsriten bis hin zu Bittgebeten für reiche Ernten.

Eines der berühmtesten Sommersonnenwendefeste wird im englischen Stonehenge gefeiert. Von 1972 bis 1984 versammelten sich Neodruiden und andere alternative Gruppen an diesem neolithischen Steinrund zum Stonehenge Free Festival. Nach zwischenzeitlichen Verboten sind sie seit 1999 wieder zugelassen. Heute zieht das spirituelle Morgenrot mehr als 20 000 Besucher an.
— *www.stonehenge.co.uk*

RECHTS: **Gnus überqueren den Mara.**

UNTEN: **Sonnenaufgang in Stonehenge.**

Tauchen vor Bazaruto

MOSAMBIK

WARUM JETZT Unterwasserbedingungen sind so hervorragend wie die Chancen, Wale zu sehen

WO Bazaruto-Archipel

WANN Juni bis September

22 JUN

Der Bazaruto-Archipel vor der Südküste Mosambiks ist der Inbegriff des tropischen Paradieses – und mit seinen glasklaren Wassern ein idealer Ort fürs Tauchen und Schnorcheln. Seit 1971 ist ein Großteil des Archipels zum Nationalpark erklärt worden; dank dieser Maßnahme ist die Natur hier unberührt und intakt. Zu den 2000 Fischarten gesellen sich Delfine, Unechte Karett-, Lederrücken- und Grüne Meeresschildkröten und schwer fassbare Dugongs, die im Seegras nach Futter suchen. Die Tauchbedingungen sind hier das ganze Jahr über gut, wandernde Buckelwale aber ziehen nur von Juni bis September vorbei.
— *www.divebazaruto.com*

Tierwanderungen bestaunen

KENIA & TANSANIA

WARUM JETZT Ein aufregendes Spektakel, wenn mehr als eine Million Gnus Flüsse überqueren

WO Masai Mara & Serengeti

WANN Juni bis August

23 JUN

Die afrikanischen Gnus, manchmal als „Clowns der Ebenen" bezeichnet, sind todernst, wenn sie sich auf ihre alljährliche Wanderung begeben und von ihren Kalbungsgebieten im Süden der tansanianischen Serengeti zu den saftigen Weidegründen in Kenias Masai Mara ziehen. Was folgt, ist die größte Tierwanderung der Erde, denn zu den mehr als einer Million Gnus gesellen sich 500 000 Gazellen und 200 000 Zebras, um sich der beeindruckenden Nahrungssuche-Reise anzuschließen. Raubtiere stehen Gewehr bei Fuß, darunter auch die 6m langen Nilkrokodile, die in den Flüssen auflauern. Die Flussüberquerungen – zuerst über den Grumeti in Tansania, dann über den Talek und den Mara in Kenia – sind für die Gnus höchst dramatisch. Respektvoll sammeln sie sich an den Ufern, von hinten drücken ankommende Tiere nach. Die Wanderung der Gnus ist ein fortlaufendes Ereignis; die Tiere sind das ganze Jahr über unterwegs und ziehen durch die gesamte Serengeti – ein Kreislauf. Ende Juni ziehen die Gnus gen Norden und in Richtung Mara. — *www.serengeti.org*

Dem Inti Raymi beiwohnen

PERU

WARUM JETZT Die wichtigste Inka-Zeremonie wird nachgestellt – aber ohne das Lama-Opfer

WO Sacsayhuamán, Cusco

WANN 24. Juni

24 JUN

Die Feierlichkeiten zu Ehren des Sonnengottes Inti umfassten einst eine Opfermesse: Lamas wurden ihm anheimgegeben in einem blutigen Ritual, das auch Pachamama – Intis Frau und Göttin der Fruchtbarkeit – gewidmet war. Heutzutage wird zum Glück kein Blut mehr vergossen, und für Touristen gibt es sogar bequeme Sessel.

Das Inti-Raymi-Festival ist die alljährliche Wiederaufführung einer Zeremonie, die zur Blütezeit des Inka-Reiches vor 500 Jahren abgehalten wurde und die größte Feierlichkeit der damaligen Hauptstadt Cusco war. Man beging das inkaische Neujahrsfest und die Wintersonnenwende; die Sonne war zu dieser Zeit am weitesten weg von diesem Teil der Erde, man musste Inti also ein bisschen Honig um den Bart schmieren. Das heutige Fest findet in den geheimnisvollen Steinruinen von Sacsayhuamán statt, am Stadtrand von Cusco. Jener glückliche Schauspieler, der erwählt wird, um den Häuptling Sapa Inka zu verkörpern, wird in einem goldenen Wagen den Hügel hinaufgetragen. Zum Glück für die Träger ist der Wagen heute ein Nachbau der ursprünglichen 60kg-Schönheit. Die Prozession beginnt im Qorikancha, dem Sonnentempel, und windet sich dann durch die mit Musik, Gebeten und Blumen erfüllten Straßen der Stadt; mit Besen bewehrte Damen fegen vorher böse Geister weg.

Am Ende des Weges werden Freudenfeuer gezündet. — *www.peru.travel*

Surfende Flusspferde sehen

GABUN

WARUM JETZT Im wilden Westafrika beginnt die Trockenzeit – und die Zeit der Wale

WO Nationalpark Loango

WANN Juni bis September

25 JUN

Der 1550km große Nationalpark Loango – auch als „Afrikas letztes Eden" bekannt – war eins der ersten Naturschutzgebiete Gabuns. Die unberührte Natur und der Reichtum an Wildtieren sehr vieler Arten brachten ihm auch den Beinamen „Land der surfenden Flusspferde" ein, als man entdeckte, dass diese Tiere den Wald verlassen, um im Meer zu baden und zu surfen. Nirgendwo sonst auf der Welt lassen sich Flusspferde, Elefanten, Leoparden und Waldbüffel beobachten, die auf weißem Sandstrand am Meer entlanglaufen.

Kürzlich erst entdeckten Wissenschaftler, dass dieser 100km lange unbewohnte Küstenstreifen auch der Ort mit der zweitgrößten Dichte und Vielfalt an Walen und Delfinen der Welt ist. — *www.africas-eden.com*

Den Svolværgeita erklettern

NORWEGEN

WARUM JETZT Wer so weit nördlich klettert, sollte es unter der Mitternachtssonne tun

WO Lofoten

WANN Juni und Juli

26 JUN

Die kleine, doch moderne Hafenstadt Svolvær ist so geschäftig, wie es auf Norwegens Lofoten eben werden kann. Ein guter Teil des Treibens konzentriert sich dabei auf eine wahre Nadel von einem Fels. Der Svolværgeita (die Ziege von Svolvær) ist eines der Wahrzeichen der Lofoten, ein markanter zweizinkiger Gipfel hoch über der Stadt. Den zu erklettern, zählt zu Norwegens großen Adrenalinstößen, weniger des Kletterns als der Herausforderung oben auf dem Gipfel wegen. Die meisten Leute haben keine Schwierigkeiten, den Felssockel zu besteigen, aber das Erklettern der Hörner, Storhornet und Lillehornet, erfordert eine anspruchsvolle Strecke von 40m, bevor die 1,5m breite Kluft zwischen ihnen übersprungen werden kann. — *www.lofoten.info*

LINKS: **Inti Raymi, Perus Fest der Sonne.**

UNTEN: **Felskletterer schauen über den Ort Svolvær auf den Lofoten.**

Von einem Ende zum andern

GROSSBRITANNIEN

WARUM JETZT Das Wetter ist für Sommertouren wie gemacht, und die Straßen sind ruhig

WO Von Land's End nach John O'Groats

WANN Juni bis Anfang Juli

27 JUN

Die Strecke von Land's End bis nach John O'Groats – vom Südwestzipfel bis zur Nordostspitze des britischen Festlands – wird jährlich von etwa 3000 Radlern befahren. Dabei führen viele Wege zum Ziel, die meisten belaufen sich auf eine Länge von ca. 1600km. Der Cyclists' Touring Club bietet eine Infobroschüre für jene, die von einem Ende bis zum andern wollen. Die meisten Radler fahren die Strecke in zwei bis drei Wochen ab; wer weniger Zeit hat: Der Rekord liegt bei etwas über 41 Stunden. Wer keine Eile hat, sollte die Tour ein bisschen weiter ausdehnen; Land's End bis John O'Groats mag zwar Englands Langstrecke sein, doch gibt es an Orten wie Dartmoor, dem Lake District, Loch Ness oder den Grampians noch jede Menge mehr zu erkunden. Im Sommer, vor den Sommerferien, fährt es sich am schönsten, und es ist lange hell. Die besten Bedingungen hat, wer von Land's End nach John O'Groats fährt. Wer in diese Richtung fährt, hat nämlich oft die günstigeren Winde und fährt nicht in die Mittagssonne hinein. — *www.ctc.org.uk*

Grooven beim Glastonbury

ENGLAND

WARUM JETZT Gummistiefel einpacken und ab zum größten Matsch-und-Musik-Festival

WO Worthy Farm, Somerset

WANN Letztes Juniwochenende (24.–28. Juni 2015)

28 JUN

Willkommen in Glasto. Das größte und beste Musikfestival ist ein gigantischer Sommerschwof. Es ist vergleichbar mit Woodstock – nur dass es (fast) jedes Jahr stattfindet. Die Liste der Darsteller, die die schlammigen Äcker des Geländes bisher rockten, liest sich wie ein Who's who der Popmusik: Dylan, Bowie, Oasis, Blur, Björk. Mehr als 175 000 Partyhungrige fallen auf 365 Hektar Ackerland ein, bringen Zelte und Cider mit und – wenn's ein „Schlammjahr" ist – die Gummistiefel. Außerdem sorgen die spleenigen Außenzelte, surreale Lichtungen und spirituelle Sonnenuntergänge für ein Event der ganz besonderen Art.

— *www.glastonburyfestivals.co.uk*

Auf zur Weinschlacht

SPANIEN

WARUM JETZT Um an der Weinschlacht teilzunehmen, oben auf dem Felsen

WO Haro, La Rioja

WANN 29. Juni (Tag des hl. Petrus)

29 JUN

Am Tag des hl. Petrus strömen in Haro, der Hauptstadt der spanischen Rioja-Produktion, Tausende Menschen mit weingefüllten Wasserpistolen, Kalebassen, Eimern, Flaschen und sogar alten Schuhen auf die Straßen, um sich mit Wein zu begießen.

Seit 300 Jahren feiert man die dreistündige Weinschlacht und gedenkt damit eines mittelalterlichen Disputs mit dem Nachbarort Miranda de Ebro. Die Stadtverwaltung stellt sogar die Munition: Tausende Liter billigen Rotweins, die in San Felices de Bilibio verspritzt werden. Wer teilnehmen will, muss ein weißes Oberteil tragen (Pflicht).

— *www.haro.org*

LINKS: **Nicht ganz die halbe Strecke: Radeln durch Wales.**

UNTEN: **Riojas Batalla del Vino – zügellose Lebenslust oder unerhörter Weinverlust?**

Den Elbrus erklettern

RUSSLAND

WARUM JETZT Jetzt ist das beste Wetter, um den höchsten Berg Europas zu erklettern

WO Kaukasus, russisch-georgische Grenze

WANN Juni bis September

30 JUN

Willkommen im höchsten Gebirge Europas: Der vulkanische Elbrus an der russisch-georgischen Grenze wölbt sich bis auf 5642m Höhe aus dem Kaukasus, der geographischen Trennlinie zwischen Europa und Asien.

Der Aufstieg auf den Gipfel ist technisch nicht sehr anspruchsvoll und wird durch eine Seilbahn und einen Sessellift noch erleichtert, die einen bis auf 3800m Höhe bringen. Von dort ist es ein relativ einfacher, wenn auch von Gletscherspalten durchsetzter Aufstieg zu Camp 11, für das sich eine Vorausbuchung empfiehlt. Von hier kann das letzte Stück im Gewaltmarsch von 2x acht Stunden genommen werdend – auf das Dach eines Kontinents. — *www.elbrus.su*

Feuer & Eis bereisen

RUSSLAND

WARUM JETZT Im Mittsommer sind die Tage endlos und die Wetterbedingungen hervorragend

WO Halbinsel Kamtschatka

WANN Juli und August

01 JUL

Kamtschatka – das „Land der Vulkane" – liegt näher an Los Angeles als an Moskau und ist eine der am wenigsten erkundeten, aber spektakulärsten Regionen Russlands. Die mehr als 1000km lange Halbinsel, durch das Ochotskische Meer vom Festland getrennt, ist ein hyperaktives Vulkangebiet, in dem es brodelt, spritzt und spuckt, als sei die Schöpfung noch in vollem Gange. 200 Vulkane sind hier zu finden, mindestens 20 davon zählen zu den explosivsten der Erde.

Durch diese thermischen Aktivitäten entstehen heiße Quellen, warme Flüsse und auch Geysire, aus denen Heißwasserfontänen und Dampfschwaden aufsteigen. Die imposantesten 90 Exemplare befinden sich im sogenannten „Tal der Geysire" (Dolina Geiserow).

Kamtschatkas ausgedehnte Wälder und Steppen beherbergen zudem viele Wildtiere, darunter auch 10 000 bis 20 000 Braunbären.
— *www.visitkamchatka.com*

LINKS: **YULIA POPKOVA – GETTY IMAGES**

Juli

Bobfahren im Sommer

ÖSTERREICH

WARUM JETZT Die Olympische Bobschlittenbahn ist jetzt für den Sommerspaß geöffnet

WO Igls, Innsbruck

WANN Juli und August

02 JUL

1976 war die österreichische Stadt Innsbruck, die Landeshauptstadt von Tirol, Austragungsort der Olympischen Winterspiele. Hoch über der Stadt, im Skiort Igls, zog sich nun eine Bobschlittenbahn wie eine Rohrleitung über die Alpenhänge. Ein paar Tage Wettkampf, dann zog die Welt weiter und gab Igls und seine Bahn der Geschichte anheim. Oder auch nicht, denn Igls beschloss, die Bahn für den Publikumsverkehr zu öffnen. Bobschlittenfahrten hinter Profi-Piloten wurden winters schnell beliebt. Seit einiger Zeit ist es aber auch Sommergästen möglich, an Bord der Schlitten zu klettern, die für zwei Monate im Jahr nun auf Rädern statt auf Kufen unterwegs sind. In einem Bobschlitten, der von einem Weltklasse-Piloten gesteuert wird, rast man eine 1270m lange Strecke hinab und kann sich des Schreiens kaum erwehren, wenn es mit bis zu 100km/h durch die 14 Kurven geht. Anfang Juli ist auch die ideale Zeit für Touren auf den unzähligen Wanderrouten der Region; die leuchtenden Alpenrosen am Wegesrand stehen ab Mitte Juni in voller Blüte. — *www.olympiaworld.at; www.knauseder-event.at*

„Yee-haw!“ zur Stampede

KANADA

WARUM JETZT Zur größten Cowboy-Party

WO Stampede Park, Calgary, Alberta

WANN Beginn am ersten Freitag nach dem kanadischen Nationalfeiertag (1. Juli), 2 Wochen

03 JUL

Calgary – eher im milden Westen als im wilden Westen, im Volksmund auch als „Kuhstadt“ bekannt – legt die Sporen an, wenn es zur selbsterklärten „größten Outdoor-Show der Welt“ bläst. Zur zehntägigen Pferdenarrenparty werden ausschließlich die besten Cowboys der Welt geladen, um an einer der opulentesten Rodeo-Shows teilzunehmen.

An den Abenden werden im Stampede Park Planwagen-Rennen veranstaltet: Vier Wagen mit Vorreitern rasen mit 60km/h über die Rennbahn. Auch sonst bietet Stampede alles, was zum bunten Treiben gehört: Fahrgeschäfte, Ausritte, frittierte Speisen und ein indianische Dorf.

— *calgarystampede.com*

Das Fest der Unabhängigkeit

USA

WARUM JETZT Um mit Feuerwerken am Unabhängigkeitstag den Geist Amerikas zu spüren

WO New York City

WANN 4. Juli

04 JUL

Diesem Tag könnte man an jedem Ort der Vereinigten Staaten von Amerika verbringen. Es ist der Unabhängigkeitstag, an dem jede Kleinstadt, jede Großstadt und alles dazwischen der Ratifizierung der Unabhängigkeitserklärung am 4. Juli 1776 mit Feuerwerk, Grillpartys und Umzügen gedenkt.

Big Apple veranstaltet das größte Spektakel, für das die Kaufhauskette „Macy's“ den Inbegriff von Pyro-Show in Gang setzt: Mehr als 40 000 Feuerwerkskörper, die von Schiffen auf dem East River gezündet werden, explodieren über den Wolkenkratzern. Oder am Nachmittag zum „Nathan's“ auf Coney Island mit dem jährlichen Hot-Dog-Wettessen. — *www.nycgo.com*

LINKS: **Innsbruck und die Alpen, Bahn frei für Sommerbob.**

UNTEN: **Den Unabhängigkeitstag der USA mit Feuerwerk in New York feiern.**

Vielfraßen folgen

FINNLAND

WARUM JETZT 24 Stunden Tageslicht nutzen und die Chancen, Wildtiere zu sichten

WO Lieksa, Nordkarelien

WANN Juli

05 JUL

Kaum ein Tier ist von solch geheimnisvollem Nimbus umgeben wie der grimmige, kräftige Vielfraß. Wenn dieses hundegroße Säugetier die Größe eines Bären hätte, sagt man, wäre es die stärkste Kreatur auf Erden.

Finnland ist die selbsternannte „Vielfraß-Hauptstadt der Welt“. Um Städte wie Lieksa herum finden sich Tarnhütten (oft mit Campingbetten, Toilette, Heizung und Hightech-Ausrüstung); sachkundige Führer helfen einem dabei, die gewünschten Tiere ausfindig zu machen. Tatsächlich ist der Hetzgarten bei Lieksa einer der wenigen Orte, wo die „Big Four“ – Bär, Vielfraß, Wolf und Luchs – schon alle gesichtet wurden. — *www.wolverinefoundation.org*

Durch den Ärmelkanal

ENGLAND & FRANKREICH

WARUM JETZT Um in der Kanal-Schwimmsaison der Erste im Wasser zu sein

WO Von Dover nach Cap Gris Nez

WANN Ende Juni bis September

06 JUL

Warum nicht mal den Ärmelkanal durchschwimmen? Für diese 32km lange Durchquerung gibt es ein ungeschriebenes Gesetz: Neoprenanzüge sind nicht erlaubt, nur Badekappen, Schwimmbrillen und kurze Badehosen oder Badeanzüge. Ein Grund mehr, erst im Sommer zu starten, wenn die Wassertemperatur etwas höher ist (15°C bis zu 18°C) und der Tag mehr Sonnenstunden hat. Die Strecke verläuft vom Shakespeare's Cliff bei Dover über offenes Wasser bis nach Cap Gris Nez in der Straße von Dover in Nordfrankreich. Und wer denkt, er wäre schnell, misst sich an der Rekordzeit von knapp 7 Stunden. — *www.channelswimmingassociation.com*

Sommer in der Arktis

GRÖNLAND

WARUM JETZT Der Frühling beginnt, die Blumen brechen aus tauendem Schnee hervor

WO Auf der ganzen Insel

WANN Juli

07 JUL

Die größte Insel der Welt birgt weite Gebiete wunderschöner, völlig freier Wildnis; jetzt ist die Zeit, sie bei fast dauerhaftem Tageslicht und wärmsten Temperaturen zu erforschen.

Grönlands vorherrschendes Merkmal ist seine enorme Eisschicht, die zweitgrößte der Welt, die 80% des Landes bedeckt. Erfahrene Langläufer können drei kraftraubende Wochen damit verbringen, sie zu überqueren. Für Wanderfreaks bietet die Insel großartige Wanderungen. Kaum einer der Wege ist markiert. Die Aussichten sind überwältigend, die Reinheit des Lichts wirkt magisch. Die Stille wird nur von Raben, Wasserläufen oder dem lauten Krachen berstender Eisberge gebrochen. — *www.greenland.com*

RECHTS: **In Pamplona fordern Läufer die Stiere heraus.**

UNTEN: **In Grönlands Hauptstadt Nuuk ist die rote Kathedrale sommers von sattem Grün umgeben.**

Buckelwalen auf der Spur

KANADA

WARUM JETZT Buckelwale kommen zur Nahrungssuche ans Ufer

WO Halbinsel Avalon, Neufundland

WANN Juni bis September

08 JUL

Buckelwale fressen gern in Ufernähe, ein Umstand, durch den diese Spezies furchtbaren Jagden ausgesetzt war. Jetzt, da sich die Bestände erholen, ist es wieder möglich, ihre Fresstechniken zu studieren.

Vor der Halbinsel Avalon finden sich jährlich im Juni einige Tausend Buckelwale ein, um Millionen von laichenden Lodden zu fressen, kleinen Fischen, die ihre Eier in nassen Sand ablegen; es ist die weltweit größte Zusammenkunft hungriger Buckelwale. Am besten lassen sie sich am St. Vincent's Beach beobachten, wo der Meeresboden vor der Küste so steil in die Tiefe abfällt, dass die Wale zur Nahrungsaufnahme fast ans Ufer kommen. — *www.atlanticwhales.com*

Mit Stieren rennen

SPANIEN

WARUM JETZT Um dem trunkenen Treiben der Gehörnten zuzusehen – bei der Fiesta de San Fermín

WO Plaza de Toros, Pamplona, Navarra

WANN 6.–14. Juli

09 JUL

Pamplonas Stierlauf ist ein ungezügelter Ausbruch spanischer Leidenschaft. Als ein Teil der Feierlichkeiten, die dem heiligen Firmin dem Älteren gewidmet sind, rennen Hunderte von „Läufern" vor einem Sixpack rasender Stiere her. Jedes Jahr gibt es dabei Verletzte, zuweilen sogar Tote. Der Encierro (Stierlauf) beginnt bei den Corrales del Gas. Die Hatz durch Pamplonas Innenstadt ist rasant und dauert nur etwa drei Minuten.

Da die Stiere mit bis zu 25km/h voranstürmen, ist es unmöglich, ihnen über die ganze Strecke davonzulaufen. Die Läufer versuchen sich daher nur an kurzen Strecken, bevor sie aus dem Weg springen. Die gefährlichsten Abschnitte sind die Estafeta, eine gepflasterte Gasse, in der es nur Hauseingänge als Zufluchtsorte gibt, und der schmale Eingang zur Plaza del Toros, ein wahres Nadelöhr für angstgetriebene Läufer und ihre schnaubenden Verfolger. Massenkarambolagen, bei denen Läufer stürzen und eine menschliche Barriere für die Bemitleidenswerten hinter sich bilden, sind eine große Gefahr.

— *www.sanfermin.com*

Fischende Bären beobachten

USA

WARUM JETZT Jetzt kann man Bären sehen, die in Wasserfällen Lachse fangen

WO Katmai-Nationalpark, Alaska

WANN Juli und September

10 JUL

Wer schon einmal Fotos von Braunbären gesehen hat, die an der Kante eines Wasserfalls stehen und mit ihren aufgerissenen Mäulern springende Lachse fangen, hat ein Bild der Brooks Falls in Alaskas Katmai-Nationalpark vor sich gehabt. Der riesige Park beheimatet nicht nur die größten Braunbären-Vorkommen der Welt (geschätzte 2200 Tiere), sondern ist auch Schauplatz einer der größten Lachswanderungen. Im Juli und September, wenn die Lachse wandern, ist der Fluss ein absolutes Paradies für die heimischen Bären.

Ganze 700kg bringen diese Tiere auf die Waage, weil ihr Tisch so reich und kostbar gedeckt ist. In der Regel behelligen sie den Menschen nicht, dennoch gelten sie als extrem gefährlich und unberechenbar. Viele Besucher sind es zufrieden, die Bären von der Aussichtsplattform in der Nähe des Besucherzentrums an den Brooks Falls zu beobachten, wodurch diese im Juli oft überfüllt ist. Viele der großen Wildnisgebiete des Parks werden jedoch kaum besucht.

Die vielgestaltige Landschaft des Katmai reicht von der vulkanischen Region des Valley of Ten Thousand Smokes bis hin zu unzähligen alpinen Gipfeln, fruchtbaren Ebenen und Küsten aus Fjorden und Landzungen. Ein großartiger Ort, um Elche, Karibus, Wölfe, Luchse, Vielfraße, Seeotter, Weißkopf-Seeadler und Orcas zu beobachten. — *www.nps.gov/katm*

RECHTS: **PAUL SOUDERS– GETTY IMAGES**

Auf den Camel Cup setzen

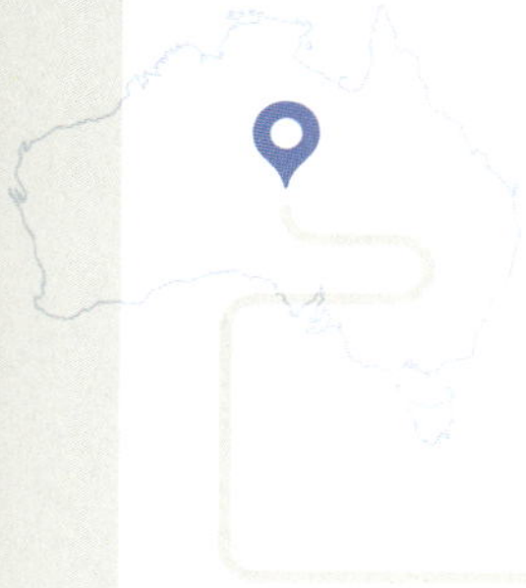

AUSTRALIEN

WARUM JETZT Um einer Kolonne von knurrigen Kamelen beim Konkurrieren zuzusehen

WO Alice Springs, Northern Territory

WANN Mittlerer Samstag im Juli (11. Juli 2015)

11 JUL

Man muss im Juli kommen, dann nämlich erbebt Alice, der staubige Außenposten der Outbacks, vor Bauchtanz, Bands, Rikscha-Rallyes und – Kamelrennen. Der Reiz von Kamelrennen liegt in der Unberechenbarkeit und dem Jähzorn der Tiere. Sie knurren, schneiden Grimassen, beißen und spucken mehr als 3m weit. Sie können beim Start des Rennens einfach stehen bleiben, oder sogar zurücksetzen; preschen sie aber einmal mit Volldampf voraus, haben die Jockeys zu tun, im Reitsitz zu bleiben. Die opulente Wüstenveranstaltung wird im Blatherskite Park abgehalten, einem Teil des Geländes der Central Australian Show Society, und bietet neben dem Hauptpreis, der Imparja-Medaille, alle möglichen Trophäen. Der Afghanistan Cup wird vom afghanischen Botschafter ausgerichtet, um jenen Landsmännern zu gedenken, die Kamele ins Outback brachten und Telegrafenleitungen und Eisenbahnschienen errichteten. Beim Honeymoon Handicap müssen „Bräutigame" eine halbe Runde um die Arena rennen, bevor sie dann die Zügel ihren „Bräuten" überlassen. — *www.camelcup.com.au*

Mit Weißen Haien tauchen

SÜDAFRIKA

WARUM JETZT Um den gefürchteten Räubern unter Wasser beim Robbenfang zuzusehen

WO Dyer Island, bei Kapstadt

WANN Juni bis August

12 JUL

Es gibt so viele Weiße Haie vor Südafrikas False Bay, Mossel Bay und Dyer Island, dass das Gebiet für das Weißhai-Mekka der Welt gehalten wird. Die gut bezahnten Räuber durchstreifen die Tiefen vor den Kolonien der Südafrikanischen Seebären und starten oft wilde Angriffe, indem sie mit solch enormer Wucht senkrecht nach oben schnellen, dass sie sich gänzlich aus dem Wasser katapultieren.

Man kann ihnen von kleinen Booten aus zusehen oder sich – für den Adrenalinschub – in einem Käfig ins Wasser hinablassen. Hauptsaison ist von Juni bis Mitte August. Im Juni ist die ruhigste Zeit, um die Tiere vom nahen Boot aus zu betrachten. — *www.whiteshark.co.za*

Nationalfest Naadam

MONGOLEI

WARUM JETZT Der Mini-Olympiade der männlichen Künste beiwohnen

WO Ulan-Bator

WANN 11.–13. Juli

13 JUL

Das Nationalfest der Mongolei ist eine Feier der „männlichen Spiele": Bogenschießen, Ringkampf, Pferderennen und – inoffiziell – das Trinken von Airag (vergorener Stutenmilch). Das Pferderennen ist dabei der vielleicht exemplarischste Sport der Mongolen, eine Hommage an die Tiere, die immer schon von den Nomaden der Steppe genutzt wurden.

Zu Beginn stimmen die Jockeys einen Gesang zur Beruhigung der Pferde an. Nach dem Galopp über die Ebenen wird auch der Gewinner mit einem Lied gelobt. Selbst für das Bogenschießen ist die Musik elementar; die Teilnehmer besingen ihre Pfeile, um einen geraden Flug zu beschwören. — *www.mongoliatourism.org*

LINKS: **Reiter beim Alice Springs Camel Cup kämpfen um den begehrten Gold Lions Camel Cup.**

UNTEN: **Ringkampf ist eine der drei „männlichen" Sportarten beim mongolischen Naadam.**

Ein Stück Tour de France

FRANKREICH

WARUM JETZT Um sich inspirieren zu lassen, wenn die Tour de France durchs Gebirge rollt

WO Französische Alpen

WANN Mitte Juli

14 JUL

Wenn die Tour de France in die Französischen Alpen einfährt, wird alles andere unwichtig. Pelotons der weltbesten Radfahrer erkämpfen sich mühsam die steilen Anstiege, um dann in einem Flirren aus Oberschenkeln, Lycra und jubelnden Massen wieder herunterzudonnern. Ein paar Stunden bevor sie eintreffen, kann man die Anstiege selbst abfahren. Alpe d'Huez markiert die alpine Bergetappe der Tour. Diese 13,8km lange Strecke hat im Durchschnitt eine Steigung von 8,5%. Das Rennen ist mittlerweile auch ein großes Fest der Völker, Farben und Klänge. Die Tourdaten variieren immer, aber der 14. Juli ist auch der Tag der Bastille: Vive la France! — *www.letour.com*

Einen Gletscher überqueren

PAKISTAN

WARUM JETZT Jetzt ist die einzige Zeit, in der Gletscherüberquerungen möglich sind

WO Karakorum

WANN Mitte Juni bis September

15 JUL

Nordpakistan ist ein Paradies für Bergfreunde, ein Ort, an dem man tagelang selbst auf den beliebtesten Routen wandern kann, ohne auch nur einen Gleichgesinnten zu treffen. Das herausragendste Trekkinggebiet ist Baltistan, das Zentrum der Gletscher, Gipfel und Felstürme im Karakorum. Fünf der größten Gletscher – Biafo, Baltoro, Chogolungma, Panmah und Kaberi und Kondus – bieten die längsten Gletscherüberquerungen außerhalb der subpolaren Zonen. Das Nonplusultra ist eine Überquerung eines dieser Gletscherfelder über die ganze Länge. Zwei Routen ermöglichen eine solche Erfahrung: der Hispar La mit seinem Passübergang zum Lukpe Lawo (Snow Lake) und der Baltoro-Gletschertrek zum Basislager des K2. — *www.tourism.gov.pk*

Dem 300 Club beitreten

ANTARKTIS

WARUM JETZT Um zu den Irren zu gehören, die nackt übers Eis zum Südpol gelaufen sind

WO Amundsen-Scott-Südpolstation

WANN Juli

16 JUL

Wer je im Juli zur Amundsen-Scott-Südpolstation reist (zu einer Zeit, da kein normaler Tourist dem dunklen antarktischen Winter trotzt), behalte das Thermometer im Auge. Wenn nämlich die Temperaturen auf -73°C fallen (-100°F), hat man die Chance, eine exzentrische Outdoor-Erfahrung zu machen. Zuerst wird die Sauna ordentlich aufgedreht, bevor man sich drinnen bei 93°C (200°F) aufheizt. Derart dampfgegart geht es dann hinaus in den Schnee; die Mutigen trauen sich noch weiter und rennen eine Runde um den Zeremoniellen Südpol herum. Wer es schafft, seinen Lauf fotografisch zu dokumentieren, wird in den 300 Club aufgenommen, der nach den 300°F Temperatursturz zwischen Sauna und Polarluft benannt wurde. — *www.antarctica.ac.uk*

RECHTS: **Der Dress-Code verordnet einen Kimono zum Gion Matsuri Festival in Kyoto, Japan.**

UNTEN: **Pakistans Karakorum-Gebirge ist eine der am wenigsten erforschten Bergregionen der Welt.**

Gion Matsuri bestaunen

JAPAN

WARUM JETZT Um die alte kaiserliche Hauptstadt in traditionellem Gewand zu erleben

WO Kyoto

WANN 17. Juli

17 JUL

Die japanische Kultur gibt Außenstehenden oft Rätsel auf, Kyotos facettenreiche „Parade-mit-Kimono" ist dabei keine Ausnahme. Die Prozession der Yamahoko-Festzugswagen am 17. Juli erinnert an die Geschehnisse im Jahr 869 n.Chr., als 66 Würdenträger – für jede japanische Region einer – durch Kyoto zogen, um Gozu-Tennō zu ersuchen, der seuchengeplagten Stadt eine Pause zu gönnen. Bis zu 40 Menschen werden gebraucht, um jene taumelnden Tempel auf Rädern zu bewegen, die ab dem 10. Juni an drei Morgen aus riesigen geschnitzten Holzblöcken erbaut werden, von denen einige mehr als 10 Tonnen wiegen. Sobald der Bau vollbracht ist und die tragbaren Schreine im Fluss rituell gereinigt wurden, schickt sich Kyoto allen Ernstes zum Feiern an.

Es finden fromme Darbietungen statt, unter anderem von Tänzern in Reiher-Kostümen. Scharen von weißgesichtigen jungen Mädchen klackern in Holzpantinen und Yukata (Sommer-Kimonos) durch die Stadt. Bewohner des reichen Kaufmannsviertels spielen „Tag der offenen Tür" und gewähren einen Blick auf japanische Familienerbstücke in ihrer ursprünglichen Aufstellung.

Star des Umzugs ist der Chigo, ein ansässiger Junge, der auf dem größten Yamahoko thront und Shinto-Kleidung und eine goldene Phönix-Krone trägt. Gion Matsuri dauert den ganzen Juli an, ist jedoch zur Monatsmitte am farbenprächtigsten. — *www.jnto.go.jp*

Ab ins lila Leuchtfeld

FRANKREICH

WARUM JETZT Um im Duft blühender provenzalischer Blumen zu schwelgen

WO Provence

WANN Mitte Juni bis August; am besten im Juli

18 JUL

Okay, wer im Juli die traumhaft schöne Provence besucht, wird nicht alleine sein. Es ist schlicht und einfach Hauptsaison. Doch es gibt einen guten Grund, warum so viele Leute um diese Zeit in den Südosten Frankreichs strömen. Die berühmten Lavendelfelder der Region Luberon – gepflegte, eng geschlossene Reihen duftend violetter Streifen – stehen nun in voller Blüte. Die Hauptblütezeit beginnt im Juni, geerntet wird meist ab Mitte Juli bis in den späten August. Wer jetzt kommt, sieht die Saat vor der Mahd. Eine erstklassig blaue Aussicht hat man vom Plateau von Sault, vom Kloster Sénanque und vom Fuße des Mont Ventoux.

Auch für Festivalfans ist Juli ein geeigneter Monat. Ein guter Anlaufpunkt ist das Festival d'Avignon im ehemaligen Papstpalast von Avignon. In den historischen Gemäuern dieser charmant ummauerten Stadt werden drei Wochen lang Avantgarde-Theater, Lesungen, Ausstellungen und Filme geboten. Daneben gibt es auch oft das Nice Jazz Festival, das schönen Lacoste Open Air oder das Photographie Festival Réncontres d'Arles. Unbedingt dran denken, Hotels im Voraus zu buchen. — *visitprovence.com/en*

LINKS: TRAVEL INK – GETTY MAGES

Hunderten von Belugas begegnen

KANADA

WARUM JETZT Unzählige Weißwale finden sich jetzt ein, um sich zu häuten und Kälber aufzuziehen

WO Somerset Island, Nunavut

WANN Juli und August

19 JUL

Belugas oder Weißwale – 5m lang und so weiß wie Carrara-Marmor – können sich so possierlich gebärden, dass man schwören könnte, sie schnitten einem Grimassen. Tausende dieser Tiere können bei der Sommerhäutung beobachtet werden. Im Sommer ziehen die Belugas in ihre traditionellen Häutungs- und Kalbungsgründe, meist in der Nähe von Flussmündungen, wo das Wasser etwas wärmer ist – ideal für neugeborene Kälber. Erwachsene Tiere nutzen die seichten Kiesbänke, um sich die alten Hautschichten abzuscheuern. Zu dieser Zeit sind Belugas sehr aktiv und stoßen schrille Zwitscherlaute aus. Diese Zusammenkünfte finden an der Mündung des Sankt-Lorenz-Stromes in Québec oder des Churchill River in Manitoba statt. Wer Belugas in arktischer Umgebung sehen will, begebe sich an die Nordspitze der Somerset Island in Nunavut, per Flugzeug von Ottawa nach Iqaluit und weiter mit dem Privatjet zum Cunningham River. — *www.nunavuttourism.com*

Rein zum Mwaka Kogwa

TANSANIA

WARUM JETZT Zum altpersischen Neujahrsfest reinwaschen – im Sansibar-Stil

WO Kaekuu, Makunduchi, Sansibar

WANN Meist vier Tage in der dritten Juliwoche

20 JUL

Seinen Nachbarn mit einer Palmwedel-Knute verprügeln, das klingt gewöhnungsbedürftig, wird in Sansibar jedoch als Reinigungsritual betrachtet. Es heißt, dass das neue Jahr friedvoll beginnt, wenn man vorher Aggressionen abbaut und alte Rechnungen begleicht.

Zwei Brüder aus Makunduchi nehmen es mit zwei Geschwistern aus dem Süden auf, bis auch die Freunde einfallen. Am Rande des Schlachtfelds zeigen sich die Frauen in ihren besten Kleidern und singen im hiesigen Kikae-Dialekt. Die Zeremonie endet, wenn der „Mganga" (Medizinmann) mit einer Fackel eine Strohhütte ansteckt – um mögliche Hausbrände abzuwehren. — *www.tanzaniatouristboard.com*

Windsurfen mit „Eric"

GRIECHENLAND

WARUM JETZT Um das Beste aus „Eric" zu machen, einer Sommernachmittagserscheinung

WO Vassiliki-Bucht, Lefkada

WANN Juli und August

21 JUL

Das Windsurfen ist der beliebteste Wassersport in Griechenland. Dass die Bucht von Vassiliki an der Südküste der Ionischen Insel Lefkada als bester Windsurf-Spot Europas gilt, überrascht keineswegs. Auch für weniger Geübte herrschen hier ideale Bedingungen, um die Wellen zu reiten. Die Bucht ist weit, geschützt und wartet geradezu auf die hereinwehenden Nachmittags-winde, die in der Gegend „Eric" genannt werden. Zahlreiche Windsurfing-Veranstalter haben hier Stellung bezogen und bieten Pauschalpakete mit Kurs und Unterkunft. Einige davon verleihen überzählige Ausrüstungen auch an begeisterte Individualisten. — *www.lefkada-greece.biz*

RECHTS: **Nicht durch den Namen vom Badwater Ultramarathon abhalten lassen.**

UNTEN: **Windsurfer in der Vassiliki-Bucht, Griechenland.**

Mit Spaß beim Heiva

TAHITI

WARUM JETZT Auf zur größten Party Polynesiens – mit Blumen im Haar und ausgelassenen Tänzen

WO To'ata-Platz, Papeete

WANN Ende Juni bis Ende Juli

22 JUL

Was ursprünglich eine Feier des Lebens bzw. eine Vorbereitung auf den Krieg war, ist heute eine Gala der indigenen Kultur Französisch-Polynesiens: Zum Heiva-Fest strotzen die tahitianischen Inseln vor Trommelsalven, Federkostümen und lebhaften Paraden. Besucher werden zuweilen mit Hibiskuskränzen und Gardenienblüten geschmückt und ins bunte Treiben gezogen. Neben den Tänzen (die an den Haka-Tanz der Maori erinnern) und den traditionellen Sportarten gibt es auch eine modernere Zutat: die Wahl einer Miss und eines Mr. Tahiti. Die Anwärter müssen auf Palmen klettern und Kokosnüsse aufbrechen. — *www.tahiti-tourisme.com; — www.tahiti-tourisme.com*

Den Badwater Ultra laufen

USA

WARUM JETZT Um zu begreifen, dass Irrsinn ein sehr, sehr heißer Wettlauf ist

WO Death Valley, Kalifornien

WANN Mitte Juli

23 JUL

Der als härtester Lauf der Welt bekannte ist der Badwater Ultramarathon. Nach dem Start in Badwater, dem tiefsten Punkt der westlichen Hemisphäre (85m unter dem Meeresspiegel) in der Senke des Death Valley, zieht sich der Lauf über drei Gebirgszüge hinweg bis zum Whitney Portal, dem Wegesanfang für den Aufstieg auf den höchsten Gipfel in den kontinentalen Vereinigten Staaten. 217km Strecke und 4000m Anstieg, und das im Hochsommer, einer Zeit, in der in Death Valley einst die zweithöchste, je verzeichnete Temperatur gemessen wurde: 56,7°C.

Wer immer noch erpicht darauf ist (ernsthaft?!), muss sich einem rigorosen Auswahlverfahren unterziehen. Alle Bewerber erhalten anhand ihrer bisherigen Ultramarathon-Erfolge einen Wert von 1 bis 10; die 90 bestbewerteten Läufer werden in die Startliste aufgenommen. Dann heißt es nur noch, den Geist der Veranstaltung zu tragen. „Alle Läufer müssen sich immer und zu jeder Zeit höflich, kultiviert, anständig und fair verhalten. Nacktheit ist ausdrücklich verboten.“ — *www.badwater.com*

LINKS: DIANA MAYFIELD – GETTY IMAGES

Die riskanteste Bergtour wagen

CHINA

WARUM JETZT Der Sommer bietet die besten und sichersten Bedingungen

WO Huà Shān, Provinz Shaanxi

WANN Mai bis September

24 JUL

Überall auf der Welt gibt es Bergtouren, die gern den Titel „beste der Welt“ für sich beanspruchen würden, doch wenige streben danach, als die riskanteste zu gelten. Ob Glück oder Absicht – diese „Ehre“ scheint geradewegs dem heiligen Berg Huà Shān in der chinesischen Provinz Shaanxi zuzufallen, in deren Hauptstadt Xi'an sich die Terrakotta-Armee befindet. Die Besteigung ist ein Drahtseilakt ohne Netz und doppelten Boden und führt an Ketten an der gewaltigen Felswand entlang.

Der Huà Shān hat fünf Gipfel: Vom Ostgipfel hat man die beste Sicht auf den Sonnenaufgang, der Westgipfel gilt als der eleganteste, der Nordgipfel wird „Wolkenterrasse“ genannt, der mittlere Gipfel „Jade-Jungfrau“, und der Südgipfel ist der höchste (2160m) und gleichzeitig auch der höchste Gipfel der fünf Heiligen Berge Chinas.

Es ist die Route auf den Südgipfel hinauf, die jährlich Dutzende Leben fordert. Als riskanteste Stelle gilt der Brettsteig, eine schmale Fußleiste von nur 30cm Breite, die sich an der senkrechten Felswand entlangzieht; einzig rostige Ketten als „Handläufe“ halten einen über dem tiefen Abgrund dicht am Felsen. Wem das zu gewagt oder kräftezehrend ist, der kann sich mit der Seilbahn in 20 Minuten zum Gipfel bringen lassen. — *www.travelchinaguide.com*

Filme im Freien sehen

FRANKREICH

WARUM JETZT Um Filme unterm Sternenhimmel zu schauen – beim Cinéma en Plein Air

WO Parc de la Villette, Paris

WANN Ende Juli bis Ende August

25 JUL

Der Parc de la Villette im nordöstlichen Zipfel des 19. Arrondissement mag nicht sonderlich attraktiv klingen, war diese 55 Hektar große Fläche doch früher der Schlachthof der Stadt. Doch seit der Umgestaltung 1979 ist er einer der bedeutendsten Pariser Freizeit- und Kulturräume, mit zehn Themengärten, drei großen Konzertbühnen, dem größten Wissenschaftsmuseum Europas und der hochdekorierten Musikschule Conservatoire de Paris.

Ein Besuch lohnt sich noch mehr, wenn das Cinéma en Plein Air stattfindet. Dann wird inmitten der Bäume und Skulpturen eine riesige Leinwand aufgestellt und eine Auswahl guter Filme gezeigt; von Programmkino-Juwelen bis hin zu Allzeit-Klassikern ist alles dabei. Der Eintritt ist frei, Liegestühle zu mieten, kostet ein paar Euro. Die Filme werden in der Originalfassung mit französischen Untertiteln gezeigt, doch selbst wer nicht alles versteht, kann die Atmosphäre genießen: milde Pariser Abende mit Picknick-Decken, Baguettes und einer Flasche Bordeaux; ein geselliger Abend unter den Sternen. — *www.villette.com*

LINKS: **Programmkino unter den Sternen in Paris, Frankreich.**

UNTEN: **Malerischer Ausflug zum Kloster Shey südlich von Leh in Ladakh.**

Ein Stück Donauradweg

DEUTSCHLAND & ÖSTERREICH, SLOWAKEI

WARUM JETZT Um mit der Sonne zu radeln

WO Donau

WANN Juli

26 JUL

Der mehr als 2850km lange Donauradweg von der Quelle in Donaueschingen bis zur Mündung ins Schwarze Meer ist der vielleicht beliebteste Radfernweg Europas. Die Strecke ist flach (besonders in der Wachau), die Landschaft malerisch und die meisten Städte und Gemeinden am Weg sorgen für die Radler. Die Strecke führt größtenteils auf eigens dafür angelegten Radwegen an den Ufern des zweitgrößten europäischen Flusses entlang. Viele Radler fahren nur die Strecke zwischen Passau und Wien und verbringen sechs Tage damit, gemächlich den Norden Österreichs zu durchqueren. Kostenlose Broschüren sind unterwegs erhältlich. — *www.danube-cycle-path.com*

Riesenhaie beobachten

ENGLAND

WARUM JETZT Jetzt ist die beste Zeit, um vor einer kleinen Insel wirklich große Fische zu sehen

WO Isle of Man, Irische See

WANN Juni bis August

27 JUL

Es gab eine Zeit, da wurden die sommerlichen Sammeltreffen der Riesenhaie von den ansässigen Fischern begrüßt, weil diese kolossalen, 2000kg schweren Fische eine Menge Fleisch und Öl einbrachten. Heute werden die Tiere zum Glück nicht mehr gejagt, versammeln sich aber nach wie vor von Juni bis August, um sich von den ergiebigen Planktonschwärmen vor den Küsten der Isle of Man zu ernähren. Ihr Aufkreuzen ist keineswegs zu übersehen – die hohen Rückenflossen verraten ihre Anwesenheit. Bei idealen Bedingungen können bis zu 100 Riesenhaie auf einmal beobachtet werden.
— *www.manxbaskingsharkwatch.com*

Himalaya per Motorrad

INDIEN

WARUM JETZT Um die schneefreie Zeit zu nutzen und auf 5600m Höhe Motorrad zu fahren

WO Ladakh, Himalaya

WANN Juni bis August

28 JUL

Von der ladakhischen Stadt Leh windet sich die höchste von Motorrädern befahrbare Straße hinauf zum Khardung La (5602m). Der Pass selbst ist unscheinbar und von schäbigen Kontrollpunkten des Militärs besetzt. Doch das hält nicht vom Fernblick und dem Nervenkitzel ab, den man beim Fahren erlebt. Es lohnt sich, der Atemnot zu trotzen und hier Motorrad zu fahren, auf dem „Dach der Welt", in einem Land mit fantastischen Landschaften, abgeschiedenen Klöstern und einer unglaublichen ethnischen Vielfalt. Die Straße kann schlecht und das Wetter wechselhaft sein, man sollte sein Fahrzeug also gut und sicher beherrschen. — *www.ladakh-tourism.net*

RECHTS: **Polarfuchsjunge spielen auf der Wrangelinsel, Russland.**

UNTEN: **Ein männlicher Kleiner Paradiesvogel bringt sein Ständchen im Hochland von Papua-Neuguinea.**

In einen Sarg steigen

SPANIEN

WARUM JETZT Um am bunten Treiben zur Fiesta de Santa Marta de Ribarteme teilzuhaben

WO Las Nieves, Pontevedra, Galicien

WANN 29. Juli

29 JUL

Die Fiesta de Santa Marta de Ribarteme ist eine ungewöhnliche Art von Gruppentherapie. Diejenigen, die eine Nahtoderfahrung hatten, klettern in Särge und lassen sich zur Santa Marta de Ribarteme tragen, einer Kirche, die Maria Magdalenas Schwester gewidmet ist. Danach zieht die Prozession zum Friedhof hinauf, um hernach wieder zur Kirche zurückzukehren und dort zur Statue der heiligen Marta. Zum Dank dafür, dass sie ihre beängstigenden Erlebnisse wohlbehalten überlebt haben, werden von den Teilnehmern (finanzielle) Gaben dargebracht. Das Fest vereint christliche und heidnische Bräuche mit jeder Menge Weltlichkeit. Es gibt Blaskapellen, Feuerwerk, ständefüllenden Plastikramsch und in Kupferkesseln gekochten Tintenfisch. — *www.galicia.es/en*

Tanz der Paradiesvögel

PAPUA-NEUGUINEA

WARUM JETZT In der kühleren, trockeneren Jahreszeit balzspektakeln die Männchen

WO Tari-Tal, Südliches Hochland

WANN Juni bis September

30 JUL

Die Paradiesvögel von Papua-Neuguinea sind so prächtig und fantastisch, dass sie von frühen Forschern gar nicht für echt gehalten wurden. Unglücklicherweise sind sie in ihrem natürlichen Lebensraum nur schwer zu erspähen; PNG ist unwegbar und schwer zu bereisen. Doch mag man im Tari-Tal sein Glück versuchen. Dort sind mehr Arten von Paradiesvögeln zu Hause als irgendwo sonst auf der Welt.

Zu den im Tari lebenden 15 Arten gehören der Blauparadiesvogel, der kopfüber hängt und die blauen Federn spreizt wie einen Tutu, und auch der Blaunacken-Strahlenparadiesvogel, der ein Häubchen aus drahtigen Federn trägt und mit seltsamen Stelzschritten tanzt.
— *www.papuabirdclub.com*

Zur Wrangelinsel segeln

RUSSLAND

WARUM JETZT Die Wrangelinsel ist nur für eine sehr kurze Zeit im Jahr eisfrei

WO Naturreservat Wrangelinsel

WANN Juli und August

31 JUL

Die Wrangelinsel liegt in der Tschuktschensee, weit oberhalb des Nördlichen Polarkreises und etwa 140km nördlich von Sibirien, und ist im wahrsten Sinne wild und entlegen. Sie ist für die Außenwelt praktisch auch nicht zugänglich, nur für die wenigen Eisbrecher, die es schaffen, sich einen Weg durch das dicke Treibeis und die schweren Stürme der kurzen Sommersaison zu bahnen. Allein, der Lohn für die Mühen ist beispiellos und bietet gerade genug Anreiz, damit sich eine Handvoll Touristikunternehmen jeden Sommer auf einem der wenigen Eisbrecher einmieten. Wrangel mit seinen 7600km^2 ist die einzige Landmasse in der produktiven Tschuktschensee; praktisch jedes Tier dieser Region kommt hierher, um zu brüten oder in den seichten Wassern nach Nahrung zu suchen. Wrangel brüstet sich mit der größten Population Pazifischer Walrösser der Welt; bis zu 100 000 Tiere lümmeln hier an einem einzigen Strand. Hier gibt es auch die weltweit höchste Dichte an Eisbärhöhlen. Dann sind da noch die 200 000 nistenden Schneegänse, Schneeeulen, Polarfüchse, Moschusochsen und Rentiere. Und noch ein Umstand macht Wrangel einzigartig: Diese Insel war das einzige nennenswerte Gebiet der Arktis, das im Pleistozän nicht mit Gletschern bedeckt war, d. h. dass Böden, Pflanzen und Tiere hier seit Jahrmillionen unversehrt überleben. Heute hat die Insel die reichste Artenvielfalt des gesamten Nordpolargebiets. — *www.wild-russia.org*

Die Zuckerernte feiern

BARBADOS

WARUM JETZT Um einen Rum oder zwei auf die karibische Zuckerernte zu heben

WO National Stadium, Bridgetown

WANN Ende Mai bis August

01 AUG

Beim „Crop Over“ versinkt Barbados drei Monate lang in rumgetränktem Spaß. Die Tradition begann 1780, als Plantagenarbeiter das Ende der Zuckerrohrernte feierten. Mit dem Niedergang der Zuckerindustrie verschwand auch das Fest, wurde aber 1974 wiederbelebt.Die Hauptveranstaltungen Ende Mai und im Juni sind die Kavalkaden, Reiterzüge mit Calypso-Musik und Kostümen, die sich über die ganze Insel ziehen. Im Juli geht es etwas heißer her bei allabendlichen „Pic-O-De-Crop“-Shows, mit Calypso und öffentlichem Voting.

In der ersten Augustwoche füllt sich die Hauptstadt mit Wohlgerüchen der barbadischen Küche und den Klängen der Stahltrommeln. Am ersten Sonntag im August kulminieren schließlich die Calypso-Rhythmen im Cohobblopot, wenn das Erntelied („Tune of the Crop“) angestimmt wird und alles ausgelassen feiert. — *cropoverbarbados.com*

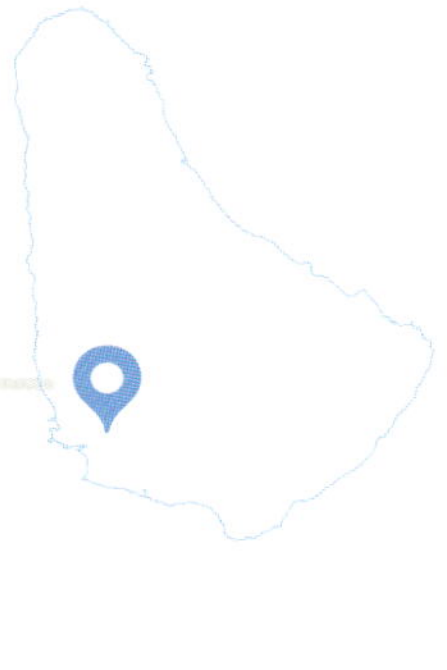

LINKS: STUART DEE · GETTY IMAGES

August

Exodus der Fledermäuse

USA

WARUM JETZT Weil es 20 Millionen Fledermäuse zu sehen gibt

WO Bracken Cave, Texas

WANN Juni, August (öffentliche Führungen)

02 AUG

Fledermäuse – lange gefürchtet und missverstanden – erfreuen sich heute neuerlicher Bewunderung. Die in dieser Höhle lebenden Mexikanischen Bulldoggfledermäuse bilden die weltweit größte Kolonie von Säugetieren; unglaubliche 20 Millionen Tiere leben hier. Die Höhle selbst ist nicht begehbar, weil sie von einem Wochenstubenverband bewohnt wird. Doch jeden Abend zu Sonnenuntergang fliegen die erwachsenen Tiere in einem gigantischen Schwarm nach draußen. Dann fressen sie ihr Eigengewicht an Insekten; die gesamte Kolonie bringt es dabei allnächtlich auf geschätzte 200 Tonnen an Käfern. Bei der Heimkehr schaffen sie es verblüffenderweise, aus bis zu 2000 dicht gedrängten Jungtieren pro Quadratmeter ihr eigenes wiederzufinden. — *www.batcon.org*

Durch das Tal der Blumen

INDIEN

WARUM JETZT Um die volle Blütenpracht des Tals zu sehen und zu riechen

WO Bhyundar Valley, Uttarakhand

WANN August bis Oktober

03 AUG

1931 zog der britische Bergsteiger Frank Smythe durch das Bhyundar Valley im Himalaya und fand dort Hunderte von Wildblumenarten, die wie ein Teppich den Talboden bedeckten. So nannte er es einfach Valley of Flowers. Wer selbst diese blumige Entdeckung machen will, sollte die Wanderung in Uttarakhand in der Nähe der Stadt Joshimath beginnen, die man nach einer langen, unbequemen Fahrt von Rishikesh gen Himalaya erreicht, und dann dem gut frequentierten Pilgerweg zum heiligen See von Hemkund Sahib folgen. 6km vor dem See zweigt ein Weg ins 10km lange und 2km breite Tal der Blumen ab – im August ein Kaleidoskop der Farben. Das Campen ist hier nicht erlaubt, Unterkünfte werden jedoch im 7km entfernten Ghangaria geboten. — *www.euttaranchal.com*

RECHTS: **Wasser und Benzin einpacken und ab zur Canning Stock Route.**

UNTEN: **Eine gigantische Fledermaus-Höhle in Texas.**

Die Canning Stock Route fahren

AUSTRALIEN

WARUM JETZT Jetzt ist die kühlste und beste Zeit für die Canning

WO Von Wiluna bis Halls Creek, Western Australia

WANN Mai bis September

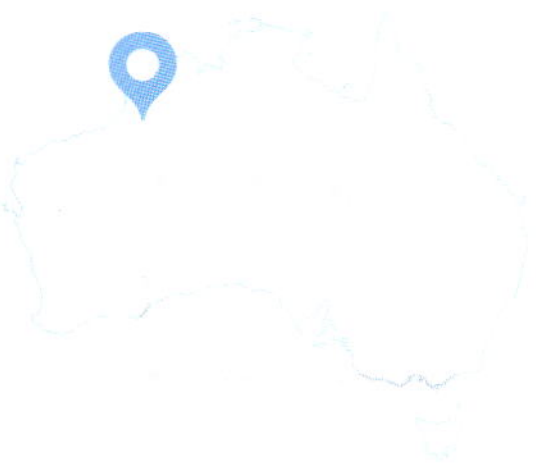

04 AUG

Der längste und entlegenste Herdenweg der Welt gilt zugleich als vielleicht härteste Straßenpiste Australiens. Sie verläuft über 1700km mitten durch das ausgedörrte Hinterland von Western Australia, von Wiluna im Süden bis nach Halls Creek im Norden, durch unbewohntes, wenngleich karg bewachsenes Land, über mehr als 800 Sanddünen hinweg und durch fünf Native-Title-Gebiete hindurch.

Die Canning sind schon Menschen gelaufen, darunter ihr Begründer Alfred Canning mit seinem Vieh, und es gab auch einige wenige, die die Strecke mit dem Rad abgefahren sind, tatsächlich aber ist sie heute eine Route für die kühnsten Allradfahrer – nichts für Anfänger. Kenntnisse der Kfz-Mechanik und Versiertheit im Geländefahren sind elementar.

Die Canning im australischen Sommer anzugehen, ist absoluter Selbstmord. Dann wird es hier nicht nur extrem heiß und gefährlich nass, sondern es sind auch weniger Leute unterwegs, die im Bedarfsfall Hilfe leisten könnten. Nicht gerade vorteilhaft in einer derart rauen Gegend.

Die ersten Abenteurer befahren die Strecke gewöhnlich Ende April oder Anfang Mai. Mitte Oktober geht die Saison zu Ende. Im August sind die Tage meist mild, die Nächte können allerdings empfindlich kühl werden.
— *www.canningstockroute.net.au*

Das Hinterland erforschen

ISLAND

WARUM JETZT Das Landesinnere dieser brodelnden Insel ist nur im Sommer gut zu erkunden

WO Island

WANN Juli und August

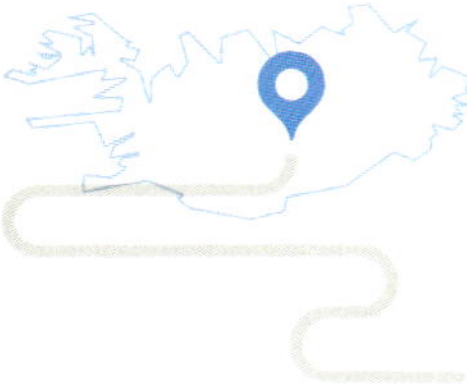

05 AUG

Das riesige, karge Landesinnere Islands ist eines der großen Wildnisgebiete Europas. Und es wirkt so unheimlich überirdisch, dass die Apollo-Astronauten hier Trainingseinheiten absolvierten, bevor sie 1969 zur ersten Mondlandung aufbrachen.

Zugänglich ist dieses Gebiet praktisch nur im Juli und August. Es gibt hier so gut wie keine Raststätten, Unterkünfte, Brücken und Mobilfunknetze, auch keine Haftung, falls etwas schiefgeht.Vier Hauptstraßen durchqueren das Landesinnere: die Kjölur-, die Sprengisandur-, die Öskjuleið- und die Kverkfjöll-Route, früher allesamt schreckliche Strecken, die man so schnell wie möglich hinter sich brachte. Heute locken sie wagemutige Reisende, um zu Sehenswürdigkeiten wie dem Herðubreið (1682m) zu gelangen, dem markantesten Berg Islands, oder der Askja, einer 50km² großen Caldera, die 1875 bei einer kolossalen Explosion des Vulkans entstand und heute Islands tiefsten See birgt.

Auch einer der schönsten Wanderwege führt durch diese Gegend, der Laugavegur. Der Weg verläuft vom Landmannalaugar bis zum Þórsmörk, ist 54km lang und kann in drei bis vier Tagen bewältigt werden. Der Laugavegur ist ein Wirrwarr irrer Landschaften; er kreuzt Lavafelder und eine schwarze Bimssteinwüste, führt über Gletscherflüsse hinweg und an dampfenden Fumarolen und spektakulären Wasserfällen entlang. Übernachtungen müssen lange im Voraus gebucht werden. — *www.visiticeland.com*

Ins Amazonasgebiet radeln

ECUADOR

WARUM JETZT Die trockene(re) Hochlandsaison bietet die besseren Bedingungen fürs Radeln

WO Von Baños nach Puyo

WANN Juni bis September

06 AUG

Was das Amazonasbecken angeht, so lässt es sich kaum besser als auf der Strecke zwischen Baños nach Puyo im Hochland von Ecuador erkunden. Eine Busreise ist schon großartig, aber die Aussicht vom Sattel eines Bikes zu genießen, ist unschlagbar. Zu Anfang folgt die Straße der Schlucht des Río Pastaza, die von Baños auf 1800m Höhe nach Puyo auf 950m abfällt, aber auch einige steile Anstiege aufweist; also Beine lockern für diese 60km-Fahrt. Der Weg führt am Wasserfall Agoyán entlang, durch Straßentunnel hindurch und an der Seilbahn über den Río Verde vorbei, die sich dramatisch über die Schlucht spannt. Ein Abstecher zu Fuß führt zum Wasserfall Pailón del Diablo (Teufelsbecken), einem der schönsten Wasserfälle des Landes. — *www.ecuador.travel*

Schwof auf dem Oppikoppi

SÜDAFRIKA

WARUM JETZT Das größte Festival der Regenbogennation rockt jetzt das Bushveld

WO Bei Northam, Provinz Limpopo

WANN Zweites Wochenende im August

07 AUG

Glastonbury versinkt im Schlamm, das Oppikoppi im Staub. Hier draußen, in der ausgedörrten, rauen und doch wunderschönen Savanne, dringt das Zeug in alle Ritzen. Doch an diesem lärmenden, Sounds hämmernden, hüftschwingenden Wochenende wird man darauf sicher pfeifen. Das erstmals 1994 veranstaltete Oppikoppi hat heute sieben Hauptbühnen, bietet etwa 150 Auftritte und fasst um die 20 000 spaßliebende, biersüffelnde Teilnehmer. Auf dem Programm steht alles, von südafrikanischem Rock bis zu Jazz, Metall, Soul, Hip Hop und Kwaito, einer südafrikanischen House-Variante. Komödianten, DJs, das Seifenkistenrennen und der Nacktlauf (Schuhe Pflicht, Kleidung verboten) heizen den Spaß noch an. — *oppikoppi.co.za*

LINKS: **Der Gebirgszug Kerlingarfjöll in Island liegt in der Nähe des Kjölur-Hochlandweges.**

UNTEN: **Die Seilbahn beim Río-Verde-Wasserfall im Pastaza-Tal, Ecuador.**

Kitesurfen auf Maui

USA

WARUM JETZT Im August blasen die Winde über Kite Beach am stärksten – und am sichersten

WO Kanaha, Maui, Hawaii

WANN Juni bis September

08 AUG

Kanaha Beach, der Nordstrand der Insel Maui, ist ein ruhiger Küstenstreifen mit herrlichem Blick auf die West Maui Mountains. Als das Kitesurfen hier so beliebt wurde, benannte man den Strand einfach in „Kite Beach" um. Es gibt sogar Bereiche, die nur Kitesurfern vorbehalten sind. Eine angemessene Namensänderung, denn Kanaha gilt als Wiege des Kitesurfens, seit die Wasserpioniere Laird Hamilton und Manu Bertin Mitte der 1990er-Jahre an der Nordküste von Maui Surfbretter mit Fußschlaufen erfanden.

Kitesurfen ist eindrucksvoll anzusehen – und schwer zu beherrschen. Anleitungen sind am Kite Beach erhältlich. Man lernt erst, einen Lenkdrachen zu steuern, dann übt man das „Body-Dragging" (sich vom Kite übers Wasser ziehen lassen), bevor man schließlich aufs Brett steigt. Ein Riff hält die See in Küstennähe flach.

— *www.gohawaii.com*

LINKS: MARK S COSSLETT – GETTY IMAGES

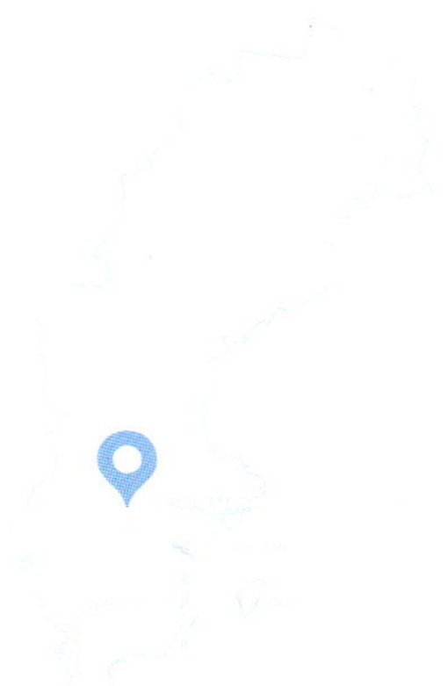

Hamstern für das Abendessen

SCHWEDEN

WARUM JETZT Um sich mit Wald- und Meeresfrüchten den Bauch vollzuschlagen

WO Im ganzen Land

WANN August und September

09 AUG

Allemansrätt – das Jedermannsrecht – ist das geschmackvollste aller Gesetze. In Schweden gewährt es jedem (respektvoll handelnden) Menschen das Recht, Natur und Wildnis des Landes zu betreten, dort auch zu zelten und Früchte für den Eigenbedarf zu pflücken. Der frühe Herbst ist bestens geeignet, um von diesem Recht Gebrauch zu machen; das Wetter ist gut und die Preiselbeeren sind reif. August ist auch die Zeit der Kräftskiva – der Krebsfeste. Früher durften diese köstlichen Süßwasser-Schalentiere nur ab August für wenige Wochen gefangen werden; und noch heute treffen sich die Schweden zu Beginn der früheren Fangsaison in ihren Gärten, teilen diese Delikatesse mit Freunden und läuten den Spätsommer ein. Um selbst welche zu fangen, ist ein öffentlicher Uferzugang vonnöten, und da diese Tiere nachtaktiv sind, muss nach Einbruch der Dunkelheit gefischt werden. — *www.sweden.se*

Mit Hammerhaien tauchen

COSTA RICA

WARUM JETZT Für Haie ist jetzt Schulzeit!

WO Isla del Coco, 600km südwestlich vom costa-ricanischen Festland

WANN August

10 AUG

In der Anfangsszene des Films „Jurassic Park" schießt ein Helikopter über eine Insel mit üppigen Wäldern und imposanten tropischen Gipfeln. Diese Insel ist die Isla del Coco im Ostpazifik. Hier ist es extrem feucht, die jährliche Niederschlagsmenge beträgt knappe 2000mm, und der Legende nach sollen Piraten hier einen riesigen Schatz vergraben haben. Trotz der über 5000 Schatzsuche-Expeditionen wurde er nie gefunden. Für Taucher jedoch sind die Gewässer um die Insel eine Schatztruhe anderer Art, bieten sie doch die besten Hai-Tauchgänge der Welt. Im August befindet sich Mittelamerika zwar mitten in der Regenzeit, doch tummeln sich jetzt auch die meisten Haie. Auf der Insel bleiben darf man nicht, also empfiehlt es sich, eine 10 bis 12 Tage währende Tauchsafari von San José aus zu buchen.

Der versunkene Berg vor Bayo Alcyone ist ein großartiger Magnet für Taucher. Hier nämlich finden sich die größten Schulen von Hammerhaien, Weißspitzen-Riffhaie treiben sich herum und Walhaie ziehen vorbei. — *www.aggressor.com; www.underseahunter.com*

Indische Halbesel sehen

INDIEN

WARUM JETZT Um die Hengste zur Paarungszeit miteinander kämpfen zu sehen
WO Dhrangadhra-Wildreservat, Gujarat
WANN August bis Oktober

11 AUG

Nur wenige Touristen reisen in den äußersten Westen Indiens zum Salzsumpf von Gujarat. Hier wächst kaum etwas, der salzverkrustete Erdboden ist strahlend weiß. Das als Rann von Kachchh bekannte Gebiet wird während des Monsuns für die Dauer von etwa einem Monat überflutet, für den Rest des Jahres ist es knochentrocken.

Es ist das größte Wildreservat des Landes und die weltweit letzte Zuflucht des Asiatischen Wildesels. Während der Paarungszeit geht es hier besonders heiß her, wenn die Hengste um die paarungsbereiten Stuten kämpfen, indem sie sich aufbäumen und dabei wild um sich schlagen und beißen. — *www.gujarattourism.com*

Cooles Coasteering

WALES

WARUM JETZT Wenn man schon in die Irische See springt, sollte man es im Sommer tun
WO Pembrokeshire, Südwales
WANN Juli bis September

12 AUG

Coasteering ist Wales' neue Eigenkreation für Abenteurer. Dieser Trendsport, bei dem man ohne Boards und Boote an der Gezeitenzone einer schroffen Felsküste entlang kraxelt, wurde in den 1980ern erstmals in Pembrokeshire ausgeübt. Er ähnelt dem Canyoning, nur dass statt durch Schluchten um zerklüftete Küsten gestiegen wird. Mit Neoprenanzug, Schwimmweste und Helm ausgerüstet, schlängelt man sich kletternd, springend und schwimmend an den Felsklippen entlang. Am besten versucht man sich damit in St Davids, der Wiege dieses Sports; schade nur, dass er nicht an einem Ort mit wärmerem Wasser erfunden wurde. — *www.visitpembrokeshire.com*

LINKS: **Tauchen mit Hammerhaien vor der Isla del Coco.**

UNTEN **Haute Couture auf Stelzen, eine Performance-Gruppe bei den Salzburger Festspielen.**

Mit Mozart fröhlich feiern

ÖSTERREICH

WARUM JETZT Um in der bezaubernden Alpenstadt jetzt ganz in Klassik zu schwelgen
WO Salzburg
WANN Mitte Juli bis Ende August

13 AUG

Kein Wunder, dass jene Stadt, die Wolfgang Amadeus Mozart hervorgebracht hat, so versessen ist auf klassische Musik. Diese Leidenschaft wird während der sommerlichen Salzburger Festspiele am deutlichsten.

In der ganzen Stadt erschallen Aufführungen von Kammermusik, Opern und orchestralen Glanzstücken – viele davon von Mozart, natürlich. Und viele der Aufführungsorte sind ebenso beeindruckend wie die Musik selbst: opulente Barockkirchen, der schimmernde Dom, Festspielhäuser und Burghöfe. Das ist hohe Kunst von höchstem Rang – man lege sich den schicksten Fummel an und gönne seinen Ohren die Landpartie des Lebens. — *www.salzburgerfestspiele.at*

Den Kokoda-Track wandern

PAPUA-NEUGUINEA

WARUM JETZT Weil jetzt die kühlste Zeit ist

WO Von Kokoda bis Owers Corner

WANN Mai bis September; 6 bis 11 Tage sind ideal

14 AUG

Für jeden steilen, schlüpfrigen Schritt auf der 96km langen Berg-und-Tal-Bahn des Kokoda Track braucht es volle Konzentration. Wie hart muss das erst mit Bündel und Gewehr auf dem Rücken gewesen sein, ruhrkrank, und in Erwartung feindlicher Angriffe aus dem Hinterhalt. So war es im Zweiten Weltkrieg: Die Japaner hatten über diesen Track versucht, heimlich Port Moresby anzugreifen. Heute zieht der Track Hunderte von Wanderern an. Der Buschpfad verläuft durch das von Regenwald überzogene Owen-Stanley-Gebirge und traditionelle Dörfer, in denen man Einheimische treffen, sich mit Früchten versorgen und in einfachen Hütten übernachten kann. — *www.papuanewguinea.travel*

Mit Hüftschwung von Elvis

USA

WARUM JETZT Um dem King Respekt zu zollen

WO Memphis, Tennessee

WANN Eine Woche um den 16. August (Elvis' Todestag)

15 AUG

Am Todestag ihres Kings versammeln sich Elvis-Imitatoren in Memphis, dem Ort, in dem Presley 1977 sein letztes Erdnussbutter-Banane-Sandwich gegessen hat. Die Veranstaltungen, zu denen eine Elvis-Trivia-Schatzsuche, Musik- und Filmnächte gehören, finden in Graceland statt, im kitschüberladenen Haus des „Königs". Präsentiert werden seine Gospel-Backgroundgruppen und Leinwandklassiker wie „Tolle Nächte in Las Vegas". Im Memphis Cook Convention Center gibt es darüber hinaus eine Fanartikel-und-Devotionalien-Messe mit 100 Ständen, einen Elvis-Scrapbooking-Kurs und einen Elvis-Kunst-Wettbewerb. — *www.elvis.com*

RECHTS: **Das Edinburgh Festival ist ein Feuerwerk aus Live-Auftritten, einige am Fuße des Castle Rock.**

UNTEN: **Dem Palio gratis zusehen – von der Mitte der Piazza del Campo.**

Beim Palio anfeuern

ITALIEN

WARUM JETZT Um zuzusehen, wenn Pferde und die Einheimischen durchdrehen

WO Il Campo, Siena, Toskana

WANN 2. Juli und 16. August

16 AUG

Die Nachbarschaftskämpfe der Italiener kann man in aller Pracht bei „Il Palio" verfolgen, einem Rennen auf ungesattelten Pferden, das 90 Sekunden dauert. Bei diesem kurzen Lauf um die Piazza Il Campo können die Jockeys ihre Kontrahenten nach Strich und Faden behindern; das ins Ziel einlaufende Ross ist oft reiterlos. Das Rennen trifft den ganzen Stolz der Sieneser Bürger. Jedes Pferd repräsentiert einen der 17 Stadtteile (Contraden), die es alle auf das Palio-Siegesbanner abgesehen haben. Die Pferde werden in den Kirchen der jeweiligen Contraden gesegnet, und vor dem Einzug der Reiter finden Umzüge in mittelalterlichen Kostümen statt. — *www.ilpalio.org*

Beim Edinburgh Festival applaudieren

SCHOTTLAND

WARUM JETZT Um sich von Opern, Kunst und Möchtegern-Komikern unterhalten zu lassen

WO Edinburgh

WANN Ab Mitte August drei Wochen

17 AUG

Gibt es einen geeigneteren Ort für das größte Kunstfestival der Welt als die schottische Hauptstadt mit ihrer Burg, die von ihrem vulkanischen Auslug auf georgianische Straßen und gotische Gassen hinabschaut?

Der offizielle Grund für den dreiwöchigen Taumel, der Edinburgh in einen stadtweiten Kunstakt verwandelt, ist das anspruchsvolle Festival für klassische Musik, Oper, Theater und Tanz. Wirklich angesagt ist jedoch das garantiert unterhaltsame Edinburgh Fringe. Die Darsteller stecken ihre Ersparnisse in feine kleine Aufführungsorte, verteilen Flyer dafür und harren der Anwesenheit allmächtiger Kritiker.

Man muss sich beeilen, um Tickets zu ergattern. Doch auch für Gratis-Unterhaltung im Freien ist gesorgt. Straßenmusikanten kämpfen um ihren Platz auf der Royal Mile, während biersaufende Penner versuchen, ihre Stadt von den Mimen zurückzuerobern. Dazu gibt es ein Buchfestival, ein Filmfestival und das finale Feuerwerk. — *www.edinburghfestivals.co.uk*

Buckelwale sichten

TONGA

WARUM JETZT Weil man in kristallklaren Wassern mit Muttertieren und Kälbern schwimmen kann

WO 350km nördlich von Nuku'alofa

WANN Juli bis September

18
AUG

Die Buckelwale der Südhalbkugel waren bis in die 1970er Jahre hinein massiven Jagden ausgesetzt; nur 500 Exemplare überlebten in den einst tierreichen Kalbungsgründen vor Tonga. Umso bemerkenswerter ist es, dass sich diese 15m langen sanften Riesen in den atemraubend klaren Wassern vor Toga Schnorchlern und Schwimmern bereitwillig nähern und ihnen vertrauen, was das ohnehin unglaubliche Erlebnis noch ergreifender macht.

Buckelwale wandern von der Antarktis zur Inselgruppe Vava'u und bringen dort von Juli bis September ihre Jungen zur Welt, wenn sich die warmen Gewässer am besten für den gefährdeten Nachwuchs eignen. Eine Handvoll zugelassener, in Vava'u ansässiger Anbieter von Walbeobachtungstouren halten sich an die von Tonga aufgestellten Richtlinien und schwimmen nicht weiter als bis auf 30m an die Tiere heran, wobei sie neugierige Wale so nah herankommen lassen, wie die Tiere mögen. Bei diesen Ausflügen werden auch Hydrophone mitgeführt, mit denen man den komplexesten und wunderbarsten Geräuschen lauschen kann, die von Tieren erzeugt werden. Wer lieber vom Land aus zusieht, kann das vom Aussichtspunkt Toafa an der Westspitze von Vava'u tun.

Verblüffenderweise kommen so wenige Touristen nach Vava'u, dass man sich vorkommt, als hätte man dieses einmalige Erlebnis für sich allein. Die Infrastruktur deckt dafür nur das Notwendigste ab. — *www.thekingdomoftonga.com*

Zugvögel ziehen sehen

IRLAND

WARUM JETZT Weil jetzt die meisten Zugvögel hier sind

WO Cape Clear Island, südwestlich vor Cork

WANN Mitte August

19 AUG

Als 1959 das Vogelobservatorium von Cape Clear Island gegründet wurde, war die Insel vor der Südwestspitze Irlands schon bekannt als ein Ort, an dem man seltene Vögel Nordamerikas oder Asiens sehen konnte. Die spektakuläre Seevögelwanderung erreicht in der dritten Augustwoche ihren Höhepunkt, wenn riesige Schwärme von Vögeln der nordatlantischen Kolonien gen Süden abziehen. An Spitzentagen wurden bis zu 20 000 Schwarzschnabel-Sturmtaucher pro Stunde gezählt, dazu 1600 Gelbschnabel-Sturmtaucher, 800 Kappensturmtaucher und ein ständiger Strom aus Tordalken, Kormoranen, Raubmöwen, Papageitauchern und Eissturmvögeln. Von Baltimore südwestlich von Cork geht täglich eine Fähre hinüber zur Insel. — *www.capeclearisland.com*

Den Kalalau-Trail wandern

USA

WARUM JETZT Kauai ist einer der feuchtesten Orte der Welt, im August fallen jedoch nur 45mm Regen

WO Kauai, Hawaii

WANN August

20 AUG

Der Kalalau-Trail ist ein regelrechter Herzensbrecher: Er ist so schön wie schwierig und folgt einem uralten Pfad durch die Täler der Na-Pali-Küste Kauais. Der Weg birgt versteckte Wasserfälle, wilde Strände und Traumbilder traditionell hawaiianischer Lebensweise, bevor er unterhalb der steilen, zerfurchten Felsklippen von Kalalau endet. Hier fallen die grünen Klippen in türkisblaues Wasser ab. Die klassische Route – und der einzige Zugang zu dieser Küste auf dem Landweg – umfasst eine Strecke von etwa 18km bis zum Kalalau-Tal, ein Camping für zwei Nächte am Kalalau Beach und den Rückweg am dritten Tag. Genehmigungen sind erforderlich und die Zeltplätze oft voll; es empfiehlt sich, im Voraus zu buchen. — *www.hawaiistateparks.org/hiking/kauai*

LINKS: **Sonnengetupfte Buckelwale in Vava'u, Tonga.**

UNTEN: **Unterwegs auf dem Kalalau-Trail.**

Kajaken mit Schwertwalen

KANADA

WARUM JETZT Weil jetzt die Wale kommen, um ihre Ration an wandernden Lachsen zu fressen

WO Johnstone-Straße, British Columbia

WANN Juli bis September

21 AUG

Von einem Kajak-Sitz auf Höhe der Meeresoberfläche aus kann der erste Anblick eines 7m langen Orcas alles auslösen, von Herzklopfen vor Angst bis zu überwältigter Ehrfurcht – eine Erfahrung, die man nie vergessen wird. Sichtungen wie diese sind an der Nordostküste von Vancouver Island buchstäblich garantiert, denn hier finden sich die weltweit größten Orca-Schwärme zusammen, um sich an wandernden Lachsen gütlich zu tun. Tatsächlich ist das Beobachten von Walen – nicht nur von Orcas, auch von Zwerg- und Buckelwalen – jetzt die Hauptattraktion im kleinen Küstenörtchen Telegraph Cove.

Glücklicherweise leben die in der Johnstone-Straße beheimateten Schwertwale in großen dauerhaften Schulen und nach einigermaßen vorhersehbaren saisonalen Rhythmen (im Gegensatz zu durchreisenden Artgenossen). Dennoch ist es zum Auffinden einer Schule oft nötig, sich einer Reisegruppe anzuschließen, die Funkkontakt mit anderen hält, um die aktuellsten Standortdaten zu erhalten.

— *www.killerwhalecentre.org*

Den Olymp besteigen

GRIECHENLAND

WARUM JETZT Wenn der Gipfel schneefrei ist, sind am Berg die besten Bedingungen

WO Olymp, Thessalien

WANN Juni bis Oktober

22 AUG

Der Olymp, von den Menschen des Altertums als Residenz ihrer Götter erkoren, ist der höchste und ehrwürdigste Berg Griechenlands. Es braucht zwei Tage, um den höchsten Gipfel (Mytikas, 2918m) zu besteigen. Doch man sollte hier mehr Zeit verbringen, um inmitten der 1700 Pflanzenarten zu lustwandeln; nach Gämsen, Rotwild, Wildschweinen, Schakalen und sogar Wölfen sollte man auch Ausschau halten. Archäologische Fundstätten aus der Eisenzeit säumen den Weg – und auch eine verwirrende Flut von Legenden.Die Kleinstadt Litochoro am Fuße des Berges, von Athen und Thessaloniki per Bus zu erreichen, ist der beste Startpunkt. — *www.olympusfd.gr*

Korallen laichen sehen

KARIBIK

WARUM JETZT Feuerwerk unter Wasser

WO Jede tropische Insel zwischen Florida und Südamerika

WANN August und September

23 AUG

Korallenriffe gehören zu den produktivsten und vielgestaltigsten Ökosystemen unseres Planeten. Doch erst in den 1980ern fanden Forscher heraus, wie Korallen laichen: In einzelnen Nächten um den Vollmond herum entlassen sie innerhalb von wenigen Stunden all ihre Eizellen und Spermien. Dann färbt sich das Wasser rosa, und die Fische verfallen dem Futterrausch. Das Massenlaichen findet in unterschiedlichen Nächten statt, doch zum Glück stellen Wissenschaftler die ortsbezogenen Daten zu Tabellen zusammen und vermehren so die Chancen auf ein Erhaschen des Spektakels. — *www.nova.edu/ncri/research/a21/caribbean_coral_spawning_table.pdf*

LINKS: **Ein Orca nähert sich für einen Augenblick, Johnstone-Straße, British Columbia.**

UNTEN: **Das Korallenlaichen ist spektakulär, von nah wie auch von fern.**

Tote ehren

MADAGASKAR

WARUM JETZT Um zuzuschauen, wie Madagassen ihre verstorbenen Vorfahren umbetten

WO Hauts Plateaux (Zentrales Hochland)

WANN Juni bis September

24 AUG

Die madagassische Kultur ist traditionell tief mit dem Respekt vor den Ahnen verbunden, wie die Umbettungszeremonien des Clans der Merina zur „Famadihana" (Totenwendung) zeigen. Dabei versammeln sich die lebenden Familienmitglieder um die Familiengruft, die man dann öffnet, um die in Tücher eingewickelten Toten herauszuholen. Man bettet die Ahnen auf Strohmatten und tanzt mit ihnen, bevor man sie dann in neue „Lamba mena" (Leichentücher) hüllt, mit einem Duft besprenkelt und um sie herum im Kreise der Familie würdevoll Andacht hält. Dann werden die Toten wieder zurück in ihre Ruhestätte gebettet.
— *www.madagascar-tourisme.com*

Den Tian Shan bewandern

KIRGISISTAN

WARUM JETZT Die meisten Höhenwanderungen und Klettertouren finden im Hochsommer statt

WO Tian-Shan-Gebirge

WANN Juli und August

25 AUG

Der höchste und mächtigste Teil des zentralasiatischen Hochgebirges Tian Shan liegt im Osten Kirgisistans. Ein gigantisches Knäuel von Gebirgszügen mit Dutzenden von Gipfeln jenseits der 5000m, die schließlich vom Dschengisch Tschokusu (russ. Pik Pobedy/ Gipfel des Sieges, 7439m) und vom Khan Tengri (7010m) überragt werden. Die besten Bergpfade liegen bei Karakol. Hinter dieser Stadt erhebt sich das Terskej-Alatau-Hochgebirge und bietet eine wunderbare Kostprobe des Tian Shan. Die besten der zahlreichen Routen, die sich bis zu den Pässen unterhalb der 4000m hinaufziehen, führen am Bergsee Alaköl vorbei und an den heißen Quellen oberhalb von Ak-Suu.

Der größte der unzähligen Gletscher des Tian Shan ist der 60km lange Südliche Engiltschek, der vom Khan Tengri gen Westen rumpelt. Zwischen diesem und dem Nördlichen Engiltschek bildet sich jeden Sommer ein riesiger Eisstausee (Merzbacher-See), der Anfang August mit gewaltigem Krachen kalbt und sich in den Engiltschek-Fluss darunter entleert. Die meistbegangene Wanderroute zum Engiltschek ist eine Sechs-Tage-Wildnis-Tour von Jergalan aus.

Die größte Attraktion ist der nahe gelegene See Yssykköl, der mit seinen 170km Länge nach dem südamerikanischen Titicaca-See der zweitgrößte Gebirgssee der Erde ist.

— *www.kyrgyzstan-tourism.com*

LINKS: JAMES STRACHAN – GETTY IMAGES

Hallo, Helden!

NAMIBIA

WARUM JETZT Heute ist Nationaler Heldengedenktag in Namibia – und das Land wärmt sich auf
WO Heldenacker, Windhoek
WANN 26. August

26 AUG

Die ersten Schüsse des namibischen Unabhängigkeitskrieges fielen am 26. August 1966 in der Schlacht bei Omugulugwombashe, und dieses historischen Moments wird am Heldentag gedacht, obgleich es weitere 23 Jahre dauern sollte, bis Namibia seine Autonomie von Südafrika erlangte. Es ist ein Tag des großen Stolzes. 50 000 Menschen versammeln sich zu diesem jährlichen Jubiläum, das oft auf dem Heldenacker vor der Hauptstadt Windhoek abgehalten wird. Wer nichts von diesem Prunk hält, wird vielleicht lieber Wildtiere beobachten wollen – etwa im Etosha-Nationalpark. In diesen Wochen sind die Tiere gezwungen, sich an den verbleibenden Wasserstellen zu versammeln; so sind sie leichter ausfindig zu machen. — *www.namibiatourism.com.na*

Der Burning Man

USA

WARUM JETZT Verrücktes Festival in der Wüste
WO Black Rock Desert, Gerlach, Nevada
WANN Eine Woche vor dem und am Labor Day der USA (erster Montag im September)

27 AUG

Burning Man ist mehr als nur ein Festival; es ist eine utopische Stadt. Radikale Selbstdarstellung und ehrenamtliche Arbeit prägen diese 70 000 Mann starke und 5 Meilen weite temporäre „Wüstenstadt".

Was zählt, ist Kreativität. Teams gewerbetreibender Künstler erschaffen bei 40°C Hitze riesige Kunstwerke, von einer kolossalen Skulptur aus Lkws bis hin zum ergreifenden Tempel der Vergebung, einer Sperrholzskulptur, die am letzten Festivaltag abgefackelt wird. Darüber hinaus gibt es alle Arten von darstellenden Künstlern, von theatralisch bis surreal, und jede Menge Musik. Die Getränke beim Burning Man sind kostenlos, man „bezahlt" mit einem eigenen Beitrag; ob man Müll aufliest oder Lächeln verschenkt, ist egal. — *www.burningman.com*

RECHTS: **Das Tombstone-Gebirge in Kanada steht in flammenden Herbstfarben.**

UNTEN: **Das einwöchige Burning Man ist Schauplatz von Verrücktheiten aller Art.**

Flüchtige Herbstfarben

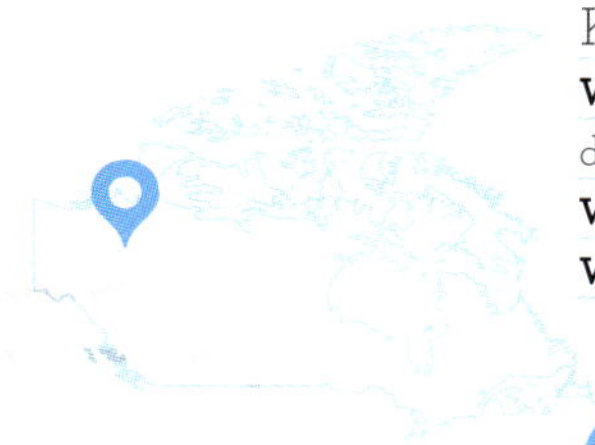

KANADA

WARUM JETZT Um in den entlegenen Bergen die kurze goldene Herbströte zu erhaschen

WO Tombstone-Gebirge, Yukon

WANN Ende August bis Anfang September

28 AUG

Das Yukon-Territorium in Kanada zieht sich bis über den nördlichen Polarkreis hinauf und war historisch gesehen ein Ort des Goldrauschs. Im Herbst jedoch erstrahlen Teile dieses Gebietes tatsächlich. Um diese Zeit beginnen die endlos hellen Tage des Nordens zu schwinden, die große Dunkelheit macht sich breit; nur im Tombstone-Gebirge vor Dawson City werden die Farben leuchtender. Der Herbst ist in diesen Breiten ein Hauch. Doch so kurz er ist, so spektakulär ist er auch, wenn sich die arktische Tundra in lauter kräftige Rot- und Goldtöne kleidet, die das Granitgipfel-Schwarz der Berge wirkungsvoll wettmachen. Durch den Tombstone Territorial Park führen unzählige Wanderrouten. Wer sein Abenteuer lieber auf Rädern sucht: Quer durch den Park verläuft der Dempster Highway, einst ein Hundeschlittenweg, heute ein schotteriger Radaubruder, der 40km hinter Dawson City beginnt und 747km gen Norden rollt, bis nach Inuvit am Ufer der Beaufortsee. Eine Tankstelle befindet sich am Südende des Highways, von dort sind es 370km bis zur nächsten. Über den Peel und den Mackenzie River gelangt man mit Fähren oder – wenn die Flüsse zugefroren sind – über Eisbrücken. In Dawson City selbst sind die Abenteuer anders geartet. Man kann im Downtown Hotel dem „Sourtoe Cocktail Club“ beitreten, muss dafür ein Glas Whiskey trinken, in dem ein amputierter Zeh liegt, und der Zeh muss die Lippen berühren ... — *travelyukon.com*

Mexikanische Pipeline

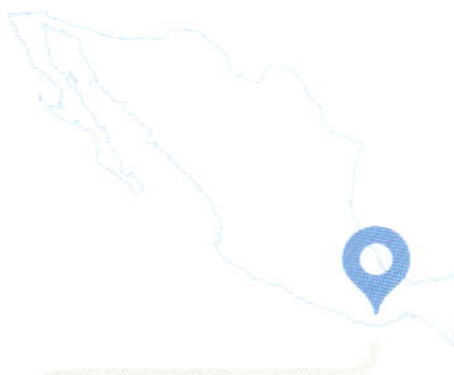

MEXIKO

WARUM JETZT Die Regenzeit bringt zwar Nässe, doch auch die besten Wellen

WO Puerto Escondido, Oaxaca

WANN Mai bis September

29 AUG

Die mexikanische Pazifikküste hat so manch fantastische Welle auf Lager. Zu den besten gehören wohl die sommerlichen Beachbreaks an den Surfspots zwischen San José del Cabo und Cabo San Lucas in Baja California, und die „längste Welle der Welt" gibt's an der Bahía de Matanchén bei San Blas. Am meisten geschätzt werden jedoch die rollenden Wogen vor Puerto Escondido, der „Mexican Pipeline".

Die Tunnel vor Escondido rollen geradewegs in den langen, geraden Zicatela Beach, dem angesagten Treff der Stadt, mit Cafés, Restaurants und Unterkünften. Der heftige Beachbreak hier stellt den Mut der meisten Surfer auf die Probe. Wer kein Profi ist, kann andere Wassersportarten wie Schnorcheln, Tauchen oder Sportangeln ausprobieren oder Schildkröten, Delfine und sogar Wale beobachten. Nachts sorgt die rege Kneipenszene mit Livemusik und ihrer unbekümmerten, unprätentiösen Atmosphäre für Unterhaltung. Puerto Escondido selbst ist nach wie vor moderat erschlossen; dass der Ort noch halb von Fischfang und Markttreiben lebt, statt nur vom Tourismus, ist ein Teil seines Charmes.

Das Stadtzentrum befindet sich oberhalb der kleinen Bahía Principal. Über den Berg dahinter führt die Carretera Costera (Highway 200), die die Oberstadt von der touristischer geprägten Unterstadt trennt. Nur eine Tagestour entfernt liegen die Lagunen von Manialtepec und Chacahua mit ihrer wunderbar reichen Vogelwelt. — *www.visitmexico.com*

Den Storchenzug abpassen

BULGARIEN

WARUM JETZT Um dem eleganten Vorbeiziehen von Hunderttausenden von Vögeln zuzusehen

WO Schwarzmeerküste, 25km nördlich von Warna

WANN Ende August bis Ende September

30 AUG

Jeden Herbst ziehen Myriaden von Pelikanen, Störchen und Greifvögeln zwischen dem Schwarzen Meer und den Ausläufern des Balkangebirges die Küste hinunter. Zugvögel aus ganz Europa versammeln sich hier, weil es sich von hier aus am besten gen Süden weiterziehen lässt, zum östlichen Mittelmeer.

Mehr als 200 000 Weißstörche, dazu 20 000 Rosapelikane, 10 000 Schreiadler, 20 000 Mäusebussarde und viele andere Vögel nutzen diese Flugroute; täglich werden Schwärme von Hunderten oder Tausenden von Vögeln gesichtet.

Die steilen, 100m hohen Kalksteinfelsen von Kap Kaliakra vor der Stadt Albena bieten eine eindrucksvolle Plattform für die Beobachtung vorbeiziehender Vögel.

— *bspb.org/index.php*

Windsurfen in der Schlucht

USA

WARUM JETZT Weil sich nur die Sommerwinde eignen

WO Columbia River Gorge

WANN Juni bis September

31 AUG

In der Columbia River Gorge hat sich der 1,6km breite Fluss eine 1000m tiefe Schlucht in die Kaskadenkette gegraben. Dabei entstand (neben einem spektakulären Aufgebot an Wasserfällen) ein natürlicher Windkanal, durch den sommers kühle Westküstenböen mit 30 Knoten hindurch pfeifen. Diese Westwinddrifte stehen der Flussströmung direkt entgegen, bieten ideale Bedingungen fürs Windsurfen und sind am Ostende der Schlucht oft am stärksten. Erfahrene Windsurfer sollten die Hochleistungslagen bei Maryhill ansteuern oder die Wall, einen kleinen Startplatz für Profis, die mit mächtigen Wellen umgehen können. Für Neulinge in diesen windigen Angelegenheiten gibt es Windsurf-Schulen in Hood River.

— *www.fs.usda.gov/crgnsa*

LINKS: **Surfen in Puerto Escondido vor Oaxaca.**

UNTEN: **Ziehende Dalmatinische Pelikane.**

120 000 Elefanten sehen

BOTSUANA

WARUM JETZT Mitten in der Trockenzeit säumen die Elefanten die Ufer des Chobe River

WO Chobe-Nationalpark

WANN September und Oktober

01 SEP

An den Wasserstellen und Flussufern des Chobe-Nationalparks nutzen Elefanten ihre schiere Masse, um sich während der Trockenzeit den Zugang zu den kostbaren Wasserstellen zu sichern. Und da Chobe einen Bestand von 60 000 bis 120 000 Dickhäutern hat, kann es heiß hergehen, wenn die Dürre im September und Oktober ihren Höhepunkt erreicht und alle – vom barschen Büffel bis zum launischen Löwen – versuchen, ein Trinkplätzchen zu ergattern.

Obwohl Chobe für seine fantastische Dichte an Elefanten berühmt ist, sind die Tiere auch ein großes Problem für das Ökosystem des Parks, weil sie das ganze Laub abfressen und Bäume niederreißen. Doch wer Tausende von Elefanten sehen will, die sich jeden Morgen und jeden Abend in einer Reihe am Fluss aufstellen, komme jetzt. Die Tiere sind Fahrzeugen gegenüber außerordentlich tolerant; Nahaufnahmen hier sind unübertroffen.

Der Chobe ist auch ein großartiger Ort, um hungrige Löwen bei der Jagd auf wehrlose Büffelkälber zu beobachten, die sich dem Fluss nähern. Nicht selten sieht man einen Löwen beim Reißen. Während man wartet, wird man von Roten Moorantilopen, Zebras und anderen Tieren unterhalten. — *www.botswanatourism.co.bw*

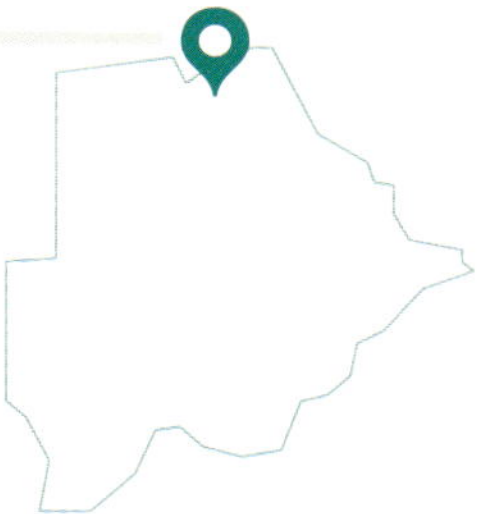

RECHTS: FRANS LANTING – GETTY IMAGES

September

Wunderwelt Regenwald

BOLIVIEN

WARUM JETZT Um in diesem entlegenen Wildtier-Wunderland die Trockenzeit zu nutzen

WO Nationalpark Madidi

WANN April bis Oktober

02 SEP

Das Einzugsgebiet des Río Madidi ist eines der intaktesten Ökosysteme Mittelamerikas. Der größte Teil davon wird durch den 18 000km² großen Nationalpark Madidi geschützt, der sich von den dampfenden Tiefland-Regenwäldern bis zu den 5500m hohen Andengipfeln erstreckt. Dieses wenig besuchte Wunderland beheimatet eine irre Vielzahl an Amazonaswildtieren, darunter 44% aller Neuwelt-Säugetierarten, 38% der tropischen Amphibienarten und mehr geschützte Tierarten als in irgendeinem anderen Park der Erde. Übernachten kann man in der Chalalán Ecolodge; hier bezaubern vor allem Klänge: das Froschkonzert zu Abend, das Brausen der tropischen Stürme und – morgens – der donnernde Chor Hunderter von Brüllaffen. — *www.chalalan.com*

Via Ferrata in den Dolomiten

ITALIEN

WARUM JETZT Die Klettersteige sind meist vom Hochsommer bis in den Herbst begehbar

WO Dolomiten

WANN Juli bis Oktober

03 SEP

Die spitzen Dolomitengipfel sind eigentlich uralte Korallenriffe, die sich – von Gletschern und Wetter zerfressen – zu fantastischen und spektakulären Gipfeln formten. Eine Via Ferrata (Eisensteig) ist weder Wanderweg noch Kletterroute; vielmehr werden hier Leitern, Bügel, eingemeißelte Trittstufen und Brücken benutzt, um an den steilen oder senkrechten Felsen voranzukommen. Als Handlauf und zur Sicherung dienen Stahlseile, die im Felsen verankert sind und an die sich Wanderer mit einem speziellen Karabiner-System einhängen.

Die ersten fünf Vie Ferrate wurden zu militärischen Zwecken geschaffen, um Truppen schnell über schwieriges Terrain zu verlegen. Der Ivano Dibona bietet eine anspruchsvolle Route zum Gipfel des Monte Cristallo. — *www.dolomiti.org*

RECHTS: **Schilftänzerinnen in Swasiland.**

UNTEN: **Die Via Ferrata zum Monte Cristallo in den Dolomiten erklimmen, Italien.**

Reizvoller Schilftanz

SWASILAND

WARUM JETZT Um sich dem swasiländischen König und dem Tanz der Jungfrauen zu widmen

WO Lobamba

WANN Ende August/Anfang September

04 SEP

Swasiland mag winzig sein, doch Umhlanga (der Schilftanz) zieht mehr als 30 000 Teilnehmer an. Es sind alles Frauen, die mit „Umhlanga" (Schilf) über ihren Köpfen tanzen – das Ziel ist, einen Mann zu finden.

Die Frauen versammeln sich in Lobamba, um bei der Reparatur des Hauses der Königinnen-Mutter zu helfen, die an der Seite des Königs regiert und Indlovukaki (große Elefantendame) genannt wird. Tage und Nächte verbringen sie mit dem Suchen nach Schilf, bevor sie ihre Funde der Königinnen-Mutter überreichen und den Tanz vollführen, dem auch potenzielle Freier zuschauen. Die Tänzerinnen sind in traditionelle perlenbesetzte Röcke und Schärpen gekleidet, die ihre Stammeszugehörigkeit anzeigen, und müssen aufpassen, dass ihr Schilf nicht beschädigt wird oder auf den Boden fällt. Prinzessinnen tragen rote Federn im Haar, und jene, die hart gearbeitet und bei Nacht nach Schilf gesucht haben, eine Fackel.

Die Frauen werden durch die Präsenz des Königs und das Wissen darum, dass die Königinnen-Mutter nicht aus der Königsfamilie stammen muss, zusätzlich angeheizt. Wie beim Incwala-Fest, das Ende Dezember/Anfang Januar stattfindet, finden sich auch hier Zeichen für einen Mangel an Keuschheit – die von den Unverheirateten doch einst gewahrt werden sollte. König Mswati III. hat bereits eine Umhlanga-Tänzerin unter seinen 15 Ehefrauen.

Nach dem Festival kann man das übrige Land erkunden. — *www.thekingdomofswaziland.com*

Super Straßenkunst sehen

NORWEGEN

WARUM JETZT Um zu staunen, wenn einige der weltbesten Graffiti-Künstler die Stadt besprühen

WO Stavanger

WANN Erste Septemberwoche bis Anfang Oktober

05 SEP

Das an der Westküste von Norwegen gelegene Stavanger mit seinem hübschen Hafen und den spektakulären Fjorden ist eigentlich nicht als Nabel der Kunstwelt bekannt.

Doch das ändert sich alljährlich im September, wenn ein geladenes Team von Straßenkünstlern Hand an die Wände der Stadt legen darf. Das Ergebnis ist eine der dynamischsten und vielseitigsten Kunstaktionen Europas.

Die Organisatoren der Veranstaltung beschreiben Nuart als „urbane Einmischung" und als künstlerischen Ausdruck, der „in einer poetischen, überraschenden und provokanten Art" in den öffentlichen Raum eingreift.

— www.nuartfestival.no

Meereskajak-Touren

AUSTRALIEN

WARUM JETZT Um vor den Quallen hier zu sein

WO Great Barrier Reef

WANN Juli bis September

06 SEP

Queensland mit seiner langen Küste und dem berühmten Riff ist ein Paradies für Wassersportler. Das einzige Problem sind die Quallen, die von Oktober bis Juni zwischen Kap York und Townsville vor der Küste lauern. Es empfiehlt sich also, von Juli bis September zu reisen.

Von Airlie Beach auf den Whitsunday Islands (Pfingstsonntagsinseln) kann man mit dem Boot von einer Insel zur nächsten paddeln, weiter bis zu den lichten Stränden von Whitehaven oder zu den äußeren Inseln, und im Bogen zurück zum Festland. Hinchinbrook, der größte Inselnationalpark Australiens, bietet auch großartige Paddeltouren an der Ostküste entlang, die von hohen Bergen und gottverlassenen Stränden geprägt sind. *— www.queenslandholidays.com.au*

RECHTS: **Mode ist während der Fashion Week eine todernste Angelegenheit.**

UNTEN: **Ein Mantarochen vor den Malediven.**

Nach Mantarochen tauchen

MALEDIVEN

WARUM JETZT Das Wasser ist zwar etwas trüb, aber es ist die beste Zeit für Mantarochen

WO Lankanfinolhu Faru, North-Malé-Atoll

WANN Mai bis November

07 SEP

Lankanfinolhu – der Manta-Ort – liegt geradewegs nördlich der maledivischen Hauptstadt Malé und ist ein ausgezeichneter und verlässlicher Ort, um Mantarochen zu sehen. Taucher lassen sich bis zu 18m ins Meer hinab, halten sich an Felsen fest und warten; wer Glück hat, dem ist eine halbstündige Session unglaublicher Nahansichten vergönnt.

Den allgegenwärtigen Ressorts kann man entkommen, indem man eine mehrtägige Tauchsafari bucht. Man besteige einfach ein professionelles Tauchschiff und segele um den Archipel herum, genieße die besten Unterwasserspots, die entlegensten Sandstrände und einheimische Kultur.

— www.visitmaldives.com

Mode im Mittelpunkt

USA , ENGLAND, ITALIEN & FRANKREICH

WARUM JETZT Um Fashion Hot Spots zu erleben

WO New York, London, Mailand & Paris

WANN Anfang September bis Anfang Oktober

08 SEP

Willst du wissen, was in der nächsten Saison getragen wird? Dann ab zur Fashion Week. Ab Anfang September dreht eine „Kolonne in Couture" von Modedesignern – zusammen mit Models, Hipsters, Hollywood-Stars und Mitläufern – ihre Runden durch die wichtigsten Modestädte der Welt, um die Frühjahrskollektionen zu zeigen. Die erste Woche wird in New York abgehalten, bevor man mit Kind und Kegel nach London zieht, und von dort weiter nach Mailand und Paris. In die Promi-Shows zu kommen, ist nahezu unmöglich, doch finden in jeder Stadt auch Randveranstaltungen für modebegeisterte Normalsterbliche statt. Nur nicht vergessen: Outfit ist alles! — *www.fashionweekonline.com*

Naturduschen am Kerepakupai Merú

VENEZUELA

WARUM JETZT Um den höchsten Wasserfall der Welt voll in Fahrt zu sehen

WO Kerepakupai Merú, Nationalpark Canaima

WANN August und September

09 SEP

Der Kerepakupai Merú (Salto Ángel), der höchste Wasserfall der Erde, hat eine Gesamthöhe von 979m und eine größte Einzelstufe von 807m – und ist damit etwa 16 Mal höher als die Niagarafälle. Er ist sehr viel schwieriger zu erreichen als sein US-amerikanisch-kanadischer Kollege, weil er sich in einem abgelegenen Gebiet ohne Zufahrtsstraßen befindet. Das etwa 50km entfernte Dorf Canaima im Nordwesten des Wasserfalls ist der einzige Zugangsort, aber auch dieser ist nicht durch irgendeine Fernstraße mit dem Rest des Landes verbunden. Ein Besuch des Wasserfalls erfolgt daher meist in zwei Etappen: Zuerst wird nach Canaima geflogen, danach geht es in einem Leichtflugzeug oder in einem Einbaum zum Wasserfall. Flussreisen sind nur möglich, wenn das Wasser tief genug ist, um von einem Führer der Pemón in hölzernen Curiaras navigiert zu werden, von Juni bis Dezember. Der Kerepakupai Merú führt in den Regenzeit-Monaten August und September das meiste Wasser, ist zu dieser Zeit jedoch auch oft von Wolken verhangen. In der Sprache des hier lebenden indigenen Volkes der Pemón bedeutet der Name so viel wie „Sprung des tiefsten Ortes". Seinen Spitznamen „Salto Ángel" (engl. Angel Falls) erhielt der Wasserfall, nachdem US-Flieger Jimmie Angel den Kerepakupai Merú 1933 erstmals überflogen und das Wunder entdeckt hatte. — *www.venezuelaturismo.gob.ve*

RECHTS: **FABIO FILZI – GETTY IMAGES**

Blumen und Dugongs sehen

AUSTRALIEN

WARUM JETZT Weil die Dugongs jetzt ins ufernahe Seegras kommen

WO Shark Bay, Western Australia

WANN September

10 SEP

800km nördlich von Perth befindet sich die Shark Bay, eine seichte, 13 500km² große Lagune mit einer unglaublichen Vielfalt an Meeres-Ressourcen, darunter auch der größten Seegrasfläche der Welt und unzähligen Meeresschildkröten, Delfinen und Walen.

Das friedfertige, 300kg schwere Dugong, die Gabelschwanzseekuh mit Meerjungfrauenflosse, ist hier in großer Zahl vertreten; an die 10 000 versammeln sich im September an den hiesigen Küsten zum Kalben. Auf dem Trockenen kann man sein Abenteuer im nördlich gelegenen François-Peron-Nationalpark erleben. Auch viele der 700 heimischen Wildblumenarten in Blüte.

— www.sharkbay.org

Den Gauley River angehen

USA

WARUM JETZT Weil Gauley-Saison ist!

WO Gauley River, West Virginia

WANN 22 Tage (über die Wochenenden) von Freitag nach dem Labor Day bis Mitte Oktober

11 SEP

Sie wird die „Gauley-Saison" genannt – und ist schlichtweg eine der besten Wildwasserzeiten der Welt. Jeden Herbst werden an sechs aufeinanderfolgenden Wochenenden vom Summersville-Staudamm in West Virginia kontrollierte Mengen Wasser freigegeben, um den Summersville Lake auf seinen Winterpegel zu bringen. Bis zu 4 Millionen Liter/Minute entweichen dann dem Damm und verursachen jähe, halsbrecherische Stromschnellen, auf die ein Heer von Raftern nur so wartet.

Der obere Gauley hat auf 45km ein Gefälle von etwa 200m und dazu über 100 Stromschnellen, darunter auch einige der Klasse V.

— www.nps.gov/gari

RECHTS: **Ahornblätter im Nationalpark Abisko, Schwedisch-Lappland.**

UNTEN: **Kreislauf des Lebens um den Kailash, Tibet.**

Den Kailash umrunden

CHINA

WARUM JETZT Um vor dem Schnee da zu sein – der kommt im Oktober

WO Kailash, Tibet

WANN September

12 SEP

Die 53km lange Kora (Umrundung) des Kailash (6714m), der für Hindus, Buddhisten, Bön-Gläubige und Jains gleichermaßen heilig ist, gehört zu den wichtigsten Pilgerreisen Asiens. Tibetische Buddhisten glauben, dass eine Umrundung von den Sünden jeweils eines Lebens befreit, 108 Umrundungen zum Nirwana im jetzigen Leben führen. Die Stadt Darchen (4600m) ist der Ausgangspunkt. Von hier aus umläuft der Weg den Fuß des Kailash und quert dann einen 5630m hohen Pass. Sehr fromme Pilger umrunden den Berg, indem sie sich der Länge nach niederlegen, aufstehen, bis dahin laufen, wo die Hände waren, sich wieder hinwerfen.

— www.freetibet.org/about/travel-guide

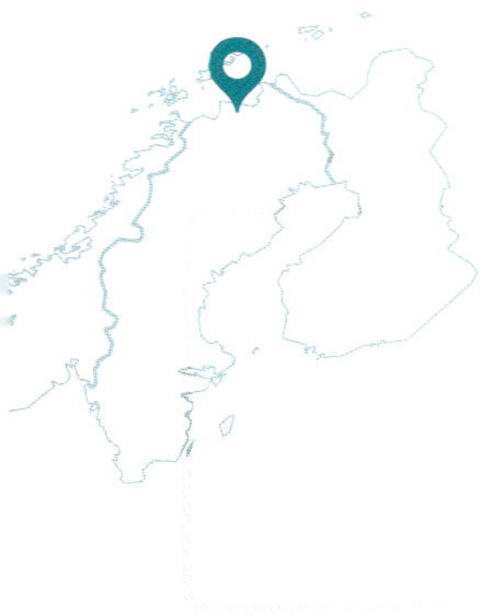

Lappland im Herbst erleben

NORWEGEN, SCHWEDEN, FINNLAND & NORDWESTRUSSLAND

WARUM JETZT Um in Europas wildem Norden die prächtigen Herbstfarben zu erhaschen

WO Lappland

WANN September

13 SEP

Lappland umfasst die nördlichen Ausläufer des europäischen Festlands und zieht sich bis hoch über den Nördlichen Polarkreis. Das Volk der Sami und ihre Rentiere sind hier zu Hause, ansonsten verirrt sich kaum eine Seele in diese Wildnis. Tiere des Nordens gibt es dagegen in großen Mengen; Vielfraße, Elche, Luchse, Polarfüchse und Braunbären leben in den Wäldern und zwischen den Seen, Sümpfen, Gletschern, Bergen und Bächen. Es empfiehlt sich, im September herzukommen, wenn die Stechinsekten fort sind und man von üppiger Herbstfarbenkulisse umgeben ist. Die Wälder liefern eine überwältigende Show, selbst Bodendecker sind eine bunte Augenweide. In dieser Jahreszeit herrscht reger Betrieb; die heimischen Tiere wieseln umher und futtern sich voll für den Winter. Die Nächte sind kalt, doch bis Oktober bleibt der Boden schneefrei. Lohnend sind die Nationalparks Lemmenjoki und Urho Kekkonen in Finnland, Padjelanta und Sarek in Schweden und Øvre Pasvik in Norwegen. — *www.outdoors.fi; www.visitsweden.com; www.visitnorway.com*

Das Mountainbike schnappen

WALES

WARUM JETZT Die stärksten Regenfälle lassen noch auf sich warten und die Wege sind fest

WO Überall in Wales

WANN September

14 SEP

Wales hat sich zum Mountainbike-Mekka gemausert. Die Strecken sind von der International Mountain Bicycling Association sogar als die besten der Welt tituliert worden; von sieben ausgezeichneten Mountainbike-Stationen gehen einspurige Allwetterwege aus.

In Nordwales bieten sich die eigens dazu geschaffenen Tracks im Coed Y Brenin Forest Park oder die epischen Strecken im Gwydyr Forest Park an der Grenze zum Outdoor-Zentrum Betws-y-Coed an. Hier gibt es auch den 28km langen Marin Trail mit etlichen attraktiven einspurigen Strecken und anspruchsvollen Anstiegen.

Im zentralen Teil von Wales kann man sich in Machynlleth oder Llanwrtyd Wells niederlassen und von dort ein ausgezeichnetes Wegenetz erkunden. Alternativen in diesem Gebiet sind Nant-y-Arian bei Aberystwyth und der Hafren Forest bei Llanidloes. Der Afan Forest Park in Südwales – östlich von Swansea – rangiert ebenfalls unter den besten der Welt; der White's Level Trail ist nicht nur anspruchsvoll. Tipp: der 15km lange Trwch Trail bei Cwmcarn, nordöstlich von Caerphilly. — *www.mbwales.com*

LINKS: **Geländefahrt auf Anglesey in Wales.**

UNTEN: **Rafter bei Tapeats Creek auf dem Colorado River.**

Partyausklang mit Stil

SPANIEN

WARUM JETZT Um das Saisonende in Ibiza zu erwischen, wenn die Clubs lautstark schließen

WO Ibiza

WANN Letzte drei Septemberwochen

15 SEP

Nirgendwo wird so gut gefeiert wie auf Ibiza. Und nach jedem genusssüchtigen Sommer voller sonnengetränkter Drinks, Drogen, Tanz und Ausschweifungen geben sich die Nachtclubs der Baleareninsel die Ehre und verabschieden die vergangene Saison mit angemessenen Parties, nämlich den größten und großartigsten von allen. Ibizas Closing Parties sind legendär. Clubs wie Es Paradis, Pacha, DC10 und Space wetteifern um die coolste Sause. Weil Teens schon wieder in der Schule sind, kommen meist die etwas älteren Partygänger, Hardcore-Clubber und alte Inselhasen, die sich noch einen letzten Schuss Tanzwahn setzen. — *www.ibiza.travel*

Rafting im Grand Canyon

USA

WARUM JETZT Um außerhalb der Hochsaison zu reisen und sich noch einen Platz zu sichern

WO Colorado River, Arizona

WANN Mitte September

16 SEP

Wer nicht nur auf dem South Rim stehen und auf den Colorado River hinunteräugen, sondern mehr vom Canyon haben will, geselle sich zu den mehr als 22 000 Menschen, die den Fluss jährlich in Schlauchbooten erkunden. Den Colorado hinunterzufahren, ist ein episches Abenteuer. „Normale" Stromschnellen sind mit I bis V ausgeschrieben, doch die mehr als 160 des Colorado River decken von 1 bis 10 alle Klassen ab, viele davon V und höher.

Zulassungen zum eigenständigen Raften werden verlost. Auch kommerzielle Rafting-Touren sind lange im Voraus ausgebucht. Geboten werden drei verschiedene Arten: mit Ruder, mit Paddel oder motorisiert. — *www.nps.gov/grca*

Wildhunde erspähen

BOTSUANA

WARUM JETZT Die Welpen erscheinen auf der Bildfläche – und das in der Trockenzeit

WO Moremi-Wildreservat

WANN September und Oktober

17 SEP

Das Moremi-Wildreservat umfasst den wildreichsten Teil des riesigen Okavangodeltas. Hier ist die Dichte an Roten Moorantilopen und Impalas so hoch, dass dieses Gebiet auch ein idealer Lebensraum für Afrikanische Wildhunde ist, das am stärksten bedrohte Großraubtier Südafrikas.

Im Moremi lebt nicht nur ein großer Bestand dieser charismatischen Hunde, die Tiere sind sogar an Fahrzeuge gewöhnt und lassen sich gelegentlich beobachten. Die Welpen werden im Winter geboren. Im September kann man den Nachwuchs dann erspähen, wenn er sich erstmals aus dem Bau traut und auf Streifzüge begibt. — *www.botswanatourism.co.bw*

Für Herbstfarben brennen

JAPAN

WARUM JETZT Um das Aufleuchten der wogenden Herbstfarben zu erleben

WO Daisetsuzan-Nationalpark, Hokkaidō

WANN September

18 SEP

Hokkaidō, die nördlichste Insel Japans, nimmt 20% der Fläche des Landes ein und beherbergt dabei nur 5% der Bevölkerung. Die Schönheit der Insel liegt vor allem in den Wildnisgebieten begründet, in denen auch ausgezeichnete Outdoor-Aktivitäten geboten werden, nicht nur um die zehn aktiven Vulkane herum. Hokkaidō liegt hoch im Norden und ist der erste Landstrich Japans, der sich in den erstaunlichen Herbstfarben zeigt, die in diesen Breitengraden ab Mitte September hervorbrechen.

Der Daisetsuzan-Nationalpark ist der größte des Landes und umfasst die höchsten Gipfel der Insel sowie den Hagoromo-Wasserfall (links). Die meisten Besucher bereisen jedoch nur die Randgebiete, besteigen die Gondelbahnen und haben wenig mehr als einen ersten Eindruck von der Schönheit des Parks. Um sich diese Landschaft gebührend zu erschließen, sollte man sie erwandern – eine Fünf-Tage-Durchquerung führt vorbei an mehr als einem Dutzend Berggipfeln, auch an Hokkaidōs höchstem aktiven Vulkan, dem Asahidake (2290m). Ein willkommener Nebeneffekt dieser thermalen Verdauungsstörungen sind die vielen Onsen (heißen Quellen). Deren Dampf zu inhalieren, gehört zu Japan wie das Sumo-Ringen. Selbst am Ende der Daisetsuzan-Durchquerung findet sich eine solche heiße Quelle. — *www.visit-hokkaido.jp*

LINKS: **MIXA – GETTY IMAGES**

Die Südküste surfen

ENGLAND

WARUM JETZT Weil der Herbst die beste Zeit für die besten Surfspots im Süden ist

WO Devon und Cornwall

WANN September und Oktober

19 SEP

Endlich: Die Schulzeit hat wieder angefangen und die Strände von Devon und Cornwall im englischen Süden sind weitgehend frei von Touristen. Doch so, wie die Urlauberzahlen abnehmen, nehmen die Wellen an Höhe zu – das für den Sommer so typische ruhige Meer hat ab September Wellengang, wenn die Atlantikbrandung zunimmt und für Surfer interessant wird. Die Dünung ist in den Wintermonaten am höchsten, der Herbst ist jedoch die ideale Zeit fürs Surfen bei geeigneten, regelmäßigen Wellen, wenn das Wasser noch 5°C wärmer und die Außenluft sehr viel milder ist.

Cornwalls berühmtester, aber oft überfüllter Surfspot ist die Küstenstadt Newquay. Die nahegelegene Watergate Bay mit ihrem gut 3km langen Strand und einer Surfschule ist für Anfänger gut geeignet; das grandiose Sennen Cove weiter südlich mit dem hübschen kleinen Beach-Café ist eher was für Fortgeschrittenere. Devons Surfhauptstadt ist Croyde mit seinen verlässlichen Tunneln. Ruhiger sind die Spots in Süddevon, etwa Bigbury/Bantham und um Porthleven. — *www.visitdevon.co.uk, www.visitcornwall.com*

Korsika entdecken

FRANKREICH

WARUM JETZT Die Hochsaison ist vorbei, doch das Meer hat angenehme 23°C

WO Korsika, Mittelmeer

WANN September und Oktober

20 SEP

Für eine kleine Insel hat Korsika eine Menge Abenteuer zu bieten. Die üppig grünen Gipfel und vielgestaltigen Wege sind zum Wandern ideal, und die 1000km Küste vor warmen Wassern laden zum Tauchen ein.

Korsikas berühmter Fernwanderweg ist der GR20, der sich über eine Strecke von ca. 190km durch die Granitkämme des Landesinneren schlängelt. Wer's kürzer mag, der kann die Strecken „Mare e Monti" (vom Meer in die Berge) oder „Mare e Mare" (von Meer zu Meer) laufen. Die Tauchspots gehören zu den besten des Mittelmeers. Auch unter Wasser ist die Landschaft zerklüftet, ein Teppich aus gelben Seeanemonen und roten Edelkorallen. — *www.visit-corsica.fr*

Fledermäuse von Borneo

MALAYSIA

WARUM JETZT Weil hier jeden Abend 3 Millionen Fledermäuse unterwegs sind

WO Gunung-Mulu-Nationalpark, Sarawak

WANN Juli bis September

21 SEP

Wissenschaftler waren überwältigt, als sie 1977 die Felsmassive um den Gunung Mulu herum erkundeten und eine rekordverdächtige Höhle nach der anderen fanden. Die „Deer Cave" (Hochwildhöhle) barg den längsten Höhlentunnel der Welt und eine unglaubliche Dichte an Fledermäusen, die nachts in Massen ausschwärmen. Die zwölf registrierten Arten bringen es auf geschätzte Millionen von Tieren. Eine riesige Menge dieser Kreaturen beginnt gegen 17 Uhr, aus der Höhle zu strömen, während die tagaktiven Flattertiere wieder dahin zurückkehren. Zum Gunung Mulu gelangt man von Miri per Flug (30 Minuten) oder per Boot (12 Stunden). — *www.mulupark.com*

LINKS: **In England zu surfen ist nicht so verrückt, wie es klingt.**

UNTEN: **Von der Küste von Hermanus in Südafrika kann man Wale beobachten.**

Wale beobachten

SÜDAFRIKA

WARUM JETZT Um Südkaper zu beobachten

WO Hermanus, Westkap

WANN Von September bis November ist Walwanderung; das Festival September/Oktober

22 SEP

Hermanus liegt fast an der Südspitze Afrikas und hat eine erstklassige Sicht auf die Route der Wale, die hier vor dem Kap vorbeiziehen. Um die Beobachtungen von der Klippe aus etwas formaler zu organisieren, wird seit etlichen Jahren ein Festival veranstaltet, bei dem auch der einzigartige „Walschreier" aktiv wird, der in sein Kelp-Horn bläst und erwartungsvollen Walsuchern die Richtung weist. Das Wal-Festival ist ein toller Anlass, um viel über diese Tiere zu lernen. Geboten werden Events wie der „Welcome Whale Wave Walk", anlässlich dessen um die 5000 Menschen eine 5km lange Menschenkette bilden und die Seeungeheuer willkommen heißen. — *www.whalefestival.co.za*

Zu den Pagsanjan-Fällen

PHILIPPINEN

WARUM JETZT Dank der Regenzeit gibt es jetzt die besten Stromschnellen

WO Bumbungan River, Insel Luzon

WANN August bis September

23 SEP

Einbaumfahrten durch die Stromschnellen des Bumbungan-Flusses in der Nähe von Manila zählen zu den besten Nervenkitzeln der Insel Luzon. Erfahrene Banceros (Schiffer der Bancaboote) steuern Besucher gegen die Strömung zu den Magdapio-Fällen, wie sie die Einheimischen nennen. Die Fahrt führt durch eine ehrfurchtgebietende Schlucht, in der ein paar Schlussszenen von Coppolas Vietnamfilm „Apocalypse Now" gedreht wurden – eine fantastisch raue Landschaft.

Schließlich wird man von den Banceros in ein natürliches Wasserbecken gesteuert, das sich unterhalb des 10m hohen Wasserfalls befindet. Hier wird gewendet, und die Reise geht durch die 14 Stromschnellen flussabwärts zurück. — *www.itsmorefuninthephilippines.com*

Barcas größtes Fest feiern

SPANIEN

WARUM JETZT Um sich dem katalanischen Fest der Riesen und Teufel anzuschließen

WO Barcelona, Katalonien

WANN Vier Tage um den 24. September

24 SEP

Les Festes de la Mercè (zu Ehren der Schutzpatronin Mercè) ist das bedeutendste Fest der katalanischen Hauptstadt und der helle vorwinterliche Wahnsinn. An die 600 Veranstaltungen finden statt; es gibt ein Wettschwimmen durch den Hafen, einen Spaßlauf und kostenlose Konzerte. Die Barcelona Acciò Musical (Musik-Aktion) bringt moderne Klänge auf die Bühne, während das Fest des Himmels akrobatische Luftnummern von Fliegern und Ballons zeigt. Zu den beeindruckendsten Erlebnissen gehört der Kampf ums beste Castell, der höchsten Menschenpyramide, die bis zu zehn Stockwerke hoch werden kann. Beim Correfoc (Feuerlauf) laufen Massen von Menschen vor den „Feuerteufeln" her: feuerspeienden Drachen und knallerbewehrten Kindern. — *www.bcn.es/merce*

RECHTS: **Das Parthenon, der Startpunkt für den mörderischen Spartathlon.**

UNTEN: **Trickteufel und Knallkörper zu Barcelonas Festival der Stadtpatronin Mercè.**

Den Spartathlon laufen

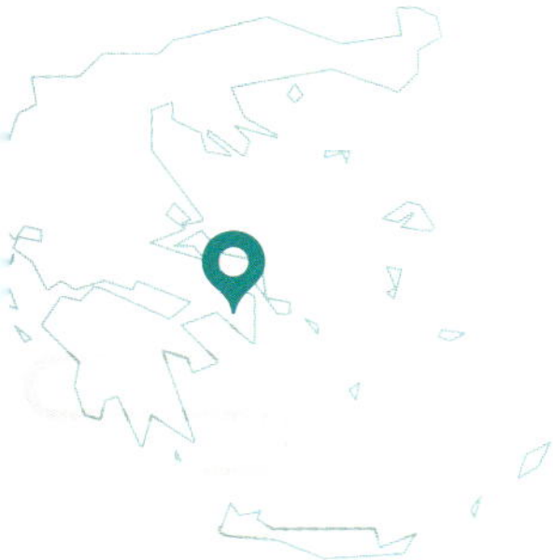

GRIECHENLAND

WARUM JETZT Um wie Pheidippides zu laufen und sich wie griechische Götter zu fühlen

WO Von Athen nach Sparta

WANN Meist am letzten Freitag im September

25 SEP

Marathons zu Ehren des griechischen Boten Pheidippides, der von Marathon nach Athen lief, um den Sieg über die Perser zu verkünden, werden in aller Welt gelaufen. Doch wie viele Marathons ehren den eigentlichen Lauf, den er von Marathon nach Sparta unternahm, um die Spartaner um militärischen Beistand zu ersuchen? Nur einer. Dieser alljährliche Ultramarathon beginnt in der griechischen Hauptstadt Athen und folgt dann der 245km langen Strecke, wie sie Pheidippides vermutlich gelaufen ist. Gestartet wird in der Regel am letzten Freitag im September um 7 Uhr morgens am Fuße der Akropolis, bevor es aus der Stadt hinaus in Richtung Küste und nach Korinth geht.

Den Höhepunkt bildet der Anstieg auf die schenkelsprengenden 1200m des Berges Parthenio. Der Legende nach soll Pheidippides hier auf Pan getroffen sein, den Gott der Hirten, Herden und Waldwiesen. In der nachhallenden Sommerhitze ist es heute wahrscheinlicher, dass die Teilnehmer auf extreme Erschöpfung treffen.

Um die Läufer zu überwachen, gibt es über die strapaziöse Strecke hinweg 75 Kontrollpunkte, eine jede mit einer Zeitbegrenzung für Nachzügler. Das Zeitlimit für die gesamte Strecke beträgt 36 Stunden, obwohl die von Yiannis Kouros gehaltene Rekordzeit sagenhafte 20:25:00 beträgt. Es ist ein sehr, sehr harter Lauf, doch die Spartaner versammeln sich am Ziel vor der König-Leonidas-Statue und begrüßen einen jeden erschöpften Athleten als Helden. — *www.spartathlon.gr*

Super Austern schlürfen

IRLAND

WARUM JETZT Kulinarisches Gipfeltreffen

WO Galway, County Galway

WANN Ende September

26 SEP

Die Auster ist eine hassgeliebte Delikatesse: Die einen geraten ins Schwärmen über diese köstlichen Muscheln, anderen bringen sie Brechreiz. Ihre meeressalzige Note und die nasenschleimige Konsistenz sind nicht jedermanns Sache. Wer drauf steht, sollte sich jetzt an die irische Westküste begeben. Im September beginnt auf der Emerald-Insel die Austernsaison, wenn die Ostrea edulis, die Europäische Auster, am frischsten und fleischigsten ist. In den klaren Gewässern von Brandon Bay und Clarenbridge werden die Muscheln drei Jahre lang dem Wachstum überlassen, bis sie zu eben dieser saftigen Delikatesse gereift sind.

Wer die richtige Zeit abpasst, erwischt vielleicht sogar das Galway Oyster Festival, das am letzten Septemberwochenende veranstaltet wird. Bei der Eröffnungszeremonie überreicht die Austernperle (Festivalkönigin) dem Bürgermeister die erste Auster des Jahres. Einen Karneval gibt's auch, einen Gala-Ball und den Internationalen Wettkampf im Austernöffnen (World Oyster Opening Championship). Wahren Austernfans bietet sich außerdem der Guinness Oyster Trail, ein Weg vorbei an 30 Pubs, in denen kostenlos Tabletts mit Meeresfrüchten verteilt werden, dazu Pints von diesem schwarzen Zeug. Sláinte! — *www.ireland.com; www.galwayoysterfest.com*

RECHTS: **SVEN ZACEK – GETTY IMAGES**

Im Vogelnarrenhimmel

ESTLAND

WARUM JETZT Zugvögel in Scharen

WO Nationalpark Lahemaa, etwa 50km östlich von Tallin

WANN September und Oktober

27 SEP

Man geht davon aus, dass durch Estland jährlich 50 Millionen Zugvögel ziehen, auf ihrem Weg zur Arktis und zurück. Viele davon rasten entlang der bezaubernden Küste mit ihren Buchten, Flussmündungen und Inseln. Die meisten Touristen reisen zum Nationalpark Matsalu südwestlich von Tallin, der 10 000 bis 20 000 Graue Kraniche anzieht und in dem sieben Wachttürme stehen. Doch man kann sich genauso gut auf eigene Faust gen Osten aufmachen und zum Nationalpark Lahemaa auf die Parispea-Halbinsel reisen.

Der Park gehört zu den besten Orten Nordeuropas, um ziehende arktische Wasservögel zu beobachten; Tageszählungen nach bis zu 100 000 Gänse, 250 000 Eisenten und Zehntausende von Bergenten und Trauerenten. Weitere großartige Beobachtungsorte sind der Hafen von Virtsu, die Bucht bei Kurressaare und Ristna auf der Insel Hiiumaa.

– *www.keskkonnaamet.ee*

Auf den Everest fallen

NEPAL

WARUM JETZT Weil die Skydiving-Saison überm höchsten Berg der Erde kurz ist

WO Himalaya

WANN September bis Oktober

28 SEP

2008 sprangen die ersten drei Fallschirmspringer in einer Höhe von 8992m aus einem Flugzeug über dem Mount Everest, mit zusätzlichem Sauerstoff und speziellen Anzügen. Ein Jahr später wurde das Everest-Springen kommerziell geboten.

Erfahrene Fallschirmspringer können Solosprünge absolvieren, Anfänger springen im Tandem mit einem Profi. Diese Sprünge sind nicht nur die höchsten, sondern auch die längsten der Welt; die Trainings- und Vorbereitungsprogramme dauern zwei Wochen, darin enthalten sind auch vier Tage Trekking zur Akklimatisation. Ein paar der letzten Tage werden für Sprungversuche eingeplant, falls die Wetterverhältnisse zu schlecht sind.

— *www.everest-skydive.com*

Ein Königreich zu Pferd

LESOTHO

WARUM JETZT Für kühles und komfortables Trekking vor der Regenzeit

WO Malealea

WANN September bis November

29 SEP

Pony-Wanderungen gehören zu den beliebtesten Attraktionen Lesothos. Geritten wird auf trittsicheren Basotho-Pferden, einer Kreuzung aus kleinen javanischen Pferden und europäischen Reitpferden. Lesothos verehrter König Moshoeshoe der Große soll 1830 auf einem Basotho-Pony geritten sein, und seit jener Zeit sind diese Tiere das bevorzugte Transportmittel vieler Landbewohner. Die beste Station für Pony-Wanderungen ist Malealea; beliebte Routen führen von dort zum Wasserfall von Ribaneng (zwei Tage) oder dem bei Semonkong (fünf bis sechs Tage). Das Basotho Pony Trekking Centre oben auf einem Pass mit dem reizvollen Namen „Gott hilf mir“ ist eher schlicht und eignet sich besonders für jene, die dem Gros entkommen wollen. — *www.visitlesotho.travel*

RECHTS: **Vermont im frühen Herbstlaub.**

UNTEN: **Blick auf den Maletsunyane-Wasserfall bei Semonkong, Lesotho.**

Hinter dem Herbstlaub her

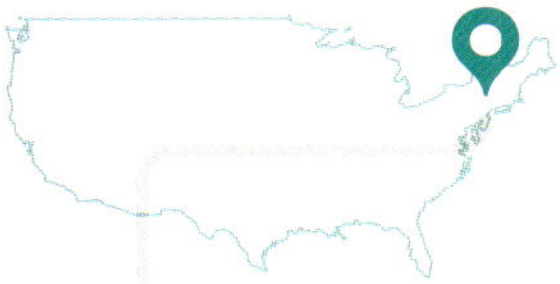

USA

WARUM JETZT Um das farbenprächtige Northeast Kingdom Fall Foliage Festival zu bestaunen

WO Vermont

WANN Sechs Tage, Ende September

30 SEP

Paradoxerweise sieht die Landschaft von New England nie besser aus als im Moment ihres Verfalls. Diese Region der Vereinigten Staaten ist bekannt für ihre fantastischen Herbstfarben, wenn die dicht mit Birken, Buchen und Ahornbäumen bestandenen Hügel in Millionen von Gelb-, Orange- und Rotschattierungen aufzulodern scheinen. Der Bundesstaat Vermont entlässt dieses Spektakel nicht ohne einen Tusch. Beim Northeast Kingdom Fall Foliage Festival werden die leuchtenden Bäume an sechs aufeinanderfolgenden Tagen bewundert, und das in sechs verschiedenen Städten der entlegenen und bildschönen Nordost-Ecke des Staates: Walden, Cabot, Plainfield, Peacham, Barnet und Groton. Jede Stadt gestaltet dabei ihr eigenes Fest, das das „alte Vermont" feiert, das ländliche Amerika der alten Zeiten, mit herzerwärmendem Gemeinschaftsgefühl und umgeben von der Großartigkeit der Herbsttöne.

Auch die Veranstaltungen sind herkömmliche. Man kann beim Riesen-Kürbis-Wiegen zuschauen, an Ständen traditionelle Handwerksprodukte kaufen, Glasbläsern bei der Arbeit zusehen, Volkstänze tanzen, durch Molkereien touren, zwischen Farmtieren herumlaufen und auf Heuwagen mitfahren. Das Essen wird bei allem Tun ganz großgeschrieben. Man muss sich den Bauch halten bei Holzfäller-Frühstück, Getreide-Suppe, Chili-Gerichten und gegrilltem Rind zu Abend. Ein Mix aus Landschaften und Leckerbissen; beide sind köstlich. — *www.nekchamber.com*

Maß halten zum Oktoberfest

DEUTSCHLAND

WARUM JETZT Um sich unter 6 Millionen Biertrinker zu mischen

WO Theresienwiese, München

WANN 16 Tage lang, Ende September

01 OKT

1810 veranstaltete man ein Pferderennen, um die Hochzeit des bayerischen Kronprinzen Ludwig I. zu feiern. Dieses rauschende Fest war ein solcher Erfolg, dass es jährlich wiederholt und schließlich zu jener derben Party wurde, die es heute ist: zum Oktoberfest.
Mehr als 6 Millionen Bier-Liebhaber sitzen an langen Tischen in riesigen Zelten, stürzen Gerstensaft hinunter und kommen zusammen auf mehr als 6,5 Millionen Liter. Auf dem Festspeiseplan stehen außerdem 500 000 Hendl, 104 Ochsen und mehr als 50 000 Schweinshaxen-Portionen. Ausgeschenkt wird ausschließlich das eigens dafür gebraute Oktoberfestbier; man zahlt mit Marken und muss sitzen, um bedient zu werden. Darüber hinaus gibt es einen Rummel und ein paar nostalgische Dauerbrenner wie den letzten deutschen Flohzirkus, der seit dem 19. Jahrhundert nicht mehr wegzudenken ist. — *www.oktoberfest.de*

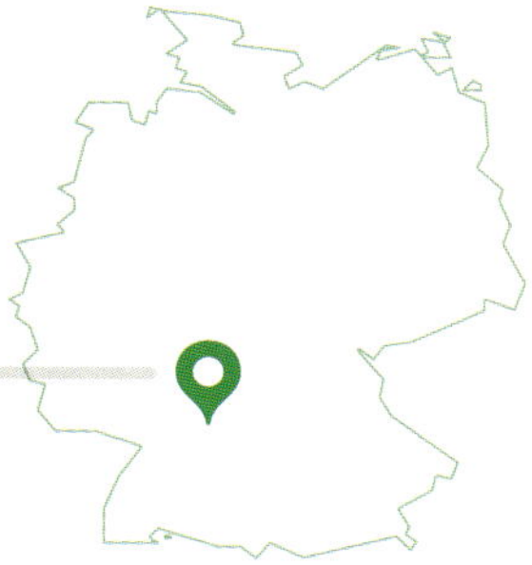

LINKS: MICHAEL TAYLOR – GETTY IMAGES

Oktober

Balztanz der Albatrosse

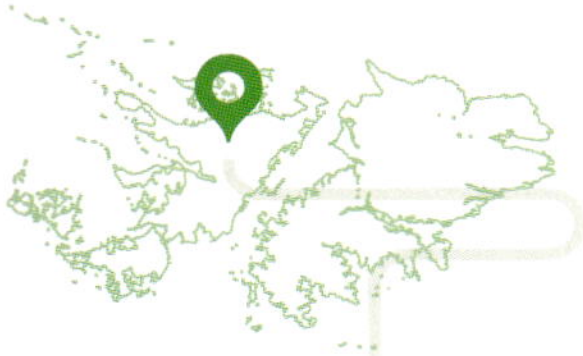

FALKLANDINSELN

WARUM JETZT Weil sich die Albatrosse jetzt zu paaren beginnen

WO Falklandinseln, Südatlantik

WANN Oktober bis März

02 OKT

645km von der Küste Südamerikas entfernt liegen diese außergewöhnlichen Inseln, die schon Charles Darwin im 19. Jh. bereist hatte. Hier leben nur 2500 Menschen, 80% davon in der Hauptstadt Stanley; ein Großteil der Fläche gehört der Tierwelt. Die Falklandinseln mit ihren antarktischen und subantarktischen Strömungen beheimaten viele endemische Vogelarten und große Kolonien von Robben und Wasservögeln. Für Felsenpinguine sind sie weltweit gar die wichtigste Brutstätte, für Eselspinguine die zweitwichtigste, und Königspinguine kann man nirgendwo sonst so gut beobachten wie hier. Berühmt sind die Inseln jedoch für ihre riesigen Kolonien von Schwarzbrauenalbatrossen; 800 000 dieser Vögel leben hier, das sind 80% der Weltpopulation. Die Albatrosse treffen Anfang Oktober ein, wobei sich Paare aus dem Vorjahr nach fast einjähriger Abwesenheit wiederfinden und ausführlich begrüßen. Ihr anschließendes Balzen ist ein lautes und aufwendiges Spektakel, bei dem sie einander gegenüberstehen, ihre Schwingen von 2,5m Spannweite ausbreiten, die Schnäbel gen Himmel recken und schackern und kreischen. Die größte der zwölf Albatros-Kolonien ist auf der unbewohnten Steeple-Jason-Insel beheimatet, aber auch auf anderen Inseln bekommt man diese Tiere zu Gesicht. Der Oktober ist auch die beste Zeit, um neugeborene Südliche See-Elefanten zu erspähen; mehr als 5000 Jungtiere kommen hier jährlich zur Welt.
— *www.falklandislands.com*

Auf den Karakorum Highway

CHINA/PAKISTAN

WARUM JETZT Weil die Himmel klar und die Temperaturen mild sind, ist jetzt die beste Reisezeit

WO Von Islamabad nach Kaschgar

WANN September und Oktober

03 OKT

Der Karakorum Highway verbindet die alte Seidenstraßen-Oase Kaschgar in der chinesischen Provinz Xinjiang mit der modernen pakistanischen Hauptstadt Islamabad, führt dabei über den 4693m hohen Khunjerab-Pass, durch das halbmythische Hunzatal und vorbei am Handelsposten von Gilgit. Die Straße wurde erst 1986 für Reisende geöffnet; inzwischen ist sie legendär und als eine der großen Abenteuerpisten der Welt bekannt. Das Karakorum hat die weltweit größte Dichte an höchsten Bergen und langen Gletschern. Gern wird die 1300km lange Strecke auch per Fahrrad bewältigt. Die Tour ist spektakulär und für konditionierte Radler geeignet, die außergewöhnlich fit sind und denen der Sinn nach Überraschungen steht.
– www.tourism.gov.pk

Die beste Partie finden

IRLAND

WARUM JETZT Treffpunkt Traumpartner

WO Lisdoonvarna, County Clare

WANN Vom letzten Freitag im August bis zum ersten Sonntag im Oktober

04 OKT

Das kleine, kaum 1000 Einwohner zählende Lisdoonvarna war für zwei Dinge berühmt: seine schon zu viktorianischen Zeiten beliebten Heilbäder und die „Basadóiri" (Heiratsvermittler). Diese Guinness süffelnden Cupidos halfen bedürftigen Alleinstehenden gegen eine Gebühr, die entsprechenden Partner zu finden.

Viele der Hoffnungsvollen (meist Männer) kamen im September ins Städtchen gezuckelt, wenn sie die Ernte eingebracht und genug Heu gemacht hatten, um einer Dame ein Glas Porter spendieren zu können. Das Matchmaking Festival (Vermittlungsfestival) bot diesen einsamen Herzen allerlei Gesellschaftsfeiern und ermöglichte es ansässigen Persönlichkeiten gleichwohl, ihre Töchter von unerwünschten Personen fernzuhalten. *— www.matchmakerireland.com*

LINKS: **Romantik nach Art der Wanderalbatrosse auf den Falklandinseln.**

UNTEN: **Nur wenige Straßen der Welt können es mit der atemraubenden Kulisse des Karakorum Highway aufnehmen.**

Auf Yetis Spuren

BHUTAN

WARUM JETZT Für den Snowman-Trek ist das Zeitfenster nur kurz

WO Bhutan

WANN Ende September bis Mitte Oktober

05 OKT

Bhutan ist ein Land der wallenden Hügel, hoch aufragender Felsen und üppiger Wälder. Es ist ein Land der Berge, das man sich am besten erschließt, wenn man es eine Woche oder länger zu Fuß erkundet und durch die weite bewaldete Wildnis wandert, die den Großteil des Landes bedeckt. Ein Wanderweg ist die beste Gelegenheit, das wahre Gesicht Bhutans zu erleben und einen Einblick in die ländliche Kultur dieses Königreichs zu erhalten.

Die Mutter aller Trekkingrouten ist der legendäre „Yeti". Mehr als die Hälfte all derer, die sich dazu aufmachen, brechen vor dem Ziel ab, entweder aufgrund von Höhenproblemen (es geht bis auf 5300m) oder von schweren Schneefällen geschwächt.

— *www.tourism.gov.bt*

200 000 Schildkröten sehen

COSTA RICA

WARUM JETZT Die besten Chancen, die Meeresschildkröten ankommen zu sehen

WO Refugio Nacional de Vida Silvestre Ostional

WANN September bis Oktober

06 OKT

„La Arribada", die Massenankunft der Oliv-Bastardschildkröten an den Pazifikküsten von Mexiko und Mittelamerika, ist nicht vorhersehbar. Nach einem Jahr auf See tapsen diese Meeresschildkröten für einige Tage an Land, um hier ihre Eier abzulegen.

Den Anfang machen ein paar scheue Schildkröten, die eines nachts zögerlich ans Ufer kommen. Dann sind es in den nächsten Nächten ein paar Dutzend mehr, bis plötzlich Tausende und Abertausende da sind. Im September und Oktober herrscht Hochbetrieb, meistens in den Wochen um Neumond. Am besten lässt sich dieses Schauspiel wohl am Strand von Ostional in Costa Rica verfolgen, wo sage und schreibe 500 000 Schildkröten gezählt wurden.

— *www.visitcostarica.com*

RECHTS: **Vietnams Halong-Bucht mit dem Boot erkunden.**

UNTEN: **Olive-Bastardschildkröten-Weibchen bei der Eiablage am Strand von Ostional, Costa Rica.**

Zur schönsten Jahreszeit

VIETNAM

WARUM JETZT Oktober bietet die beste Balance zwischen heiß, kalt, trocken und nass

WO Im ganzen Land

WANN Oktober

07 OKT

Vietnam ist von 3451km Küste umgeben und zu 75% von Bergen bedeckt und damit wie gemacht für Erkundungen und Abenteuer, obwohl Vietnam erst anfängt, dieses Potenzial zu erkennen. Die erste Hürde besteht darin, die beste Zeit für solch ein Vietnam-Abenteuer zu wählen. Es gibt zwei Monsunzeiten. Der Wintermonsun zwischen Oktober und März kommt von Nordosten und bringt den Gebieten nördlich von Nha Trang feuchtkalte Winter und den südlichen Gegenden trockene Wärme. Der Sommermonsun von April bis Oktober bringt dagegen heißes, schwüles Wetter. Der Oktober bietet eine wunderbare Balance zwischen heiß, kalt, trocken und nass. Was also tun, wenn man dort ist? Das Mekong-Delta ist ein Paradies für Radfahrer; kaum ein Hügelchen erhebt sich aus dem Schwemmland. Die Nationalstraße 1 an der Küste bietet sich an, ist aufgrund des irren Verkehrs aber eine brutale Strecke. Besser eignet sich die ruhigere Fernstraße 14 durch fantastische Gegenden des Inlands.

Das große Naturwunder des Landes ist die Halong-Bucht, aus deren smaragdgrünem Wasser sich sagenhafte 2000 Inseln erheben und an Orte wie Guìlín und Krabi denken lassen. Zwischen den Kalkfelsen zu paddeln, ist beliebt. Tauchen kann man dagegen besonders gut in Nha Trang, dort gibt es 25 Tauchplätze mit tollen Unterwasserhöhlen, vielen Korallenarten und Riff-Fischen. Der Strand des Fischerdorfes Mũi Né ist ein beliebter Surfspot – *www.vietnamtourism.com*

Wandern auf dem Kopra Ridge

NEPAL

WARUM JETZT Weil im Himalaya jetzt bestes Trekking-Wetter herrscht

WO Kopra Ridge, Annapurna

WANN Oktober und November

08 OKT

Einst kamen die meisten Trekking-Touristen nach Nepal, um die Annapurna zu umrunden. Doch in den letzten Jahren wurde der Rundweg von Straßen verdrängt und das Erlebnis dadurch getrübt. 2008 dann tauchten in der Nähe der Teehäuser von Deurali Schilder auf, die eine neue Route hinauf auswiesen: hinauf zum Kopra-Ridge, einem Bergrücken, der sich von einer Höhe von 721m vom Annapurna Süd hinabwindet. Heute gibt es oben auf dem Bergrücken eine Wanderhütte, die einen spektakulären Blick hinab in die Schlucht des Kali Gandaki bietet, die tiefste Schlucht der Welt, die vom Gipfel des Dhaulagiri fast 7000m bis zur Talsohle abfällt. Von hier oben sieht man auch auf den Annapurna Süd, den Fang, den Poon Hill und den Dhaulagiri auf der anderen Seite der Schlucht. Die Hütte wird von einem Verein betrieben, der mit den eingenommenen Spenden der Wanderer gemeinnützige Projekte der umliegenden Dörfer fördert. Auch die klare Luft des entlegenen Bergrückens birgt ungeahnte Möglichkeiten: Die Hütte fungiert als eine von zwei solarbetriebenen Relaisstationen, über welche Internetsignale an die umliegenden Dörfer gesendet werden, sodass man auf den 3500m Höhe sogar Mails checken kann. — *www.welcomenepal.com*

LINKS: **MARK DAFFEY – GETTY IMAGES**

Um die Yasawa-Inseln herum

FIDSCHI

WARUM JETZT Der fidschianische Winter geht, die Wirbelstürme kommen erst in ein paar Wochen

WO Yasawa-Inseln, vor Viti Levu

WANN Mai bis Oktober

09 OKT

1789, nach der Meuterei auf der Bounty, paddelte Kapitän William Bligh in seiner Barkasse auf dem Weg nach Timor auch an der Fidschi-Inselgruppe Yasawa vorbei. Er wurde allerdings von den Einheimischen verfolgt und hatte sicherlich nicht so viel Spaß daran, wie Urlauber heute. Unter weniger lebensbedrohlichen Umständen ist eine Paddeltour entlang der 90km langen Kette von 20 vulkanischen Inseln vor der Nordwestküste von Viti Levu nämlich ziemlich idyllisch.

Die Yasawa-Inseln sind für ihre traumhaft weißen Sandstrände, die türkis schimmernden Lagunen und die schroffen vulkanischen Felsformationen bekannt und liegen innerhalb der Inseln des Great Sea Reefs fast auf einer Linie. Dabei sind die Inseln jeweils nicht weiter als 10km voneinander entfernt und gut per Paddelboot zu erreichen. Die schönsten Touren sind die an der Westseite der Inseln. — *www.fiji.travel*

Safari durch Tibet

CHINA

WARUM JETZT Der Boden beginnt zu frieren, aber es ist noch nicht zu kalt

WO Changthang-Naturreservat, Tibet

WANN September und Oktober

10 OKT

Im Regenschatten des nördlichen Himalaya, auf 4000 bis 5000m über dem Meeresspiegel, liegt das 700 000km² weite Hochland von Tibet – eine der rauesten Regionen der Erde. Im Norden des Hochlands fallen kaum 20cm Regen im Jahr und die Temperaturen bleiben in 10 von 12 Monaten unter dem Nullpunkt.

Trotz dieser widrigen Umstände wird das Hochland von einer einzigartigen Gemeinschaft von Großsäugern bewohnt. Im Chanthang – dem größten der Naturreservate des Hochlandes – leben Kiangs, Goas, Tibetische Braunbären, Zwergblauschafe, Schneeleoparden, Wölfe und Luchse. Der Süden birgt 500 Seen, an denen Tausende von Vögeln nisten. — *www.tew.org*

Lockende Leuchtpilze

TAIWAN

WARUM JETZT Um durch die Wälder zu streifen und leuchtende Pilze zu finden

WO An verschiedenen Orten

WANN Oktober und November

11 OKT

Außergewöhnlich, aber wahr: In Taiwan wachsen nicht weniger als acht Arten von leuchtenden Pilzen – „magischen" Pilzen, die im Dunkeln leuchten (obwohl Wissenschaftler noch nicht genau wissen, warum). Herbst und Winter sind die besten Jahreszeiten, um diesem Naturphänomen beizuwohnen; geführte Nachtwanderungen durch die Wälder der Insel sind von Funden dieser glühenden Kuriosa gekrönt. Die Matai'an-Feuchtgebiete, der Kenting-Nationalpark oder die Berge der Alishan National Scenic Area sind empfehlenswert. Außerdem gibt es Glühwürmchen, Leuchtfische und eine Unmenge von Sternen.

— *www.eng.taiwan.net.tw*

RECHTS: **Boote vor Anker in Trogir, einer historischen Stadt an der dalmatinischen Küste Kroatiens.**

UNTEN: **An den Wasserstellen treffen sie alle zusammen, darunter Zebras und Scharen von Flamingos.**

Safari im Ngorongoro

TANSANIA

WARUM JETZT Weil sich das Wild zum Ende der Trockenzeit um die Wasserstellen versammelt

WO Ngorongoro-Krater, 165km westlich von Arusha

WANN Juni bis Oktober

12 OKT

Der Ngorongoro-Krater am Rande der Serengeti-Savanne ist die größte vollständige Kaldera der Erde. Ihr kreisrunder Kraterrand erhebt sich bis zu 600m hoch über das artenreiche Wunderland im Innern. Nur eine Straße führt in den Krater hinab, und eine wieder heraus. In der Regenzeit ist ein Zugang schwierig, doch in der Trockenzeit (Juli bis Oktober) lassen sich die 120 Straßenkilometer befahren und die fantastischen Wildtiere beobachten.

Der Krater soll Afrikas höchste Dichte an Raubtieren aufweisen – Löwen und Tüpfelhyänen gibt es jede Menge, gelegentlich sieht man Geparden, und auch Leoparden sind zugegen.

— *www.tanzaniaparks.com*

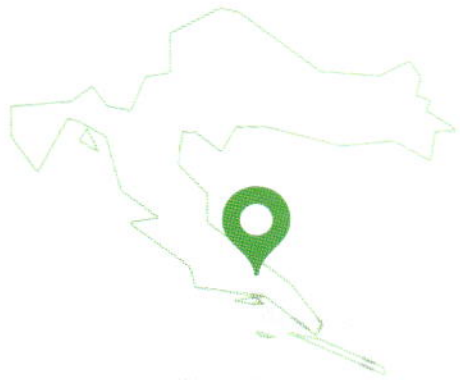

Insel-Hopping mit Segelboot

KROATIEN

WARUM JETZT Die brennende Sommerhitze ist vorbei, das Wasser der Adria aber noch warm

WO Von Split bis Dubrovnik

WANN Oktober

13 OKT

Mit fast 6000km Küste und 1185 Inseln (von denen nur 66 bewohnt sind) ist Kroatien ein idealer Ort für jeden Wasserspaß. Die langen, felsigen Inseln vor der bergigen Küste ziehen sich von Istrien bis hinunter nach Dubrovnik und sind ein Paradies für Segler. Schöne, tiefe Kanäle mit vielen Anlegestellen und stetem Wind locken Segler aus der ganzen Welt; die Yachten können hier mitten im Inseltrubel festgemacht werden. Ein guter Startplatz ist Split. Hier kann man Boote chartern und gen Süden an bukolischen Inseln wie Hvar and Korčula vorbei nach Dubrovnik segeln. Einige Kenntnisse und Erfahrungen im Segeln sind nützlich, wer aber freie Hand haben will, besteige ein bemanntes Boot. Der Herbst ist eine wunderbare Zeit dafür. Auch das sommerwarme Meerwasser hat sich ein bisschen abgekühlt, ist aber immer noch warm genug, um hineinzuspringen und darin zu schwimmen. Auf dem Lande sind die Olivenernte und die Traubenlese in vollem Gange, und die Märkte bieten eine Fülle saisonaler Produkte wie Pilze und Walnüsse.

— www.croatia.hr

Auf der gefährlichsten Straße

BOLIVIEN

WARUM JETZT Wer am Ende der Trockenzeit fährt, hat keine Schlammschlacht vor sich

WO Von La Paz bis Coroico

WANN Mai bis Oktober

14 OKT

Die Yungas-Straße zwischen der bolivianischen Hauptstadt La Paz und der Stadt Coroico gilt offiziell als gefährlichste Straße der Welt, zumindest nach einem Bericht der Interamerikanischen Entwicklungsbank von 1995. Angesichts der Tatsache, dass im Jahresdurchschnitt 26 Fahrzeuge über den Straßenrand in den Abgrund verschwinden, ist der Name wohl verdient.

Die Schotterpiste ist nur 3,20m breit, das reicht gerade für ein Fahrzeug; dazu kommen Abgründe von bis zu 1000m Tiefe, massive Felsüberhänge, Wasserfälle, die über die Straße fließen und sie zersetzen, sowie auch ein wachsendes Ansehen unter radfahrenden Adrenalinjunkies. Einen Radverleih gibt es in La Paz. Jetzt muss man nur noch die Abhänge, betrunkene Autofahrer und Steinschläge im Auge behalten.

Die beste und beliebteste Reisezeit für diese Strecke ist der Winter (Mai bis Oktober) mit seinen trockenen, klaren Tagen. Dennoch empfiehlt es sich, das Fahrrad sicher zu beherrschen und einen Sinn für tollkühne Abenteuer mitzubringen. — *www.boliviatravelsite.com*

In rosa Rollwolken schweben

AUSTRALIEN

WARUM JETZT Weil diese irren atmosphärischen Phänomene meist um diese Zeit auftreten

WO Golf von Carpentaria, Norden von Queensland

WANN September bis Oktober

15 OKT

Im Hinterland von Queensland sagt man: Wenn eine Brise durch Burketown pfeift und die Kühlschränke im Pub zufrieren lässt, stehen die Chancen auf eine „Morning Glory" am nächsten Morgen ziemlich gut. Wissenschaft? Wohl kaum. Diese enormen Rollwolken, die oft 1000km lang und 1,2km hoch werden, nur 100m über dem Boden schweben und mit bis zu 60km/h ziehen, sind nirgends so gut wie im Golf von Carpentaria vorhersehbar. Die besten Chancen darauf hat man September/Oktober. Die „Morning Glories" eignen sich auch fantastisch für alle Segel- und Drachenflug-Abenteuer; mehr als 700km und länger als 6 Stunden sind Gleiter schon mitgeschwebt. — *www.tq.com.au*

Kunstvoll in den Herbst

UNGARN

WARUM JETZT Um das Festival der Zeitgenössischen Kunst im Café Budapest zu erleben

WO Budapest

WANN Neun Tage, Mitte Oktober

16 OKT

Das früher als Herbstfest bekannte Festival ist ein guter Vorwand der ungarischen Hauptstadt, sich nach Anbruch der Dämmerung in einem vielgestaltigen Programm von Musik, Theater und Tanz zu ergehen. Zu erwarten ist alles, von unbekannten Musikern bis zu allgemein bekannten Größen. Dazu gibt es Highlights wie den Jazz Marathon und die Nacht der Zeitgenössischen Galerien, die bis in die frühen Morgenstunden geöffnet haben. Auftritte und Veranstaltungen werden überall in der Stadt geboten, ob in Galerien, Kinos, im Nationaltheater oder in coolen Bars und Cafés (wie dem A38 oder dem Café Jedermann).
— *www.cafebudapestfest.hu*

LINKS: **Vor der Yungas-Abfahrt unbedingt die Bremsbeläge prüfen.**

UNTEN: **Ein Lächeln aufsetzen zum MassKara auf den Philippinen.**

Lächelnd zum MassKara

PHILIPPINEN

WARUM JETZT Um beim tropischen Maskenball ein wirklich breites Grinsen aufzusetzen

WO Bacolod, Negros Occidental

WANN Das Wochenende um den 19. Oktober

17 OKT

MassKara – das ist eine Verschmelzung aus dem englischen Wort für „Menge" (mass) und dem spanischen für „Gesicht" (cara) – eine perfekte Umschreibung für das philippinische Fest, bei dem die Einwohner von Bacolod maskiert auf die Straße gehen. Die Maskerade feierte man erstmals in den 1980ern wegen zwei einschneidender Ereignisse: den Fall der Zuckerpreise und ein tragisches Schiffsunglück. Mit dem Festival besinnt sich die Stadt Bacolod auf ihren Spitznamen – „Stadt des Lächelns". Die freudestrahlenden Masken stellen Meerestiere bis hin zu Obst und Gemüse oder federgeschmückten Tempeln dar.
— *www.itsmorefuninthephilippines.com*

Auf nach Madagaskar

MADAGASKAR

WARUM JETZT Unterm Strich der beste Monat – für Wetter, Jazz und Lemuren-Junge

WO Im ganzen Land

WANN Oktober

18 OKT

Madagaskar ist einfach einzigartig. Seit mehr als 150 Millionen Jahren ist diese Insel vom afrikanischen Festland getrennt – 75% der mehr als 200 000 vorkommenden Arten sind heute endemisch. Nimmt man Vögel und Fledermäuse einmal aus, sind es 97% aller auf der Insel lebenden Tiere, die nirgendwo sonst auf der Welt zu finden, aber fast alle bedroht oder kurz vorm Aussterben sind. Im Oktober ist das Wetter auf dieser Indik-Insel genau richtig. Die trockenere, mildere Jahreszeit geht dem Ende zu, die Regenfälle lassen noch auf sich warten, und die Juli-August-Touristenströme sind abgezogen.

Mehr noch: Es ist Zeit für den Lemuren-Nachwuchs. Diese erstaunlichen Primaten sind die bekanntesten Kreaturen der Insel. Mehr als 50 Arten gibt es hier, von Fettschwanzmakis, die gerade einmal 175g wiegen, über kecke Kattas bis hin zu riesigen, springenden Indris, die 7kg auf die Waage bringen. Im Oktober kann man sogar den Nachwuchs erspähen, was die Bekanntschaft mit diesen Tieren zu einem besonderen Erlebnis macht. Die besten Chancen bieten der Parc National de l'Isalo (besonders für Kattas) und der Parc National d'Andasibe (für Indris).

Selbst Vogelbeobachter kommen im Oktober auf ihre Kosten, denn es ist Brutzeit. Von den 260 auf Madagaskar lebenden Vogelarten sind mindestens 115 endemisch. Wer Glück hat, hört mehr als nur Vogelgesang – in diesem Monat findet auch das Antananarivo Jazz Festival statt.

— *www.madagascar-tourisme.com/en*

Inbrunst der Hirsche

SCHOTTLAND

WARUM JETZT Die ungestümen und stattlichen Männchen sind mitten in der Brunft

WO Insel Rum, Innere Hebriden

WANN Mitte September bis Mitte November

19 OKT

Die 104km^2 große Isle of Rum beheimatet einen beträchtlichen Bestand an Rotwild. Den größten Teil des Jahres über leben die Tiere in großen, nach Geschlechtern getrennten Rudeln, doch das ändert sich Mitte September, wenn sich die Männchen eine struppige Halsdecke zulegen und zum Brunftkampf rüsten. Kaum etwas ist so majestätisch anzuschauen wie ein Hirschbock, dessen Silhouette sich eindrucksvoll vor dem Meer abhebt und der mit der unbändigen Lust der Brunftzeit röhrt.

Die Brunft ist eine laute, umtriebige Zeit. Die Männchen nehmen während dieser zwei Monate kaum etwas zu sich, wenden aber für das Röhren, Begatten und Revierverteidigen enorm viel Energie auf.

— *www.isleofrum.com*

Tauchen im perfekten Pazifik

NEUKALEDONIEN

WARUM JETZT Die Tage sind nicht zu heiß und die Regenwahrscheinlichkeit ist gering

WO Neukaledonien

WANN September bis Dezember

20 OKT

Neukaledonien – très français und mitten im Pazifik – ist das Land mit der größten Lagune der Welt. Und ein Paradies für Taucher. 1600km lang ist das Neukaledonische Barriereriff, die davon umschlossene türkisblaue Lagune um die Hauptinsel Grande Terre umfasst 23 500km^2. Auch den abgelegenen kleinen Inseln sind küstennahe Saumriffe vorgelagert.

Von der Hauptstadt Nouméa ist es nur eine kurze Fahrt bis zur kleinen Insel Amédée mit ihrem Meeresreservat und der üppigen Unterwasserwelt. Auf der Île des Pins wird Höhlentauchen geboten. Und auf Ouvéa kann man zu natürlichen Hai-Kinderstuben spazieren. Durch die Hormone sind die Tiere ganz friedlich und werden Besuchern nicht gefährlich.

— *www.newcaledoniatourism-south.com*

LINKS: **Eins der Markenzeichen von Madagaskar – die Kattas.**

UNTEN: **Ein Hebriden-Hirschbock setzt sich in Szene.**

Büffelherden beobachten

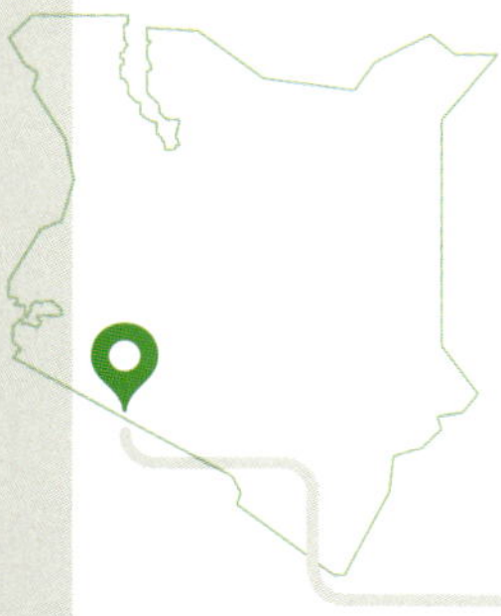

KENIA

WARUM JETZT Der einsetzende Regen treibt die Büffel zusammen

WO Masai Mara

WANN Mitte Oktober bis November

21 OKT

Kaum ein anderes Großtier hat wohl einen solchen Ruf wie der Kaffernbüffel: Ein 850kg schwerer Bulle mit einer Schulterhöhe von 1,70m kann angeblich ein Allrad-Fahrzeug umschubsen. Einzelne Bullen sind zuweilen extrem gefährlich; selbst blinde und verwundete Tiere können aufgrund ihrer Größe und Kampflust noch Jahre überleben. Zum Glück beginnen sich die Kaffernbüffel der Masai Mara zu Beginn der Regenzeit inmitten des üppig wachsenden Grases zu großen Herden zu versammeln. Während dieser Zeit sind sie ziemlich wenig aktiv und bewegen sich sanftmütig in grasenden Herden wie ihre domestizierten Verwandten.

Kaffernbüffel sind in hohem Maße sozial und bilden riesige, weitgehend reviertreue Herden, die bis zu 1500 Tiere umfassen können, wenn genügend Nahrung vorhanden ist. Zu dieser Zeit erregen die brünftigen Weibchen die Aufmerksamkeit der Männchen, die dann um Dominanz rangeln und sich mitunter heftige Gefechte liefern. Wenn die Ebenen nach den ersten Regenfällen wieder grün werden, ist es in der Masai Mara am schönsten. — *www.maasaimara.com*

Verkleidet zum Jidai Matsuri

JAPAN

WARUM JETZT Um sich zum Festival der Zeitalter ein Kostüm anzulegen – und andere zu bestaunen

WO Kyoto

WANN 22. Oktober

22 OKT Jidai Matsuri wurde erstmals 1895 gefeiert, um nach der Verlegung des Kaiserlichen Hofes nach Tokyo die Stimmung der Städter zu heben.

Der Festumzug findet in historischen Gewändern aus der Zeit um 794 n. Chr. statt, als die Stadt ihre 1000-jährige Amtszeit als Hauptstadt antrat. Start des Umzugs ist der letzte Kaiserpalast, der Kyoto Gosho, der erst 14 Jahre vor dem Entschwinden der höfischen Pracht erbaut wurde. Mehr als 2000 Menschen versammeln sich um die Mikoshi (tragbare Schreine) des ersten und des letzten Kaisers von Tokyo, bevor sie sich auf den 4,6km langen Weg zum Heian-jingū machen, einem Shintō-Schrein nach Vorbild eines alten Palastes — *www.kyotoguide.com*

LINKS: **Kaffernbüffel unterwegs in Kenias Masai Mara.**

UNTEN: **In Ölüdeniz aus der Vogelperspektive auf die Türkische Riviera schauen.**

Über Ölüdeniz fliegen

TÜRKEI

WARUM JETZT Um vom Vaterberg zu springen und wie ein Vogel zu segeln

WO Ölüdeniz, Türkische Riviera

WANN September bis November

23 OKT Wer die Vorstellung mag, sich zusammen mit einer am eigenen Rücken festgeschnallten Person von einer Klippe zu stürzen, der findet kaum bessere Orte dafür als die türkische Gemeinde Ölüdeniz. Der Ort liegt in einer geschützten Lagune an der Türkischen Riviera. Im Herbst wird es hier ruhiger, aber die Tage sind noch warm. Viele Ölüdenizer Veranstalter bieten Paragliding-Tandemflüge. Die besten Sprünge sind die vom 1900m hohen Babadağ (Vaterberg), der von einer fantastischen Thermik umgeben ist. Mit einem Piloten zusammen sucht man diese Aufwinde zu erwischen und mit dem Wind zu segeln; ganze 45 Minuten kann das Hinabgleiten dauern. — *www.babadag.com*

In die Luft gehen

FRANKREICH

WARUM JETZT Um sich von der Atmosphäre des Festival du Vent mitreißen zu lassen

WO Calvi, Korsika

WANN Fünf Tage, Ende Oktober

24 OKT Hier draußen im Mittelmeer kann es schon ein bisschen windig werden. Das anmutige Calvi, eine Küstenstadt auf der wilden Insel Korsika, macht das Beste aus diesen Böen und veranstaltet ein Festival des Windes.

Gefeiert wird die Luft, und das mit allen Mitteln: Hunderte von Artisten und Windfreaks kommen mit ihren Drachen, Ballons, Hängegleitern und Eigenbauten, um der Freiheit der Lüfte zu huldigen. Windrad-Kunst wird ausgestellt, es gibt ein Wett-Windsurfen, anmutige Drachenflug-Vorführungen und Ultraleichtflugzeuge, die übers Meer surren; der Schwerpunkt liegt auf der Nachhaltigkeit. Eine lustige Landpartie für die ganze Familie. — *www.lefestivalduvent.com*

LINKS: FIONA MCINTOSH – GETTY IMAGES

Den Hoerikwaggo wandern

SÜDAFRIKA

WARUM JETZT Um zwischen blühenden Wildblumen auf dem Tafelberg zu wandern

WO Von Kapstadt zum Kap der Guten Hoffnung

WANN Mitte September bis November

25 OKT

Jetzt gilt es, eine der reizvollsten Wandererfahrungen zu machen. Diese 5-Tage-und-4-Nächte-Tour führt über 75km von Kapstadt über den Tafelberg zum Kap der Guten Hoffnung.

Hoerikwaggo – so nannte das nomadische Jäger-und-Sammler-Volk der Khoi den Tafelberg. Der Hoerikwaggo-Pfad verweist auf diese Herkunft und bietet die Gelegenheit, selbst Nomade zu sein und diese Landschaft des duftenden Fynbos (feines Buschwerk), der blendend weißen Strände, der Atlantikküste, der großen Schluchten und natürlich der markanten Hänge des Tafelberges zu Fuß zu erkunden.

Der Pfad ist nicht beschildert, ein zugelassener Bergführer und gutes Kartenmaterial werden dringend empfohlen. Vier Zeltlager gibt es auf der Strecke: Smitswinkel, Silvermine, Slangkop und Orangekloof.

Alle bieten Selbstverpflegungsunterkünfte mit Küche und Sanitäranlagen für bis zu zwölf Personen. Grillplätze stehen ebenfalls zur Verfügung, man kann die Tagestour also traditionell mit südafrikanischem Bratfleisch (Braai) ausklingen lassen.

— *www.sanparks.org/parks*

Mit Eisbären auf Tuchfühlung

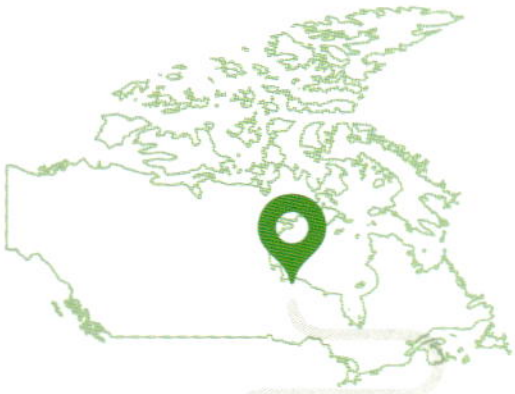

KANADA

WARUM JETZT Die Eisbären versammeln sich und warten auf das Zufrieren der Gewässer

WO Churchill, Manitoba

WANN Oktober und November

26 OKT

Die von Schnee eingeschlossene Stadt Churchill in Manitoba bezeichnet sich selbst als „Eisbärenhauptstadt der Welt". Und das aus gutem Grund.

Jedes Jahr ab Mitte Oktober versammeln sich für etwa sechs Wochen mehr als 1000 Eisbären in der gefrorenen Tundra vor diesem entlegenen Posten an der Hudson Bay im hohen Norden und warten darauf, dass die See zufriert. Und unmittelbar südwestlich der Stadt befindet sich der 11 475 km^2 große Wapusk-Nationalpark, in welchem sich das größte Eisbären-Geburtshöhlengebiet der Welt befindet. Tatsächlich leben hier mehr Eisbären als Menschen, die Bewohner von Churchill verhalten sich entsprechend „bärensicher" und haben ein Auge auf die Tiere.

Eisbären wandern den Sommer über an den Waldrändern und Uferstreifen von Churchill entlang und verbrauchen ihre Fettreserven während der sogenannten Winterruhe. Ende Oktober dann sind sie hager und lethargisch und sparen sich ihre Energie auf, bis sie wieder aufs Eis und auf Robbenjagd gehen können.

Das ist die Zeit, zu der Touristen nach Churchill reisen und sich auf eine Tour mit dem „Tundra-Buggy" begeben. Diese klobigen Geländebusse sind aus Sicherheitsgründen extrem hochbeinig gebaut und befördern ihre Insassen über die gefrorenen Ebenen hinweg mitten in die Menge wartender Eisbären hinein. Die Bären sind zu dieser Zeit furchtlos und sehr neugierig.
— *www.travelmanitoba.com*

Mit Mountainbike in Moab

USA

WARUM JETZT Ohne Hitze und Winterfrost das Moab Ho-Down Bike Festival feiern

WO Moab, Utah

WANN Oktober

27 OKT

Die Gründerväter von Moab würden sich im Grabe umdrehen: Der einst von Mormonen gegründete Ort ist heute voller Mountainbiker und Adrenalin-Junkies. Moab liegt mitten in eindrucksvoller Wüstenlandschaft – und praktisch durchweg auf „Slickrock“ (glattem Fels). Diesen Namen erhielt der weiche Sandstein, weil er für Pferde dereinst zu rutschig war. Für Reifenprofile eines Mountainbikes dagegen ist dieser Untergrund sehr griffig. Die beliebteste der möglichen Geländetouren ist der Slickrock-Trail, der Heilige Gral für Mountainbiker, der sich über die umliegenden Bergrücken zieht, mit kurzen Abstechern zum Colorado und zum Arches-Nationalpark. Wer ohne „Schotterflechten“ (Schürfwunden) ins Ziel einfährt, wird zum wahren Bergfahrer geschlagen. — *www.discovermoab.com*

Den Herrn der Wunder treffen

PERU

WARUM JETZT Weil sich die peruanische Hauptstadt ganz in Violett kleidet, um Christus zu danken

WO Lima

WANN 18., 28. & 29. Oktober

28 OKT

Mit einer großen Prozession wird ein 350 Jahre altes Wandbild des Herrn der Wunder (Christus) gefeiert. Das Fresko – einst von einem freigekommenen schwarzen Sklaven gemalt – hatte alles überlebt: rachsüchtige Machthaber, stümperhafte Bauarbeiter und drei Erdbeben. Die erste Prozession fand 1697 statt, nachdem ein Erdbeben die Kirche zerstört und nur den Altar und das Wandbild verschont hatte.

Heute finden die Prozessionen an den Hauptfastentagen im Oktober statt, im „Mes morado“ (violetten Monat). Dabei wird das zwei Tonnen schwere Kunstwerk von einer 2500 Mann starken Bruderschaft getragen. Alle Anwesenden tragen Violett – diese Farbe trugen einst die Nonnen der Nazarener, die das heilige Bild hüteten.

— *www.peru.info*

LINKS: **Eisbären warten auf das Zufrieren der Gewässer und balgen sich einstweilen, Churchill, Kanada.**

UNTEN: **Moabs Sandstein und die gewaltigen Kulissen sind ein Magnet für Mountainbiker.**

Der Kakadu wird lebendig

AUSTRALIEN

WARUM JETZT Weil jetzt die ersten Regentropfen das Ende der Trockenzeit verkünden

WO Kakadu National Park, Northern Territory

WANN Oktober und November

29 OKT

Bei den Aborigines heißt diese Zeit „Gunumeleng" – Zeit, die Zelte in den Überschwemmungsebenen zusammenzupacken und in höhere Regionen zu ziehen. Noch ist es heiß, doch die ersten Regentropfen beginnen die ausgedörrte Erde zu erweichen. Die Myrtenheide-Bäume stehen in schwer duftender Blüte, das Land wird grün und die Bäume sind zum Bersten voll mit Flughunden. Der Kakadu-Nationalpark ist ein riesiger Park, dessen vielgestaltige Landschaften von Felsformationen bis hin zu Mangroven-Salzsümpfen reichen. Sobald das Wasser nach der siebenmonatigen Dürre zurückkehrt, kehrt auch Leben in das Land zurück, und die Wasserfälle beginnen wieder zu fließen. Eine hervorragende Zeit, um Vögel zu beobachten.

— *www.parksaustralia.gov.au/kakadu*

Verrückte Filme sehen

KANADA

WARUM JETZT Um die besten Leinwand-Abenteuer beim Banff Mountain Film Festival

WO Banff, Alberta

WANN Neun Tage, Oktober/Anfang November

30 OKT

Man stelle sich vor, Hollywood würde auf einen 8er kraxeln, oder Oscars würden für Wagemut verliehen – das Banff Mountain Film Festival ist ein internationales Kurz- und Dokumentarfilmfestival, das sich dem Bergsport und hehren Höhen verschrieben hat.

Aus einer prallen Longlist werden um die 60 Filme ausgewählt, die dann in Banff mitten in den Rocky Mountains gezeigt werden. Die Themen reichen vom Klettern bis zum Kajaken, vom Heli-Biking bis zum Snowboarding, und vom Basejumping bis zum Eintauchen in die Kulturen entlegener Bergvölker. Was immer auch das Thema ist, diese Filme fesseln, inspirieren und ergreifen einen und machen selbst die wildesten Orte der Welt zum Sesselabenteuer.

— *www.banffcentre.ca/mountainfestival*

RECHTS: **Vorsicht vor Halloween-Monstern in den Straßen von New York.**

UNTEN: **Der Regen bringt dem Kakadu Wasserfälle und Blattgrün zurück.**

Herumgeistern zu Halloween

USA

WARUM JETZT Um verkleidet an Big Apples größtem rabenschwarzen Fest teilzunehmen

WO New York City, New York

WANN 31. Oktober

31 OKT

Der schrille Türschwellenschrei „trick or treat!“ (Süßes oder Saures!) von Kindern, die als blutrünstige Zombies oder leichenfressende Dämonen verkleidet sind, gehört zu den USA wie Baseball oder Big Macs. Es ist aus dem amerikanischen Familienalltag schlichtweg nicht mehr wegzudenken, dass die aufgeregten Knirpse Jack-O'-Lanterns aufhängen (ausgehöhlte Kürbisse mit eingeschnitztem Gruselgesicht), bevor sie sich die Gummimasken überstreifen und die ganze Nachbarschaft abklappern. So erbaulich und heilsam es in amerikanischen Kleinstädten zugeht, so ausgemacht unheilvoll sind die Kostümpartys in den Großstädten – allen voran New York und San Francisco. New York veranstaltet das größte Halloween-Fest der Nation, ganz zu schweigen von der riesigen Nachtparade. Mehr als 2 Millionen dunkle Gäste – vom Belzebub über den Beetlejuice bis zu Batman – finden sich ein, um gigantische Marionetten durch Manhattan schwanken zu sehen. Einige Puppen scheinen mit den Hochhäusern der Sixth Ave zu konkurrieren; um sie zu manövrieren braucht es bis zu 1000 Menschen.

Der Name Halloween ist eine Kurzform von „All Hallows' Eve“ und bezeichnet den Vorabend vor dem Hochfest Allerheiligen. Dieses wiederum hat seine Ursprünge im keltischen Samhain-Fest, dem Erntedankfest, anlässlich dessen auch „Apfelbeißen“ gespielt wurde. Wie passend, dass der beste Ort für Halloween-Feiern nun der Big Apple ist. — *www.halloween-nyc.com*

Die Toten feiern

MEXIKO

WARUM JETZT Es ist Tag der Toten, und jeder ist geladen – ob tot oder lebendig

WO Oaxaca oder Mixquic, Mexiko

WANN 1. und 2. November

01 NOV

Mexikos Gedenken an die verschiedenen Seelen ist ein fröhlicher Beweis der Unsterblichkeit. In ihrer von den Azteken übernommenen Vorstellung glauben die Mexikaner, dass ihr Tod in Mictlan lauere, einer Art spirituellem Wartezimmer, und dass sie dann in ihre Heimat zurückkehren können. In den Familien werden deshalb Vorbereitungen getroffen, die den Seelen helfen sollen, nach Hause zu finden; Blumenbögen aus leuchtend gelben Tagetes sollen den Weg weisen. Auf den Totenaltären stapeln sich Berge von Gaben: Blumen, Kerzen, „Tamales“ (Maisteigtaschen). Viele backen das „Pan de Muertos“ (Totenbrot), das aus Eidottern, Früchten und Tequila zubereitet und mit dem Symbol des Todes verziert wird. Den Höhepunkt erreicht das Fest auf dem Friedhof. Jede Familie verbringt den Tag damit, die Gräber zu säubern, sie mit Kerzen und Blumen zu schmücken, daneben zu picknicken und zu Mariachi-Musik zu tanzen. Zu dieser Zeit sind die Straßen schon voller Pappmaché-Skelette in Kleidern und Hüten. Mixquic – die „Stadt der Toten“ – ist für ihre Prozessionen bekannt, die an den Schreinen anhält und die Verstorbenen anruft. — *www.visitmexico.com*

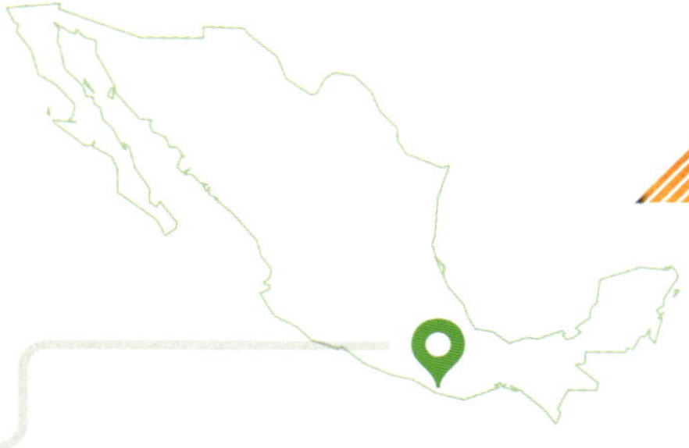

RECHTS: TRAVEL IMAGES/UIG – GETTY IMAGES

November

Tanz zur Fête Ghede

HAITI

WARUM JETZT Die Karibikinsel feiert den Tag der Toten im Voodoo-Stil

WO Zentralfriedhof, Port-au-Prince

WANN 1. und 2. November

02 NOV

Wer am 1. November nicht in Mexiko sein kann, verbringe den 2. auf dieser exzentrischen Karibikinsel und feiere den Tag mal völlig anders. Die Fête Ghede ist die Voodoo-Version des Tags der Toten, mit dem entscheidenden Unterschied, dass die haitianischen Geister ein klein wenig ausgelassener sind. Tatsächlich erzählt man sich Geschichten von Ghede-Loa (Geistwesen), die ins Haus des Präsidenten platzten und Geld verlangten. Er zahlte natürlich.

Die Riten finden den ganzen November über statt, die meisten jedoch zu Monatsbeginn. Auf dem Zentralfriedhof der haitianischen Hauptstadt Port-au-Prince kommen Voodoo-Gläubige zusammen, um die Ghede und ihren Totenherrscher Baron Samedi zu ehren und ihnen Gaben zu bringen, wie selbst gemachte Bienenwachskerzen, Blumen und – um die Ghede-Knochen zu wärmen – mit Chili-Schoten gefüllte Rumflaschen.

Noch schärfer als die schärfsten Chilis sind die Tänze in den Hounfour-Tempeln, an denen auch die Toten teilnehmen, so glaubt man. Und weil die Ghede auch mit Fruchtbarkeit assoziiert werden, sind Kinder gern gesehene Gäste. Manche Teilnehmer, die glauben, sie seien von Geistern besessen, reiben sich gepfefferten Alkohol in die Genitalien. Man bedenke, dass in Haiti noch immer die UN-Stabilisierungsmission in Kraft und das Reisen zuweilen eine Herausforderung ist. Man sollte sich vor einem Besuch über die Sicherheitslage informieren.

— *www.haititourisme.org*

Weißkopfseeadler sehen

USA

WARUM JETZT Um einer famosen Versammlung überwinternder Raubvögel beizuwohnen

WO Chilkat River, Alaska

WANN November

03 NOV

Kein Wunder, dass der Weißkopfseeadler zum Nationalsymbol der USA erkoren wurde. Mit einer Flügelspanne von 2,5m, den durchdringenden Schreien und seinem unerschrockenen Auftreten zählt er zu den stattlichsten Vögeln der Welt. Wer sich an einem frühen Novembermorgen an den Chilkat River begibt, wird in den ufernahen Pappeln so viele Weißkopfseeadler sitzen sehen, dass es aussieht wie Weihnachtsbaumschmuck. Es ist die größte Zusammenkunft von Weißkopfseeadlern in Nordamerika; bis zu 3500 Tiere versammeln sich an einem kurzen, eisfreien Abschnitt in der Nähe von Haines (Alaska). Eine der schönsten Veranstaltungen wird Anfang November gefeiert: das Alaska-Weißkopfseeadler-Fest.
— *www.baldeagles.org*

Der Diablada zuschauen

PERU

WARUM JETZT Um den Teufel persönlich durch die Stadt am See tanzen zu sehen

WO Puno, Titicaca-See

WANN Eine Woche vor dem 5. November

04 NOV

Über die Diablada – das Fest, zu dem die Männer als Teufel verkleidet durch Puno ziehen – erzählt man sich viele Geschichten. Eine besagt, die gehörnte Prozession sei ein Gedenken an die Abreise der verteufelten Eroberer Ende des 19. Jhs. Einer anderen Version nach sei das die Art, mit der Puno den Geistern des Titicaca-Sees Respekt zollt. In jedem Falle führt eine einheimische Verkörperung des Dunklen Herrschers die Prozession an; ihn begleiten Tänzer, die sich wie besessen bewegen. Ein sicheres Zeichen dafür, dass hier nichts Gottloses auf den Füßen ist – und dass die Diablada wie viele andere lateinamerikanische Feste aus christlichen und indigenen Glaubensvorstellungen hervorging – ist die Tatsache, dass die roten Monster Kruzifixe um den Hals tragen. — *www.peru.info*

LINKS: **Voodoo-Zeremonien in Port-au-Prince, Haiti.**

UNTEN: **Ein majestätischer Weißkopfseeadler breitet seine Flügel aus.**

Für die Bonfire Night brennen

ENGLAND

WARUM JETZT Um der gescheiterten Pulverschwörung mit Feuerwerk zu gedenken

WO Lewes, East Sussex

WANN 5. November

05 NOV

Mit der Bonfire Night gedenkt man einer geschichtsträchtigen Gaunerei. 1605 nämlich hatten britische Katholiken, die mit dem Hardliner-Protestantismus haderten, das Parlament in die Luft zu sprengen versucht. Doch am 5. November wurde Sprengmeister Guy Fawkes in den Kellern entdeckt, gefasst und ordnungsgemäß hingerichtet. Heute wird der Kerl in der Guy Fawkes Night alljährlich auf dem Scheiterhaufen verbrannt, unterm Jubel der vielen Zuschauer. Erwachsene trinken Glühwein, Kinder wedeln mit Wunderkerzen. Jeder kämpft mit Unterkühlung und der Himmel mit endlosem Feuerwerk. Das südenglische Lewes hat noch einen weiteren Grund, Raketen zu zünden. 1555 ließ die katholische Königin Maria I. 17 protestantische Rebellen auf dem Scheiterhaufen verbrennen. Heute versammeln sich bis zu 60 000 Besucher, um bei der Verbrennung von Papst-Bildnissen zuzuschauen und jener Märtyrer zu gedenken. Der Attrappe des Geistlichen werden nicht selten auch moderne Zeitgenossen wie Premierminister, Präsidenten oder Terroristen beigegeben. — *www.visitengland.com*

Vom Sky Tower springen

NEUSEELAND

WARUM JETZT Der Lenz ist da – eine gute Zeit, um fröhlich beschwingt aus luftiger Höhe zu springen!

WO Auckland

WANN November

06 NOV

Man denke an ein Bungeespringen, nur auf sehr urbane Art, nach Auckland-Art eben. Die größte neuseeländische Stadt bietet auch einen der größten Adrenalinstöße des Landes: den SkyJump, einen kabelgesicherten 192m-BASE-Jump vom höchsten Gebäude Neuseelands. Einige Stockwerke über den Restaurants und Bars des Towers wird man in einen Gurt und eine Art Superman-Anzug gesteckt und an Seilen eingehängt. Springt man dann, läuft das mittlere Sicherungsseil scheinbar reibungslos über ein Flügelrad von der Rolle und man fällt mit einer Geschwindigkeit von bis zu 85km/h nach unten.

— *www.skyjump.co.nz*

Kloofing in der Suicide Gorge

SÜDAFRIKA

WARUM JETZT Die Strecke ist nur 6 Monate im Jahr geöffnet und die Schluchten kühlen ab

WO Suicide Gorge, Westkap

WANN November bis April

07 NOV

Kloofing – so nennen Südafrikaner das „Schluchteln" durch die Canyons. Ziel ist, sich einen Weg durch eine unglaublich enge Schlucht zu bahnen: laufen, kriechen, in Wasserbecken springen, Felsen hinunterrutschen, mit Strömungen schwimmen, von steilen Abhängen abseilen und heil am Boden ankommen. Eine der beliebtesten Routen in Westkap ist die durch die Suicide Gorge, ein mit Wasserfällen gespickter Canyon in den Boland-Bergen. Die tiefen Sprünge (bis zu 15m) lassen ahnen, warum die („Selbstmord"-)Schlucht so heißt. Die Strecke ist 18km lang und nimmt 8 Stunden Zeit in Anspruch.

— *www.capenature.org.za*

LINKS: **Zur Bonfire Night werden in Lewes historische Kostüme getragen.**

UNTEN: **BASE-Jump vom Sky Tower, dem Wahrzeichen Aucklands.**

Durch die Biolumineszenz

PUERTO RICO

WARUM JETZT Weil neben den Preisen auch die Temperaturen niedriger sind

WO Vieques, 80 km südöstlich vor San Juan

WANN November und Mai (Zwischensaison)

08 NOV

Was es in der Bioluminescent Bay zu sehen gibt, sind nicht die winzigen Dinoflagellaten selbst, sondern der unglaubliche Effekt, den unzählige dieser Lebewesen im Wasser hervorrufen. Die Bucht auf Vieques bietet das wohl schönste und hellste Schauspiel dieser Art auf der Welt; in anderen Orten wurde das ökologische Gleichgewicht zerstört. Auf einen Liter Meereswasser dieser Bucht kommen Hunderttausende Dinoflagellaten. Werden sie mechanisch gereizt, produzieren sie ein blaugrünes Leuchten. Ein buchstäblich blendender Effekt stellt sich ein, wenn man durch dieses Wasser paddelt oder schwimmt, vor allem eine oder zwei Nächte nach Vollmond. — *www.biobay.com*

In Cenoten tauchen

MEXIKO

WARUM JETZT Das Wasser dieser natürlichen Becken ist jetzt am klarsten

WO Halbinsel Yucatán

WANN November bis März

09 NOV

Vor 65 Millionen Jahren schlug ein verheerender Asteroid auf dem Gebiet der heutigen mexikanischen Halbinsel Yucatán ein und hinterließ einen riesigen Krater. Millionen Jahre später bildeten sich unter der Oberfläche des Kraters Risse und Hohlräume im Kalkstein, die sich allmählich mit Regenwasser füllten. Noch später begann die Höhlendecke über diesen unterirdischen Hohlräumen zu erodieren und das komplexe System darunter liegender Flüsse und Cenoten (Dolinen) freizulegen.

Heute finden sich auf Yucatán an die 3000 Cenoten, darunter auch die „Heilige Cenote" des Maya-Tempels Chichén Itzá. Diese fantastische Karsthöhle von 60m Durchmesser ist 35m tief; tauchen kann man hier aber leider nicht. In vielen anderen Cenoten ist es jedoch erlaubt – an fixierten Seilen. Beliebte Tauchplätze sind Ponderosa bei Puerto Aventuras und die Cenote Azul, ein 90m tiefes natürliches Wasserbecken am Ufer der Laguna Bacalar. Die Cenote Dos Ojos ist eine der eindrucksvollsten – ein gespenstisches Wunderland aus Stalagmiten und Stalaktiten.

— *www.visitmexico.com*

„Arrrr!“ rufen wie ein Pirat

CAYMAN ISLANDS

WARUM JETZT Die Finanzhauptstadt der Karibik ist jetzt voller bärbeißiger Banditen

WO George Town

WANN 1 10 Tage Anfang/Mitte November

10 NOV

Das Piratenfestival ist ein zehntägiges Menü aus Musik, Tanz, Spielspaß und kontrolliertem Chaos. Zwei Nachbauten von Galeonen aus dem 17. Jh. greifen zusammen mit anderen Booten und sogar seltsamen U-Booten „überraschend“ den Hafen von George Town an.

Die meisten Veranstaltungen sind jedoch harmloser als ein zensiertes Seemannslied, und viele werden von den Geldmachern der Insel finanziert. Für antikapitalistische Piraten gibt es andere Häfen. Einen Heidenspaß etwa macht die Pappboot-Regatta (mit Preis für den „spektakulärsten Untergang“). Feuerwerke und Straßenpartys runden das Entermesser-Schwingen ab.

— *www.pirateswee kfestival.com*

Wider das Vergessen

ENGLAND & WEITERE

WARUM JETZT Am Volkstrauertag gedenken viele Nationen ihrer Kriegstoten

WO Cenotaph, London

WANN 11. November

11 NOV

Dieser Tag hat viele Namen. In Großbritannien heißt er „Tag des Erinnerns“; in Belgien und Frankreich „Tag der Waffenruhe“, in den USA „Veteranentag“. Alle gedenken sie jener tapferen Seelen, die für ihr Land ihr Leben ließen. In der 11. Stunde des 11. Tages des 11. Monats im Jahr 1918 wurden die Kriegshandlungen des Ersten Weltkriegs offiziell eingestellt. Heute ist es üblich, an diesem Tag um 11 Uhr zwei Schweigeminuten einzulegen. In London versammeln sich am darauffolgenden Sonntag Würdenträger und Veteranen zur Kranzniederlegung am Mahnmal Cenotaph, zu der ein einsamer Hornbläser „The Last Post“ spielt.

— *www.britishlegion.org.uk/remembrance*

LINKS: **In einer sonnenhellen Cenote in Mexiko tauchen.**

UNTEN: **Kränze zum Volkstrauertag am Mahnmal Cenotaph in London.**

Aus der Metropole wandern

HONGKONG

WARUM JETZT Die Temperaturen sind mild, der Himmel ist blau, die Sonne scheint

WO Hongkong

WANN Oktober bis Dezember

12 NOV

Das mega-urbane Hongkong ist mehr als nur Downtown und Dim Sum. Hier leben mehr als 7 Millionen Menschen, allerdings auf nur 10% der verfügbaren Fläche; um die 1000km² stehen allen Erkundungen offen.

Wanderwege gibt es in dieser Region zahlreiche, darunter auch vier Fernwanderwege. Der 50km lange Hongkong Trail verbindet fünf Landschaftsparks auf Hong Kong Island. Der Lantau Trail ist 70km lang und führt über die Berggipfel von Mui Wo nach Tai O und zurück. Der Wilson Trail (78km) beginnt auf Hong Kong Island, führt dann aber in die New Territories. Der MacLehose Trail geht 100km über die Kowloon-Halbinsel.

— *www.discoverhongkong.com*

Everglades per Kanu

USA

WARUM JETZT Es gibt mal kaum Mücken

WO Everglades-Nationalpark, Florida

WANN November

13 NOV

Die Everglades in der Südspitze von Florida sind mit 6070km^2 der drittgrößte Nationalpark der USA. Sie sind die größte subtropische Wildnis des Landes und UNESCO-Welterbe. Und sie sind ein Marschland von globaler Bedeutung. Dieser von Kanälen und Meeresarmen durchzogene, wässrige Irrgarten ist am besten per Kanu oder Kajak zu erschließen. Die Hauptpaddelstrecke ist der Wilderness Waterway, eine 159km lange Reise durch die Mangroven und Binsenschneide-Prärien des äußersten Westens der Everglades. Er beginnt in Everglades City und windet sich dann durch die Ten Thousand Islands, um schließlich beim Besucherzentrum in Flamingo zu enden. Alligatoren, Delfine, Manatis und Rosalöffler säumen die Tour. An den Flussufern befinden sich zahlreiche Camp- und Rastplätze. Für das Zelten im Hinterland bedarf es einer Genehmigung – und eines ausgeprägten Sinns für Abenteuer.
— *www.nps.gov/ever*

LINKS: NATA DEGANY – GETTY IMAGES

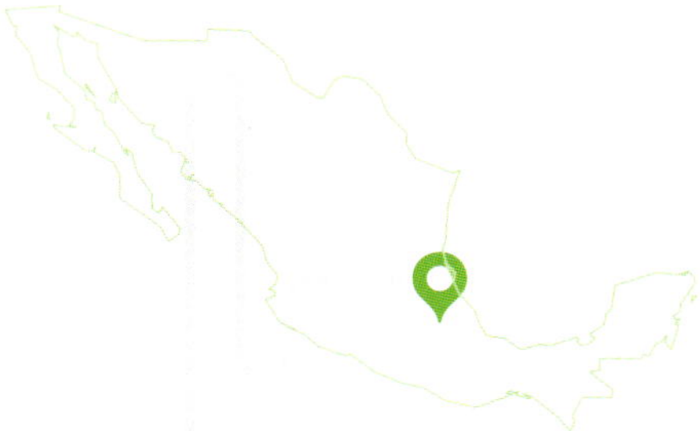

Den Pico de Orizaba besteigen

MEXIKO

WARUM JETZT Um in der Hauptsaison am Berg den Kraterrand zu besteigen

WO Tlachichuca

WANN November

14 NOV

Mexikos höchster Berg (5611m) ist der dritthöchste Berg Amerikas, nur der Denali in Alaska und der Mount Logan in Kanada überragen ihn. Der Orizaba (auch: Citlaltépetl) gilt als schlafender Vulkan. Er hat einen kleinen Krater; der Gipfel ist die meiste Zeit des Jahres schneebedeckt. Wer keine Erfahrungen in der Ortung und im Schnee- und Eisklettern hat, sollte sich nicht ohne einen Führer hinaufwagen. Meist wird der Berg über die Nordseite bestiegen, die Kleinstadt Tlachichuca bildet den Ausgangspunkt. Von dort nimmt man am besten ein Taxi nach Villa Hidalgo auf 3400m Höhe und wandert dann die 10km bis zur Berghütte auf 4200m. Steigeisen sind erforderlich, zur Sicherheit auch Seile und Eispickel. Die meisten Kletterer machen sich um 2 Uhr morgens auf den Weg, um den Gipfel bei Sonnenaufgang zu erreichen.
— *www.visitmexico.com*

Bei Nashörnern im Kaziranga

INDIEN

WARUM JETZT Der Park öffnet meist Mitte November, wenn das Hochwasser zurückgeht

WO Kaziranga-Nationalpark, Assam

WANN Mitte November bis März

15 NOV

Indische Panzernashörner verdanken ihre Existenz den ausgedehnten Auenwäldern und Grassavannen dieses Naturparks. Er wurde erstmals 1905 als ein solcher erwogen, als die Frau des indischen Vizekönigs diesen Landstrich bereiste und nicht ein einziges der Nashörner sah, für die er sich rühmte. Zu jener Zeit gab es nur noch etwa ein Dutzend. Heute beherbergt der Kaziranga zwei Drittel des weltweiten Gesamtbestands der Nashörner (etwa 2290) und die weltweit größte Bestandsdichte an Tigern. Die erfolgreiche Bestandserhaltung verdankt der Kaziranga auch seinen Hütern, die eifrig durch den Park patrouillieren. Ein natürlicher Feind der im Park lebenden Tiere sind die Überschwemmungen, die auftreten, wenn der Brahmaputra von Mai bis Oktober über die Ufer tritt. Die Tiere ziehen sich dann in die Karbi Hills der Karbi-Anglong-Berge zurück. Sinkt der Pegel wieder, grünen die Hochgrashabitate, und die Tiere laufen freudig auseinander. Am besten lassen sich die Tiere von Elefantenrücken oder von Jeeps aus beobachten, oder von den Aussichtstürmen im Park.
— *www.kaziranga-national-park.com*

Den ersten Satz lernen

ISLAND

WARUM JETZT Es ist Tag der Isländischen Sprache – und vielleicht auch Zeit für Nordlichter

WO Reykjavík

WANN 16. November

16 NOV

Gleðilegan dag íslenskrar tungu! Das klingt zungenbrecherisch, ist aber genau der richtige Satz für einen „Frohen Tag der Isländischen Sprache!" Jedes Jahr am 16. November, dem Geburtstag des isländischen Dichters und Autors Jónas Hallgrímsson aus dem 19. Jh., wird dem Schutz der isländischen Sprache gedacht.

Isländisch ist nicht leicht zu beherrschen, ein Tag wird dazu nicht ausreichen. Aber auch sonst ist die fast arktische Insel im November einen Besuch wert: Die Saison ist vorbei, die Preise sind wieder niedriger und die Temperaturen noch nicht unter null. Und es ist Nordlicht-Zeit! Die dunklen Himmel bieten eine ideale Leinwand für funkelnde Polarlichter. – *www.iceland.is*

Die BVI umsegeln

BRITISCHE JUNGFERNINSELN

WARUM JETZT Weil Hochsaison und Trockenzeit jetzt ihren Zenit erreichen

WO Jungferninseln

WANN November

17 NOV

Eine gelungene Mischung aus geografischen und geologischen Daten machen die Britischen Jungferninseln (British Virgin Islands, BVI) zum Wunderland für Segler. Hier ist das Klima ganzjährig mild, die Passatwinde sind stabil, die Tiden und Strömungen gemäßigt, und im 56km langen Sir-Francis-Drake-Kanal gibt es eine geschützte Durchfahrtsstraße und Hunderte von Anlegestellen. Durch all diese Faktoren lassen sich die BVI sehr leicht besegeln. Es bieten sich drei Möglichkeiten: an einer Segelschule teilnehmen; ein leeres Boot chartern (ohne Mannschaft, aber mit voller Ausrüstung); oder ein Luxusschiff mit Crew chartern. – *www.bvitourism.de*

LINKS: **Zwei Panzernashörner (lateinisch: Rhinoceros unicornis) grasen im Kaziranga-Nationalpark, Indien.**

UNTEN: **Yachten ankern vor Tortola, Britische Jungferninseln.**

Sinai erkunden

ÄGYPTEN

WARUM JETZT Die Sommer sind zu heiß, die Winter oft verschneit – zwischendurch ist es ideal

WO Sinai-Halbinsel

WANN November

18 NOV

Biblisch und bezaubernd: Ägyptens Sinai ist eine Wüstenlandschaft, die paradoxerweise für ihren Wassersport bekannt ist. Wie ein Korken steckt Sinai im Hals des Roten Meeres und birgt an der Südküste fantastische Unterwasserwelten – ein Paradies für Taucher und Schnorchler. Im Ras-Mohammed-Nationalpark befinden sich die schönsten Tauchplätze, darunter Wracks, der Eel Garden und das Shark Observatory. Das Innere der Halbinsel ist ein Land der Wüstenebenen und der zerklüfteten Felsen. Berühmtester Gipfel ist der 2285m hohe Berg Sinai, auf dem Moses die Zehn Gebote erhalten haben soll. Über die 3750 Stufen der Buße gelangt man zum Gipfel. – *www.egypt.travel*

Ein Toast auf Toiletten!

INDIEN

WARUM JETZT Es ist Welt-Toiletten-Tag! Und Indiens Hauptstadt macht allen Ernst

WO Neu-Delhi

WANN 19. November

19 NOV

Das stinkt nach völlig durchgeknallter Welt, aber es stimmt, heute ist tatsächlich Welt-Toiletten-Tag! Die Welttoilettenorganisation, die diesen Tag ins Leben rief, hat es sich zur Aufgabe gemacht, die Regierungen der Welt zu einer Verbesserung der sanitären Einrichtungen zu bewegen. Das wohl beste Örtchen, um den Lokus zu loben und dem Abort zu applaudieren, ist das von Sulabh International eingerichtete Toilettenmuseum in Neu-Delhi, einer Sammlung aus Plumpsklos, Nachttöpfen und Exemplaren von 2500 v. Chr. bis in die Moderne, inklusive einer Replik des königlichen Leibstuhls von Ludwig XIV. — *www.worldtoilet.org; www.sulabhtoiletmuseum.org*

Unterwasserbummel

MAURITIUS

WARUM JETZT Um beim Spaziergang einmal richtig nass zu werden, bevor die Regenzeit einsetzt

WO Grand Baie und Belle Mare

WANN Mitte März bis Anfang Mai

20 NOV

Der noch junge Sport des Unterwassergehens – auch „Snuba-Tauchen" – bietet selbst Tauchunkundigen die Gelegenheit, die farbenfrohe Welt unter den Wellen vollkommen sicher zu erleben. Mit nur einem Tauchgurt und einem Tauchhelm bewehrt, wird man zum sandigen Meeresboden geleitet und kann die Fische mit bloßem Auge und in ihrer natürlichen Umgebung betrachten. Das Atmen ist dabei kein Problem – solarbetriebene Pumpen im Boot darüber liefern Sauerstoff nach unten, der ausreicht, um 15 bis 20 Minuten über den Meeresgrund zu „flanieren". Sogar die Brille kann man aufbehalten, denn (einzig) der Kopf bleibt dabei vollkommen trocken. — *www.tourism-mauritius.mu*

RECHTS: **Palmenflughunde im sambischen Kasanka-Nationalpark fliegen in Kolonien von 100 000 Tieren und mehr.**

UNTEN: **Flache Wellen am Strand der Insel Yoff, Dakar, Senegal.**

Die Atlantik-Welle reiten

SENEGAL

WARUM JETZT Weil jetzt der Winter beginnt – die Wellen sind für jeden Surfer super

WO Ngor & Dakar

WANN November

21 NOV

Für einen Senegal-Aufenthalt im November gibt es viele gute Gründe. Das Wetter ist trocken, die Temperaturen liegen bei kühlen 25°C und die Strände sind noch nicht überlaufen. Vor allem Surfer treffen zu dieser Zeit eine besonders gute Wahl, denn im November gibt es Wellen aller Formen und Höhen (von 50cm bis 3m), die sowohl Breaks für Anfänger als auch für Profis bieten. Surfschulen gibt es nahe der Hauptstadt Dakar und auf der winzigen Insel Ngor direkt vor dem Festland. Hier kann man tagsüber die ersten Fertigkeiten an fast menschenleeren Strände erlernen und nachts – bei cooler Musik und frischen Meeresfrüchten – einen Après-Surf genießen. — *www. gosurf.dk*

5 Millionen Flughunde

SAMBIA

WARUM JETZT Weil es hier während der Obstsaison riesige Schwärme von Flughunden gibt

WO Kasanka-Nationalpark

WANN November und Dezember

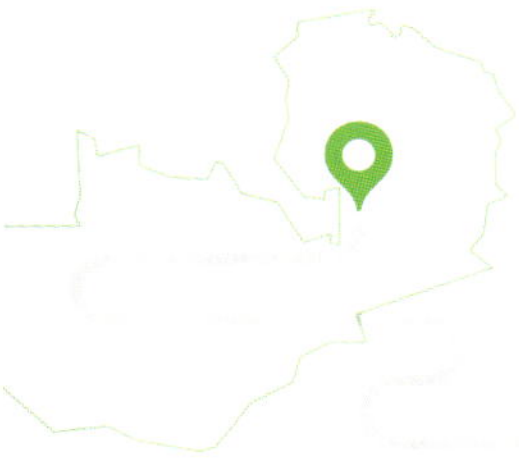

22 NOV

Es ist schon seltsam, dass manche großartigen Schauspiele der Tierwelt lange Zeit unbemerkt bleiben. So war es bei den Palmenflughunden im sambischen Kasanka-Nationalpark. Diese großen Fledertiere aus Äquatorialafrika begeben sich auf ihrer Suche nach Obstbäumen auf eine lange Wanderung. Eine Reise, die sie jeden November und Dezember – wenn die meisten Musuku-Früchte reif sind – auch in den Kasanka führt. Geschätzte 5 Millionen Flughunde versammeln sich hier auf einem einzigen Hektar Sumpfwald, und manchmal sitzen so viele Tiere gleichzeitig in einem Baum, dass selbst große Äste unter dem gesammelten Gewicht herunterbrechen.

Jeden Abend zu Dämmerungsbeginn erhebt sich der gesamte Schlafplatz in die Lüfte; vom „Fibwe"-Hochstand kann man diesem unvergesslichen Schauspiel der himmelfüllenden Flughunde 25 Minuten lang zusehen. Die Tiere verbringen die ganze Nacht damit, über viele Quadratkilometer hinweg Früchte zu fressen und die Kerne nach dem Verzehr gleich wieder auszuspucken. — *www.kasanka.com*

Wandern durch die Sämen-Berge

ÄTHIOPIEN

WARUM JETZT Zu Beginn der Trockenzeit gibt es noch grüne Landschaften und Wildblumen

WO Sämen-Berge (Simien Mountains)

WANN Oktober bis Mai

23 NOV

Weit entfernt von allen ausgetretenen Bergpfaden Afrikas gibt es noch einen ganz andersartigen Gebirgszug auf diesem Kontinent: die Sämen-Berge mit ihren weiten Hochebenen, die durch breite Flusstäler unterbrochen werden. Etliche der Gipfel überragen die 4000m, darunter auch der höchste Berg Äthiopiens und vierthöchste Afrikas: der Ras Daschän (4543m). Im nordöstlichen Zipfel des Gebirgszuges befindet sich eine 60km lange Schichtstufe, die eine Landschaft voller Felsnadeln und Hochebenen überragt und eine fantastische Aussicht bietet.

Wie auch immer man die Sämen-Berge betrachtet: Sie sind überwältigend. Und sie bieten einige anstrengende, aber unendlich lohnende Trekking-Touren. Nicht nur die Landschaft (und die Höhe) verschlägt einem die Sprache, sondern auch die Freude darüber, inmitten einer Gruppe von Blutbrustpavianen zu sitzen oder prächtigen Äthiopischen Steinböcken beim Kampf auf Felsvorsprüngen zuzusehen.

Die Touren starten und enden alle im amharischen Debark, wo auch die Parkverwaltung ihren Sitz hat. Die imposanteste Landschaft ist jene um die Schlucht von Geech, wobei der klassische Sämen-Trek aber an Geech vorbei und weiter bis zum Gipfel des Ras Daschän führt. Für die Rücktour sollte man 8 bis 10 Tage einplanen.

— *www.tourismethiopia.gov.et*

RECHTS: ALEXEI KALMYKOV – GETTY IMAGES

Der Himmel als Leinwand

VENEZUELA

WARUM JETZT Jetzt sind die Chancen auf ein stürmisches Spektakel am besten

WO Río Catatumbo, Lago de Maracaibo

WANN September bis November

24 NOV

Die ungewöhnlichen Erscheinungen, die im Nationalpark Ciénagas del Catatumbo zu beobachten sind, wirken erst einmal beängstigend. Nahe der Mündung des Río Catatumbo in den Maracaibo-See tritt ein seltsames Phänomen auf, bei dem sich unzählige Blitze scheinbar ohne begleitende Donner entladen. Die unheimlich stillen nächtlichen Himmelsfeuer werden auch als Catatumbo-Gewitter bezeichnet und können so stark, hell und dauerhaft sein, dass man dabei sogar lesen könnte. Manche halten sie für den weltweit größten Erzeuger von Ozon-Gas. Inzwischen gibt es einige Theorien zur Erklärung des Leuchtens; am einleuchtendsten ist jene, die davon ausgeht, dass kalte Fallwinde der Grund sind, die von den 5000m hohen Gipfeln der nahen Anden absteigen und auf den heißen Wasserdampf über dem Maracaibo-See prallen. In der Folge kommt es zu einer Ionisation der Luftteilchen und dadurch zu jenem Leuchten. Im Durchschnitt sind die Nachthimmel hier an etwa 160 Tagen im Jahr entsprechend geladen, die eindrucksvollsten Spektakel treten jedoch (aufgrund der Regenzeit) im September und November auf, wenn sich pro Minute bis zu 150 oder gar 200 Blitze entladen, die von bis zu 400km Entfernung zu sehen sind.

Ausflüge zum Nationalpark Ciénagas del Catatumbo können von Mérida (Westvenezuela) gebucht werden. Es lohnt sich, ein paar Tage in dieser reizvollen Stadt aus Kolonialbauten zu verweilen. — *www.venezuelaturismo.gob.ve*

Kamelmarkt in Pushkar

INDIEN

WARUM JETZT Um ein Kamel zu kaufen

WO Pushkar, Rajasthan

WANN Zeitgleich mit dem „Kartik-Purnima"-Fest zum Herbstvollmond im November

25 NOV

Bis zu 50000 Kamele und 200000 Menschen zieht der Kamelmarkt in Pushkar jährlich an – jener Anlass, zu dem sich die Bauern aus Rajasthan versammeln, um Kamele, Rinder und Pferde zu kaufen oder verkaufen. Die meisten Geschäfte werden jedoch in den Tagen vor dem Markt abgeschlossen, denn mit Beginn des Festivals werden Schnurrbart-Wettbewerbe und Sportveranstaltungen wichtiger als die Kamele selbst.

Für die sieben Festivaltage gibt es ein volles Programm von Veranstaltungen wie Tauziehen, Kabaddi-Spiele und Wettbewerbe im Turbanbinden, die fast alle auf dem Festivalgelände stattfinden. Wer lieber Kamele sieht denn Menschenmassen, sollte kurz vor Festivalbeginn kommen. Denn die Kamelhändler treffen ein paar Tage vorher ein. — *www.rajasthantourism.gov.in*

Mit Millionen Krabben kosen

AUSTRALIEN

WARUM JETZT Um dabei zu sein, wenn 120 Millionen Rote Landkrabben zur Küste strömen

WO Weihnachtsinsel

WANN Mitte November bis Mitte Dezember

26 NOV

Die Wanderung von 120 Millionen Roten Landkrabben auf der Weihnachtsinsel ist eins der fantastischsten Naturspektakel. Obgleich die vielen Niederschläge und die hohe Luftfeuchtigkeit den Krabben ein ganzjähriges Leben an Land ermöglichen, müssen sie zur Fortpflanzung ins Wasser. Also verlassen sie einmal im Jahr allesamt ihre Wälder, um zur Meeresküste zu wandern. Die Reise ist riskant – etwa eine Million Krabben sterben unterwegs vor Hitze, Wassermangel oder weil sie überfahren werden. Die Krabben vermehren sich im Küstenwald. Die Männchen graben Liebeshöhlen und paaren sich dort mit den Weibchen, welche dann nachts und bei Flut ans Ufer wandern und die befruchteten Eier ins Meerwasser abgeben.
— *www.christmas.net.au*

LINKS: **Blitzgewitter an der Mündung des Catatumbo.**

UNTEN: **Die Kamele auf dem Markt in Pushkar sind die schönsten.**

Sich an Pinguine pirschen

SÜDGEORGIEN

WARUM JETZT Jetzt beginnt eine der imposantesten Tierversammlungen der Erde

WO Südatlantik

WANN Ende November bis Februar

27 NOV

Mitten im Südatlantik, 2150km von der Südspitze Südamerikas entfernt, befindet sich einer der abgelegensten Orte der Welt: Südgeorgien.

Diese zerklüftete Insel – von heftigen subantarktischen Stürmen umtost und von bewegter See malträtiert – ist schwer zugänglich und wird nur von wenigen Reisenden besucht. Zum Glück gibt es spezialisierte Kreuzer, die hier vorbeischauen. Südgeorgien befindet sich am Zonenrand der Antarktischen Konvergenz, einem durch Auftriebe nahrungsreichen Gebiet, und ist daher ein wichtiges Brutgebiet von Seevögeln und Meeressäugern. Um die 400 000 Königspinguine nisten hier, und an die 5 Millionen Goldschopfpinguine. Dazu gesellen sich riesige Bestände weiterer Seevögel, 300 000 Südliche See-Elefanten und 3 Millionen Antarktische Seebären. Man geht von der größten Wildbestandsdichte der Welt aus. Flaggschiffe sind neben den Königspinguinen (die zweitgrößten ihrer Art) auch die ziehenden Albatrosse. Die Hälfte des weltweiten Bestands hält ab Mitte November hier Einzug, vollführt seine kunstvollen Balztänze und brütet. — *www.sgisland.gs*

Bestes Wetter begrüßen

KARIBIK

WARUM JETZT Weil die Wirbelsturmsaison offiziell vorbei ist – bis zum nächsten Jahr

WO in der ganzen Region

WANN Ende November

28 NOV Die Karibik ist paradiesisch – mit einem Vorbehalt. Diese Idylle mit atemraubenden Stränden, kristallklaren Wassern hat ein Problem: das zuweilen bedrohliche Wetter. Die Zeit vom 1. Juni bis zum 30. November gilt offiziell als Wirbelsturmsaison. Dann brechen fürchterliche Stürme über die Inseln herein (oder auch nicht), und es regnet mehr als sonst. Zum Glück bringt das Novemberende den Anfang einer besseren, trockeneren und beständigeren Zeit in diesen Gefilden. Dann ist beste Reisezeit. Die später hereinflutenden Hochsaison-Scharen sind noch fern, doch Rum-Cocktails sind schon zu haben und die Himmel meist sonnig und heiter. — *www.caribbeantravel.com*

LINKS: **Ein Kindergarten junger Königspinguine in Südgeorgien.**

UNTEN: **Traditionelle Bergvolk-Kleidung, Nordthailand.**

Bergvölker besuchen

THAILAND

WARUM JETZT Das Wetter ist erfrischend, es regnet selten und die Wildblumen blühen

WO Umgebung von Chiang Mai und Chiang Rai

WANN November bis Februar

29 NOV Die Berge im Norden Thailands sind nicht nur landschaftlich spektakulär. Sie sind auch die Heimat traditionell lebender Gemeinden, die zu besuchen jede Wanderung bereichert. Wanderrouten sollten dennoch mit Bedacht gewählt werden; als Voyeur in diese entlegenen Dörfer zu kommen, kann als sehr unbehaglich empfunden werden. Ansässige Veranstalter von Trekkingtouren sind sich der notwendigen Achtsamkeit bewusst. Die meistbesuchten Orte sind Chiang Mai und Chiang Rai. Wanderführer sind nicht notwendig, stellen aber einen persönlicheren Kontakt her. Den besten Einblick erhält, wer sich eine Privatunterkunft organisiert. — *www.tourismthailand.org*

Rafting auf dem Sambesi

SAMBIA

WARUM JETZT Die Stromschnellen auf dem Sambesi sind jetzt herrlich reißend

WO Victoriafälle

WANN Mitte August bis Dezember

30 NOV Der donnernde Wasservorhang der Victoriafälle ist ein Wunder der Natur. Über diesen 1,7km langen Abgrund stürzen minütlich rund 550 000 Kubikmeter Wasser 100m tief in die enge Batoka-Schlucht. Die Victoriafälle sind Afrikas Touristenmagnet und bieten Abenteurern eine überwältigende Vielfalt an Möglichkeiten – darunter auch einige der besten Plätze für Wildwasser-Rafting. Der Sambesi unterhalb der Fälle gilt als Abschnitt mit den meisten Grad-5-Stromschnellen der Welt.

Wilde Niedrigwasser-Fahrten über eine Strecke von 22km werden von Mitte August bis Ende Dezember angeboten.
— *www.zambiatourism.com*

Im Torres del Paine wandern

CHILE

WARUM JETZT Die Zwischensaison vor dem Sommer ist eine der besten Trekking-Zeiten

WO Torres del Paine, Patagonien

WANN Dezember

01 DEZ

Mehr als 2000m hoch erheben sie sich über die Steppe Patagoniens: die Torres del Paine („Türme des blauen Himmels"), spektakuläre Granitsäulen, die die Landschaft des wohl reizvollsten Nationalparks von Südamerika dominieren. Für Wanderer ist der 181km^2 große Parque Nacional Torres del Paine (rechts) ein Traum, mit gut erschlossenem Wegenetz, Refugios (Berghütten) und Zeltplätzen an strategisch wichtigen Punkten.

Die meisten Trekker werden sich fragen: Rundweg oder „W"? Für den Rundweg braucht man etwa acht Tage, für den W-Pfad, der seinen Namen dem Streckenverlauf verdankt, etwa fünf. Startpunkt für beide Routen ist oft die Laguna Amarga. Die W-Route führt von dort hinauf zum spektakulären Torres-del-Paine-Aussichtspunkt unmittelbar unterhalb der Türme. Die von Gletscherfeldern umringten mächtigen Felsnadeln gehören zu den Wahrzeichen Patagoniens. Weiter geht es dann über Los Cuernos und den Lago Pehoé zum Lago Grey, wo die unstete, 200m dicke Gletscherzunge fortwährend Eisblöcke ins Eiswasser krachen lässt – manche so groß wie ein Haus. Den Rundweg vollendet, wer nach dem W über die etwas abgeschiedenere Rückseite des Bergmassivs zurückwandert. — *www.torresdelpaine.com*

RECHTS: **WALTER BIBIKOW – GETTY IMAGES**

Dezember

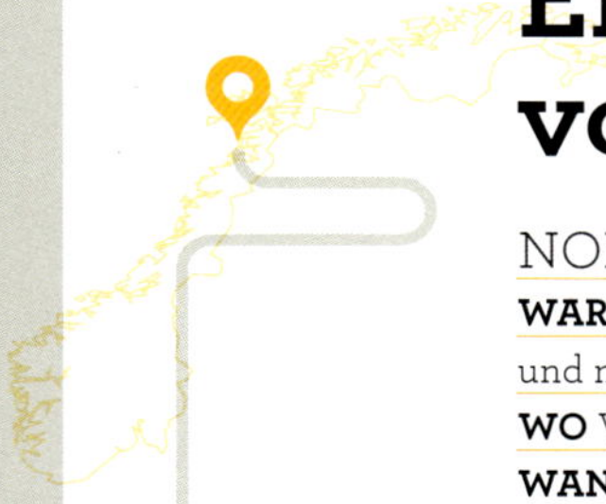

Ehrfurcht vor Orcas

NORWEGEN

WARUM JETZT Die Heringe versammeln sich – und mit ihnen die hungrigen Orcas

WO Vesterålen, arktisches Norwegen

WANN November bis Februar

02 DEZ

Das Oktoberende ist das Zeichen für den Einzug wandernder Heringsschwärme in Norwegens Nordland jenseits des nördlichen Polarkreises. Den Heringen folgen Hunderte hungriger Orcas. Die Schwertwale verbringen Monate damit, durch diese kalten Gewässer zu pirschen, ihre Nase in die Fjorde zu stecken und Heringe zu jagen. Gejagt wird mit der „Karussell"-Taktik, bei der sie die Silberfische an der Oberfläche zusammentreiben, einkreisen, mit Fluken-Schlägen betäuben und den verdutzten Schwarm dann fressen.

Sobald die Orcas auf Heringsjagd gehen, sind Wildtierbeobachter hinter den Orcas her. Zur Beobachtung bleibt man entweder auf dem robusten Kutter, oder man lässt sich in ein kleines Zodiac (Festrumpf-Schlauchboot) ausbooten und schaut von der Wasseroberfläche aus zu. In Andenes an der Nordspitze der Inselgruppe Vesterålen lassen sich die Tiere hervorragend beobachten. Noch besser aber sind Bootsafaris, bei denen auch Finn- und Buckelwale gesichtet werden können.

— *www.visitvesteralen.com; whalesafari.no*

Mit Schwebegefühl

JAPAN

WARUM JETZT Um riesige Hikiyama (Flöße) beim Chichibu-Yomatsuri-Festival zu sehen
WO Chichibu, Präfektur Saitama, Honshu
WANN Vom 2. zum 3. Dezember

03 DEZ

Na, so lässt sich eine kalte Winternacht doch erhellen! Beim traditionellen Chichibu-Yomatsuri-Fest – offiziell eines der Drei Großen Floß-Feste Japans – werden in einem nächtlichen Festumzug zwei prächtig verzierte Kasaboko (riesige sonnenschirmartige Objekte) und zwei Yatai (Haus-Flöße) durch die dunklen Straßen getragen. In der Nacht des 3. Dezember werden die beiden mächtigen Flöße (die bis zu 20 Tonnen wiegen können) einen steilen Hang hinaufgetragen und dabei von Trommelschlägen, Flötentönen und den lauten Beifallsrufen begleitet. Die Mühen werden von Feuerwerken belohnt, die den tiefschwarzen Himmel brillant erleuchten. — *www.jnto.go.jp*

Flachlandgorillas aufspüren

KONGO

WARUM JETZT In diesem selten besuchten Schutzgebiet beginnt jetzt die kurze Trockenzeit
WO Nouabalé-Ndoki-Nationalpark
WANN Dezember bis Februar

04 DEZ

Das Kongo-Becken, geheimnisumwoben und geschüttelt von politischen Unruhen, hat wenige Besucher. Der kongolesische Nationalpark Nouabalé-Ndoki ist der am besten zugängliche Teil dieses Gebiets. Hier leben noch große Bestände von Westlichen Flachlandgorillas und Waldelefanten. Seit 2001 kümmern sich die Regierung von Kongo und die Wildlife Conservation Society engagiert um den Schutz der Wildtiere und die touristische Erschließung. Auf der großen Waldlichtung Mbeli Bai, auf der sich bis zu 180 an Menschen gewöhnte Flachlandgorillas versammeln, gibt es inzwischen Pfade, Aussichtsplattformen und hochwertige Unterkünfte. — *www.wcscongo.org*

LINKS: **Ein Schwertwal oder Orca hält Ausschau in einem norwegischen Fjord.**

UNTEN: **Zwei riesige, mit Laternen geschmückte Häuser auf Flößen zum Chichibu-Yomatsuri-Fest.**

Mitschlagen beim Klausjagen

SCHWEIZ

WARUM JETZT Um Horden von peitschenknallenden Schweizern zuzusehen
WO Küssnacht, Vierwaldstättersee
WANN 5. Dezember

05 DEZ

Am Vorabend des Nikolaustages versammelt sich das Küssnachter Volk mit Peitschen und Kuhglocken zu einem lauten Umzug. Der Brauch, der auf das Mittelalter zurückgeht und bei dem die Wintergeister vertrieben wurden, ist erst später als Klausjagen wiederbelebt worden. Der Umzug beginnt in der Seebodenstrasse und wird von peitschenknallenden Geislechlepfer angeführt. Dahinter folgen die Träger der Iffele (papierne Bischofsmützen), die von innen durch Kerzen erleuchtet werden. Schließlich kommt der Samichlaus selbst, „gejagt" von einer Gruppe von bis zu 500 Trychlern mit scheppernden Kuhglocken.
— *www.klausjagen.ch*

RECHTS: **Am Petzval-Gletscher vorbeifahren, Paradise Bay, Antarktis.**

UNTEN: **Rehe stehen auf dem Speiseplan der Tiger in den Mangrovenwäldern der Sunderbans.**

In den Sunderbans kreuzen

INDIEN

WARUM JETZT Tiger lassen sich jetzt nicht selten blicken, und das Wetter ist kühler und trockener

WO Sunderbans-Nationalpark, Westbengalen

WANN Oktober bis Februar

06 DEZ

Der üppig grüne, ausgedehnte Nationalpark befindet sich mitten in einem riesigen Mündungsgebiet und in den größten Mangrovenwäldern der Erde, den Sunderbans. Dieses Stück Land im Gangesdelta in Westbengalen ist mit salzigen Brackwasserzonen durchsetzt, von 54 winzigen Inseln übersät und von unzähligen Flussläufen durchzogen. Und es ist die Heimat einer der größten Tigerpopulationen der Erde.

Die Königstiger (mit einem Bestand von geschätzten 250) streifen durch die undurchdringlichen Mangrovenwälder und schwimmen durch die Kanäle. Sie sind scheue Wesen. Doch es gibt auch noch andere Wildtiere zu erspähen: man kann nach Chitals und im Blattlaub nach Rhesusaffen Ausschau halten und nach Krokodilen.

— *www.westbengaltourism.gov.in*

Die Nacht erhellen

KOLUMBIEN

WARUM JETZT Funken sprühen lassen zum Día de las Velitas (Tag der Kerzen)

WO Villa de Leyva

WANN 7. Dezember

07 DEZ

Weihnachten herbeirufen – auf kolumbianische Art. Am Vorabend des Festes Mariä Empfängnis (8. Dezember) ehren die Menschen überall im Land die Jungfrau Maria, indem sie in ihren Häusern, auf Statuen, auf Familiengräbern, in Parks und auf öffentlichen Plätzen Kerzen anzünden und Papierlaternen aufstellen. Es ist ein religiöser Akt – und ein klares Zeichen dafür, dass die Festtage vor der Tür stehen.

Der Día de las Velitas wird landesweit gefeiert, empfehlenswert ist jedoch der Ort Villa de Leyva im Departamento Boyacá. Diese hübsche Stadt mit kolonialem Charme verwandelt diesen Anlass in ein dreitägiges Festival mit Prozessionen, Weihnachtschören, Feuerwerk und flackernden Lichtern – ein märchenhafter Anblick.

— *www.kolumbien.travel*

Der Weiße Kontinent

ANTARKTIS

WARUM JETZT Es gibt bis zu 20 Stunden Tageslicht – und die Chance auf schlüpfende Pinguine

WO Antarktische Halbinsel

WANN Dezember

08 DEZ

Die Antarktis – den abgeschiedensten Kontinent der Erde – muss man sich erarbeiten, entweder durch eine lange, oft beschwerliche Reise, oder durch einen teuren Flug. Wetter und Eis bestimmen die Planung, und die Reiserouten ändern sich je nach den wechselnden Launen des Kontinents. Was man dann jedoch vorfindet, ist eine spektakuläre Wildnis aus Schnee, Eis und Felsen, die vor Wildtieren nur so wimmelt. Am ehesten ist die Antarktis mit einem Forschungsschiff zu bereisen. Die beliebteste Tour enthält eine Erkundung der Antarktischen Halbinsel, eines der artenreichsten Brutgebiete für Seevögel, Robben und Pinguine auf dem Kontinent. Startpunkt für die Touren ist Ushuaia auf Feuerland in Südamerika; der erste Halt ist meist auf einer der südlichen Shetlandinseln. Haltepunke auf der Antarktischen Halbinsel sind oft der frühere britische Stützpunkt Port Lockroy; Neko Harbour, wo ein Gletscher mit donnerndem Krachen kalbt; die Palmer-Forschungsstation der USA und Paradise Harbour, der aufgrund seiner majestätischen Eisberge und deren Spiegelungen im Wasser als der „am treffendsten benannte Ort der Welt" beschrieben wird. Die Saison für Antarktistouren ist kurz – sie währt nur etwa vier Monate, wobei jeder Monat seine eigenen Highlights bietet. Wer im Dezember reist, mitten im Südsommer, kann Pinguine Eier ausbrüten und Junge füttern sehen, und das bei 20 Tageslichtstunden.

— *www.antarctica.ac.uk*

Die Wasserschleier der Iguazú-Fälle

ARGENTINIEN

WARUM JETZT Es ist Regenzeit – die Wasserfälle sind jetzt am wasserreichsten und eindrucksvollsten

WO Nationalpark Iguazú

WANN Dezember bis Februar

09 DEZ

Iguazú – das bedeutet in der Sprache des indigenen Volkes der Guaraní „großes Wasser". Und diese Beschreibung hält, was sie verspricht: Der Iguazú ist der eindrucksvollste Wasserfall der Welt. Hier an der Grenze zwischen Argentinien und Brasilien (und dem nahen Paraguay) wendet sich der Iguazú gen Süden, dann gen Norden, wo er breiter wird und schließlich über einen gewaltigen, U-förmigen, 80m hohen Rand aus hartem Basalt herabstürzt.

An dieser Stelle ist der Fluss 1500m breit und teilt sich – je nach Pegelstand – in 160 bis 260 einzelne Wasserfälle rund um den donnernden Kessel aus Regenbögen, Sprühnebel und tropischem Regenwald. Die atemraubende visuelle Präsenz dieses Ortes wird durch die Fülle von Rußseglern noch betont. Mit unglaublicher Energie und athletischer Anmut fliegen Schwärme von mehreren Hundert Rußseglern in tollkühnen Bögen und Kreisen durch die wogenden Wolken aus Nebel und Gischt. Diese Segler sieht man am besten gegen Ende des Tages, wenn sie von ihren alltäglichen Futtersucheflügen über die 2200km^2 geschützten Regenwald des argentinischen Nationalparks Iguazú bzw. des brasilianischen Iguaçu zurückkehren. Ziel der Rußsegler ist es, an den Felswänden hinter den Wasservorhängen zu schlafen und zu nisten, denn dort sind sie vor Raubtieren sicher.

— *www.iguazuargentina.com*

RECHTS: MICHAEL RUNKEL – GETTY IMAGES

Skilauf unter Zedern

LIBANON

WARUM JETZT Ein Festgefühl auf Skiern – ganz nah an Bethlehem

WO Cedars Ski Field

WANN Dezember bis April

10 DEZ

Der Libanon rühmt sich gern damit, dass er das einzige Land ist, in dem man morgens Ski laufen und abends im Mittelmeer schwimmen kann. Das sind reizvolle Aussichten.

Cedars, das höchstgelegene und älteste Skigebiet im Libanon, befindet sich weniger als 30km von der Mittelmeerküste entfernt und 130km von Beirut. Ski gelaufen wird hier schon seit den 1920ern; 1953 wurde der erste Skilift gebaut. Hier gibt es Pisten aller Schwierigkeitsgrade und zahlreiche Variantenabfahrten. Die Abfahrten beginnen oberhalb der 2000m, wobei die Saison meist Anfang Dezember beginnt (manchmal im November), und damit eher als in anderen Skigebieten des Landes. — *www.skiinglebanon.com*

Schokolade beim l'Escalade

SCHWEIZ

WARUM JETZT Das Fest ermutigt ausdrücklich dazu, viel zerbrochene Schweizer Schokolade zu essen

WO Genf

WANN 11. Dezember

11 DEZ

Eine Ausrede gefällig, um vor Weihnachten Schokolade zu essen? Beim größten Stadtfest von Genf, der l'Escalade, versammelt man sich, um marzipangefüllte „Marmites en chocolat" (Schokoladentöpfe) zu zerschlagen und der Verteidigung der Stadt gegen den Angriff des Herzogs von Savoyen am 11. Dezember 1602 zu gedenken.

Der Legende nach wurde dieser Überfall abgewehrt, weil eine Hausfrau einen der Soldaten mit einem „Marmite de l'Escalade" (Topf mit heißer Schokolade) übergoss und dann Alarm schlug.

Außerdem gibt es einen Fackelzug, einen 8km-Lauf durch die Altstadt und auch einen Kostümlauf. — *www.compagniede1602.ch*

RECHTS: **Präkolumbischer Fliegertanz in Chichicastenango.**

UNTEN: **Derwische beim entrückenden Drehtanz in Konya, Türkei.**

Mit Derwischen drehen

TÜRKEI

WARUM JETZT Um Sufi-Mystikern beim Drehen und Wirbeln zum Maulana-Festival zuzusehen

WO Konya, Anatolien

WANN 10. bis 17. Dezember

12 DEZ

In der islamischen Welt wird der Sufi-Dichter Dschalal ad-Din Muhammad Rumi – oder Maulana („unser Herr/Meister") –, der im 13. Jh. lebte, als ein Heiliger verehrt. Als einer der großen Mystiker und Philosophen glaubte er, dass die Einheit mit Gott nur durch Liebe und Tanz möglich sei. Nach Maulanas Tod gründeten seine Anhänger den Orden der Maulawi, der tanzenden Derwische, und wählten den Tanz als eine der wichtigsten Semas (Zeremonien) des Gottesdienstes. Das Fest der Wirbelnden Derwische gedenkt Maulanas Todestag am 17. Dezember 1273. Bei diesem Fest führen die Derwische ihren tranceähnlichen Tanz auf. — *mevlana.net*

Feiern zur Fiesta de Santo Tomás

GUATEMALA

WARUM JETZT Um beim Volksfest zuzusehen, wie andere todesmutig vom Drehpfahl fliegen

WO Chichicastenango

WANN 13. bis 21. Dezember

13 DEZ

Die Stadt Chichicastenango (kurz: Chichi) im Hochland Guatemalas feiert ihren Schutzheiligen mit Todesverachtung. Eine Woche lang beschränken sich die Feierlichkeiten zunächst auf die üblichen Veranstaltungen – Umzüge, traditionelle Tänze, Feuerwerk –, um sich dann am 21. Dezember (dem Tag des hl. Thomas) zu buchstäblich Höherem aufzuschwingen. An diesem Tag werden 30m hohe Holzpfähle auf dem Platz neben der Iglesia de Santo Tomás aufgestellt und der Danza del Palo Volador (Fliegertanz) aufgeführt. Zwei Seile hängen von der Spitze eines jeden Pfahls, die die Pfahltänzer über Holztritte jeweils paarweise erklimmen und sich die Seile dann um den Leib binden. Dann springen sie ab, drehen sich dabei mit hoher Geschwindigkeit um den Pfahl und wickeln sich an den Seilen bis auf den Boden hinab ab. Manche haben das Seil an den Händen, andere binden es sich um die Knöchel. Eine Art Bungeespringen für Gläubige. Da es in Chichi nicht viele Unterkünfte gibt, sollte man ein paar Tage früher anreisen oder im nahen, schönen Panajachel nächtigen. — *www.visitguatemala.com*

Rafting an der Nilquelle

UGANDA

WARUM JETZT Rafting ist in Uganda das ganze Jahr in den trockeneren Monaten am besten

WO Jinja

WANN Dezember

14 DEZ

Über die Quelle des Nils wurde lange gestritten. Viele Jahrhunderte lang suchte man herauszufinden, wo Afrikas mächtigster Fluss entspringt. Und viele kamen, um ihre Theorien hernach wieder zu verwerfen. Der Nil verlässt den Victoriasee bei den Ripon Falls in der Nähe von Jinja (Uganda), was diese arglose Stadt zu einem der besten Wildwasser-Rafting-Ziele der Welt machte. Hierher kommt, wer die „Big Four" angehen will; das sind nicht die „Big Five"-Tiere der afrikanischen Safaris, sondern die vier großen Grad-5-Stromschnellen des Victoria-Nils. Rafting-Touren werden von der Stadt Jinja aus veranstaltet, die etwa anderthalb Busstunden von der ugandischen Hauptstadt Kampala entfernt ist. Die wachsende Liste zur erforderlichen Ausrüstung macht Jinja zu einem der boomenden Abenteuerziele Afrikas. Die Mutigen können sich im Hydrospeed versuchen, bei dem man sich mit nur einem Boogiebrett bewehrt in die Nilfluten stürzt. Oder man wagt sich per Kajak ans Wildwasser-Rafting. Oder einfach vom 44m hohen Nile High Bungee ins Wasser springen. — *www.visituganda.com*

See-Elefanten kämpfen sehen

USA

WARUM JETZT Jetzt ringen die Männchen um Dominanz – und geführte Touren starten
WO Año Nuevo State Reserve, Kalifornien
WANN 15. Dezember bis 31. März

15 DEZ

Ab Mitte Dezember schleppen sich die 2700kg schweren See-Elefanten ans Ufer von Año Nuevo, um sich einige der heftigsten Kämpfe der Tierwelt zu liefern. Bis zu 3m hoch bäumen sich die Bullen auf und zerschlitzen einander mit gefährlichen Eckzähnen, bis sich die Kämpfenden kaum noch bewegen können. Der Lohn ist eine dominante Stellung innerhalb der Kolonie und der Zugang zu den Harems der Weibchen. An die 5000 See-Elefanten ziehen sich bei Año Nuevo jährlich an Land und machen den Ort zur größten Festland-Kolonie der Welt. Auf geführten Touren, die vom 15. Dezember bis zum 31. März geboten werden, kann man sie beobachten. — *www.parks.ca.gov/?page_id=523*

Auf Knien zu Sankt Lazarus

KUBA

WARUM JETZT Um bei bestem Wetter eine Pilgerreise zu einem Heiligenschrein zu unternehmen
WO Santuario de San Lázaro, El Rincón
WANN 16. Dezember

16 DEZ

Wer einer Pilgerreise beiwohnen will, der mache sich auf nach El Rincón bei Havanna. Dort kann man bis zu 50000 Gläubigen zusehen – oder sich ihnen anschließen –, die zum verehrten Schrein des Lazarus pilgern, eines Heiligen, der für die Pflege der Armen und Leprakranken bekannt ist. Die unter Castro anfangs verbotene Prozession von San Lázaro wurde 1961 wieder offiziell genehmigt.

Je aufopferungsvoller der Weg zum Schrein, desto größer die mutmaßlichen Belohnungen. Pilger kriechen auf blutigen Knien, laufen barfuß oder werfen sich beständig nieder – alles für ein gutes Karma. Am Wegesrand finden sich auch etliche Opfergaben. — *www.gocuba.ca*

LINKS: **Auf den reißenden Nil-Stromschnellen der Bujagali nördlich von Jinja, Uganda.**

UNTEN: **Bullen der Nördlichen See-Elefanten tragen im Año Nuevo State Reserve Gefechte aus, Kalifornien.**

Bouldern in Fontainebleau

FRANKREICH

WARUM JETZT Im französischen Winter eignet sich der Sandstein am besten
WO Fontainebleau
WANN Dezember

17 DEZ

Schaut man am eleganten Schloss Fontainebleau vorbei, der ehemaligen königlichen Residenz 67km südöstlich von Paris, findet man das glatte Gegenstück: ein sandiges Boulder-Gebiet im Forêt de Fontainebleau. Für Boulderer (die bodennah und ohne Seile klettern) ist das ein Zauberwald, in dem man vor lauter Felsen die Bäume nicht sieht.

Der „Font“ wird für seine vielgestaltigen Routen und auch eine Reihe von Rundtouren geschätzt. Diese Rundtouren – eine davon erstreckt sich über 10km – können bis zu 75 Herausforderungen enthalten. Die Touren sind je nach Schwierigkeitsgrad farbig markiert.
— *www.bleau.info*

LINKS: **MIKE HILL – GETTY IMAGES**

Schneeaffen begaffen

JAPAN

WARUM JETZT Um Schneeaffen an kalten Wintertagen in heißen Quellen baden zu sehen

WO Affenpark Jigokudani, Honshu

WANN Dezember bis Februar

18 DEZ

Inmitten der steilen Berge, Skiorte und Vulkane nordwestlich von Tokyo lauert noch eine weitere Naturattraktion: die Schneeaffen des Jigokudani Yaen Koen („Affenpark Jigokudani“). Diese japanischen Makaken leben nördlicher und bei weitaus kälteren Temperaturen als alle anderen nichtmenschlichen Primaten. Die eisigen japanischen Winter überleben diese Affen mit einer mageren Diät aus Rinde und Baumknospen und mühen sich, warm zu bleiben. Doch Schneeaffen verfügen auch über eine frappierende Fähigkeit, Neues auszuprobieren und weiterzutragen. Tatsächlich entstammt das berühmte Prinzip des „Hundertsten Affen“ – wonach sich neue Verhaltensmuster im Handumdrehen verbreiten, sobald eine kritische Masse überschritten ist – einer wissenschaftlichen Studie, nach der ein einzelner Affe seine Nahrung vor dem Verzehr im Meer wusch; ein paar Generationen später taten es alle.

Dieses Phänomen war es auch, das eine Schneeaffen-Dame 1963 mutig in eine der dampfenden heißen Quellen Naganos springen ließ. An einem bitterkalten Tag muss sich dieses 50°C warme Wasser himmlisch angefühlt haben. Es brauchte denn auch nicht lange, bis sich das „Heißbaden“ unter allen 270 Affen herumgesprochen hatte, die im Jigokudani („Höllental“) leben.

Die heißen Quellen befinden sich unweit von Yudanaka, einer Stadt mit antiker Baukunst.

— www.jigokudani-yaenkoen.co.jp

Weihnachts-einkauf

DEUTSCHLAND

WARUM JETZT Um auf dem traditionellsten Weihnachtsmarkt dem Kaufrausch frönen

WO Hauptmarkt, Nürnberg, Bayern

WANN Freitag vor dem 4. Advent

19 DEZ

In Deutschland ist jetzt Einkaufszeit. Überall im Land schießen die Weihnachtsmärkte aus dem Boden; der berühmteste jedoch ist der in Nürnberg, der den Hauptmarkt mit nahezu 200 Ständen füllt. Eröffnet wird er von einem in Gold gekleideten „Christkind" mit einem Prolog, der mit den Worten endet: „Das Christkind lädt zu seinem Markte ein, und wer da kommt, der soll willkommen sein."

Der erste Weihnachtsmarkt soll hier schon im 16. Jh. stattgefunden haben. Im 19. Jh. verlor er an Beliebtheit, wurde aber von den Nazis in den 1930ern wiederbelebt.

Dieser als „Städtlein aus Holz und Tuch" bekannte Markt ist eine einzigartige Anlaufstelle für Weihnachtskäufe: Baumschmuck, Krippen, Kerzen, Spielzeug, Lebkuchen, Stollen und Weihnachtsbratwurst. Was es nur auf dem Christkindlesmarkt gibt, sind die Nürnberger Zwetschgenmännla, kleine Figuren aus getrockneten Pflaumen, die auch hervorragend helfen, wenn der Weihnachtsbraten mal wieder zu schwer im Magen liegt …

— *www.christkindlesmarkt.de*

Mit Vögeln erwachen

PANAMA

WARUM JETZT Jetzt klingt's nach bester Mischung aus Stand- und Zugvögeln

WO Canopy Tower, Nationalpark Soberanía

WANN Dezember

20 DEZ

Man stelle sich vor, man wachte in Höhe der Baumkronen von Vögeln auf, die einen direkt durchs Schlafzimmerfenster anschimpfen ... Genau diese Szenerie hat den Canopy Tower (Baumkronenturm) im Nationalpark Soberanía zu einem der denkwürdigsten Orte für Vogelkundler gemacht. Der eigenwillig anmutende Funkturm wurde zum Hotel umgebaut und versetzt einen buchstäblich zwischen Hunderte von Vögeln. Wem nach noch mehr Vogelarten ist, der ist zu dieser Jahreszeit und in diesem Land genau richtig. 20 Jahre in Folge hält Panama bereits den Rekord bei den jährlichen Weihnachtsvogelzählungen – mit 350 Vogelarten.
— *www.canopytower.com*

Mit Mantarochen tauchen

MIKRONESIEN

WARUM JETZT Dieses Pazifik-Paradies wird noch schöner, wenn Mantarochen vorbeiziehen

WO Manta Ridge, Mill Channel, Yap

WANN Dezember bis Februar

21 DEZ

Die Gesamtfläche Mikronesiens ist so klein, dass diese 2000 Inseln auf vielen Weltkarten gar nicht erst verzeichnet sind. Doch mit ihren klaren, 27°C warmen Wassern, in denen es von Korallen und tropischen Fischen nur so wimmelt, dürfen sie in Tauchkarten nicht fehlen.

Yap zum Beispiel bietet Korallen, Steilwände, Unterwasserhöhlen, Strömungskanäle, Schildkröten und Schiffswracks. Der größte Magnet sind jedoch die Mantarochen. Von Dezember bis Februar zieht eine Schule dieser sanften, bis zu 3,60m langen Kreaturen durch den Mill Channel. Taucher schmiegen sich dann an die Felsen und werden mit Flossenspitzen gestreift.
— *www.visit-micronesia.fm*

LINKS: **Den Lebkuchen auf dem Nürnberger Weihnachtsmarkt kann keiner widerstehen.**

UNTEN: **Überquerung einer Gletscherspalte auf dem Cotopaxi.**

Auf den Cotopaxi kraxeln

ECUADOR

WARUM JETZT Jetzt ist eine der trockensten Zeiten im Jahr, und eine der windstillsten

WO Cotopaxi, Avenida de los Volcanes

WANN Dezember bis Februar

22 DEZ

Der Volcán Cotopaxi (5897m) mit seinem symmetrischen Kegel ist Ecuadors zweithöchster Berg. Aufgrund seiner Nähe zu Quito (55km) und seiner klassischen Form ist er auch bei Kletterern beliebt. Der Aufstieg ist klettertechnisch nicht sehr schwierig, führt jedoch über Gletscherspalten hinweg. Gestartet wird kurz nach Mitternacht von einem Refugio (einer Berghütte) an der Nordwand des Berges; Ziel ist, den Gipfel in den Morgenstunden zu erreichen, bevor sich die Wolken herabsenken, und wieder unten zu sein, bevor der Schnee erweicht. Die Gipfelbesteigung dauert 6–8 Stunden. Von oben kann man auf den Chimborazo (6310m) blicken, höchster Berg des Landes. — *www.ecuador.travel*

RECHTS: **Das Christkind, alias Weihnachtsmann, in Rovaniemi im finnischen Lappland.**

UNTEN: **Reiter beim Internationalen Saharafestival in Douz, Südwest-Tunesien.**

Ab zum Saharafestival

TUNESIEN

WARUM JETZT Um sich in einem Beduinenzelt einzubetten und am Kamelrennen teilzuhaben

WO Douz

WANN 23. bis 27. Dezember

23 DEZ

Während sich in der christlichen Welt alles um Weihnachten dreht, versammeln sich die Nomaden der Sahara in der sandigen Stadt Douz, dem tunesischen Tor zur Wüste, um ihre Kulturen zu feiern. Veranstaltet werden Kamelrennen, Hasenjagden mit Saluki-Hunden, und auch Fantasia – Reiterspiele, bei denen mehrere Reiter auf Rassepferden gekonnt galoppieren. Bis zu 50 000 Besucher aus allen Teilen Nordafrikas schlagen ihre Zelte am Stadtrand auf. An den Abenden werden Tänze tunesischer, algerischer und palästinensischer Gruppen aufgeführt und Gedichte verlesen. Das Fest diente einst als Heiratsmarkt der Berber. An Speisen werden die eigentümlichen Kamelfleisch-Tajine und feinste tunesische Datteln angeboten.
— *www.cometotunisia.co.uk*

Der Heiligen Messe beiwohnen

VATIKAN

WARUM JETZT Um sich zum Papst zu begeben und den Weihnachtssegen zu empfangen

WO Petersdom, Vatikan

WANN 24. Dezember

24 DEZ

Inmitten von Lamettaglanz, Völlerei und zügellosem Konsum verliert man die wahren Ursprünge des Weihnachtsfestes leicht aus den Augen. Rückbesinnung bietet ein Weihnachtsbesuch beim Papst. Der Heilige Stuhl veranstaltet jedes Jahr eine Heilige Messe im Petersdom in Vatikanstadt. Dabei sein kann jeder, und das auch noch gratis – doch sind die Kapazitäten begrenzt (die riesige Kirche fasst bis zu 15 000 Menschen). Für Eintrittskarten muss man sich Monate im Voraus bewerben (per Fax). Wer dort ist, genieße die festliche Atmosphäre in ganz Rom und besuche den Weihnachtsmarkt auf der Piazza Navona, halte Ausschau nach den Presepi (Krippenspielen), die in der Stadt aufgebaut sind, und atme den Duft gerösteter Maronen.
— *www.papalaudience.org*

Der Weihnachtsmann in Lappland

FINNLAND

WARUM JETZT Um im kitschigen Weihnachtstrubel den Weihnachtsmann zu besuchen

WO Rovaniemi, Lappland

WANN Dezember

25 DEZ

Die finnische Stadt Rovaniemi liegt fast unmittelbar am Polarkreis und hat sich selbst zur Heimat des Weihnachtsmannes ernannt. Hier gibt es ein Weihnachtsmann-Touristenzentrum, den Freizeitpark „Santa Park", das Werkstattdorf des Weihnachtsmannes (zwischen Letzteren verkehrt ein Rentier-Schlitten), und auch eine Schule für Weihnachtsmannhelfer. Selbst der Flughafen von Rovaniemi ist von der Internationalen Zivilluftfahrtorganisation als offizieller Weihnachtsmann-Flughafen anerkannt worden. Wer dann genug hat vom dicken Mann im roten Mantel, wird entdecken, dass Rovaniemi auch ein guter Startpunkt für allerlei Wintersportaktivitäten ist. Der Umstand, dass sich Lappland zu dieser Zeit in Polarnächte hüllt (man rechne mit 4 Stunden Dämmerlicht pro Tag), hindert zum Glück nicht am Spaß.

Von Rovaniemi aus geht es in entlegene Wildhütten, um dort Rentier-Schlitten oder Ski zu fahren, auf Schneeschuhen zu wandern oder im Eis zu fischen. Man kann das eigene quirlige Husky-Gespann über funkelndes Weiß jagen oder ein flottes Schneemobil über gefrorene Seen heulen lassen. Und nicht vergessen: Diese dunklen Winterhimmel sind die perfekte Kulisse für die magischen Nordlichter – die schönsten Weihnachtslichter überhaupt.

— *www.rovaniemi.fi*

Junge Warzenschweine beobachten

KENIA

WARUM JETZT Weil sich jetzt Jungtiere sehen lassen – und das Wetter warm und trocken ist

WO Amboseli-Nationalpark

WANN Mitte Dezember bis März

26 DEZ

Warzenschweine gehören zu den faszinierendsten Wesen der afrikanischen Ebenen. Besonders viel Spaß macht es, dem Nachwuchs zuzusehen. Manchmal erspäht man eine ganze Gruppe von Jungtieren, die hübsch der Reihe nach hinter der Mutter her trotten, mit erhobenen Köpfen, fliegenden Mähnen und dem Schwanz in der Luft. Rotten (meist Familienverbände) brauchen Erdhöhlen, um zu überleben. Wenn sie von Löwen, Geparden oder Hyänen verfolgt werden, stürzen sie mit unglaublicher Geschwindigkeit zum nächstgelegenen Erdloch, zuerst die Jungtiere, zuletzt die mit ihren Hauern fuchtelnden Bachen.

Die Possen der Warzenschweine sind in vielen kenianischen Nationalparks zu beobachten, doch warum nicht im Amboseli vor der malerischen Kulisse des Kilimandscharo? Der Park ist leicht zugänglich und hat eine ausgezeichnete Infrastruktur. Und grün ist er nach den „Kurzregen" auch. — *www.kws.org*

RECHTS: **GRANT DIXON – GETTY IMAGES**

Auf dem Franklin River

AUSTRALIEN

WARUM JETZT Frühlingsregen hebt Flusspegel

WO Franklin River, Tasmanien

WANN Dezember bis März; Touren dauern 8 Tage

27 DEZ

Seit der erfolgreichen Kampagne zur Verhinderung des Dammbaus in den 1980ern ist der Franklin River in Tasmanien der Inbegriff für australisches Umweltbewusstsein. Heute ist dieser wilde Fluss ein Szenetreff der Rafter und bietet gute 100km Abenteuer mit Expeditionscharakter durch die unberührte Welterbe-Region des tasmanischen Southwest Nationalparks.

Erfahrene Rafter können den Franklin River selbstständig befahren. Für Einsteiger bieten einige Veranstalter Pauschalangebote. Startpunkt ist unterhalb des Lyell Highway auf dem Collingwood River; Ziel sind die Sir John Falls. Am stärksten ist die Strömung in der Great Ravine, einer 5km langen Schlucht mit solch einladend benannten Stromschnellen wie Cauldron („Kessel"; links), Thunderush („Donnerrausch") und Churn („Wirbel"). Weitere Highlights sind die tiefe Irenabyss und das markante Rock Island Bend mit seinem Wasserfall.

— *www.parks.tas.gov.au*

Mit Elefanten wandern

KAMBODSCHA

WARUM JETZT Die Luftfeuchtigkeit ist gering und ein kühles Lüftchen weht durchs Land

WO Provinz Mondulkiri

WANN Dezember bis Januar

28 DEZ

Mondulkiri schmiegt sich an die Ostgrenze des Landes und ist Kambodschas am dünnsten besiedelte Provinz – und nicht zuletzt dadurch auch ein wunderbarer Ort für Elefantenwanderungen. Ausflüge dieser Art lassen sich in den Gemeinden Phulung und Putang bei Sen Monorom arrangieren, doch wer etwas besonders Urwüchsiges erleben will, sollte einen Tag beim Elephant Valley Project verbringen, 11km von Sen Monorom entfernt. Hier kann man die Kunst der Mahuts erlernen: neben den Dickhäutern in die Wälder wandern, einen Nachmittagsausritt auf Elefantenrücken unternehmen und die Tiere im Fluss waschen. — *www.elephantvalleyproject.org*

In Klapperkisten nach Afrika

VON ENGLAND NACH GAMBIA

WARUM JETZT Weil jetzt die erste Kavalkade von Oldtimern zur Plymouth-Banjul-Rallye startet

WO Von Plymouth bis Banjul

WANN Ende Dezember

29 DEZ

Nicht das nötige Geld in der Tasche, um an der hochkarätigen Paris-Dakar-Rallye teilzunehmen? Dann ist die Plymouth-Banjul-Rallye eine gute Alternative. Um an dieser jährlichen, nicht wettkampforientierten Schnäppchen-Rallye teilzunehmen, darf das Fahrzeug keine £ 100 gekostet und man selbst nicht mehr als £ 15 für Vorbereitung und Herausputzen aufgewendet haben. Dann muss man das Vehikel nur noch durch sechs Länder (England, Frankreich, Marokko, Mauretanien, Senegal, Gambia) und über 6000km bis nach Banjul bugsieren, wo es dann für gemeinnützigen Zwecke vor Ort versteigert wird. — *www.dakarchallenge.co.uk*

RECHTS: **Die Bekanntschaft mit Edinburgh am Silvesterabend erneuern.**

UNTEN: **Die australische Band The Cat Empire beim Woodford Folk Festival, Queensland.**

Mit Folk ins neue Jahr

AUSTRALIEN

WARUM JETZT Um dem Rest der Welt zu entkommen – bei Australiens größtem Folk-Festival

WO Woodfordia, Queensland

WANN 27. Dezember bis 1. Januar

30 DEZ

Das Woodford-Folk-Festival ist eine abgefahrene Art, das neue Jahr zu begrüßen. Für sechs Tage entspringt dem ländlichen Queensland das Wunderland von Woodfordia – 70km nördlich von Brisbane – und mehr als 2000 Darsteller bieten 450 Veranstaltungen, um an die 130 000 Fans zu unterhalten. Ein nachweihnachtliches Zeltlager für jedermann, von tobenden Hippies bis zu Großstadt-Jazzern. Geboten wird Folkmusik – was sonst –, aber auch Straßentheater, Filme, Klamauk, Jam-Sessions, politische Debatten, Zirkusdarbietungen, Handwerkskunst-Workshops und Mitternachtskabarett. Höhepunkt ist der flammende Abschiedsabend am Neujahrstag. – *www.woodfordfolkfestival.com*

Mit „Hooray!“ zum Hogmanay

SCHOTTLAND

WARUM JETZT Weil in der schottischen Hauptstadt jetzt ein klitzekleines Fest steigt

WO Edinburgh

WANN 29. Dezember bis 1. Januar

31 DEZ

Für die Schotten war Silvester immer schon wichtiger als Weihnachten. Mit ihren gigantischen Hogmanay-Feiern, die ganz Edinburgh einhüllen und 250 000 Partygänger anziehen, haben sie es inzwischen fast geschafft, auch den Rest der Welt davon zu überzeugen.

Das Hogmanay beginnt am 29. Dezember mit einer offenen Prozession, zu der Menschen mit brennenden Fackeln die Royal Mile entlang und zum Calton Hill hinaufziehen, auf dem ein Nachbau eines Wikinger-Langschiffs steht, der dann angesteckt wird. Am 30. Dezember, der „Night Afore“, gibt es mehr Livemusik, als in hundert Dudelsäcke passt. In der Silvesternacht geht das Fest buchstäblich in die Luft. Konzertbühnen säumen die Straßen, man kann die Hoog Dance Party besuchen oder für das Hauptkonzert im Botanischen Garten unterhalb vom Schloss. Am Neujahrstag dann spielt alles verrückt – etwa beim Dogmanay, einem Hundeschlittenrennen durch den Holyrood Park, oder beim Loony Dook, wenn Hunderte von Kostümierten in die eisigen Fluten des River Forth steigen.

— *www.edinburghshogmanay.com*

Index

INDEX

INDEX

IMPRESSUM

DER PERFEKTE TAG
365 Abenteuer rund um die Welt
1. Auflage 2015, übersetzt von
The Best Place To Be Today
© Lonely Planet Publications Pty Ltd. October 2014
Deutsche Ausgabe © Lonely Planet Publications Pty Ltd.
ISBN 978-3-95504-205-9
Printed in China
Fotos © wie angegeben 2014

Verlag der deutschen Ausgabe
Kunth Verlag Gmbh & Co. KG
Königinstraße 11
80539 München
www.kunth-verlag.de
Projektbetreuung Calina Kunth
Redaktion Isabel Rößler
Übersetzung Maria Meinel

Fotos auf dem Cover (im Uhrzeigersinn von oben links):
Tour de France, Tim De Waele; Sternenhimmel, Isaac lane Koval; Japan, Everett Kennedy Brown; Wales, Alan Copson; Indien, Alison Wright; Japan, Mamoru Muto; China, Diego Azubel; Tibet, Rob Howard; Thailand, Pongmanat Tasiri; Namibia, Frans Lanting; Indien, Alison Wright; Surfen, Justin Lewis; Mexiko, Garry Gay; Irland, Ros Kavanagh; Zitronen, Justin Foulkes; Stonehenge, Steven Vidler; Nordlicht, Arctic Images; Bali, Jean du Boisberranger; Indien, Jim Zuckerman; Karneval, Austin Andrews; Ballons, Ron Watts; Glastonbury, Matthew Aslett.

Alle ©Corbis Images

Englische Ausgabe
Lonely Planet Publications Pty Ltd
ABN 36 005 607 983
90 Maribyrnong St, Footscray,
Victoria, 3011, Australia
www.lonelyplanet.com
Verlagsleiter Piers Pickard
Verantwortlicher Redakteur Robin Barton
Autor Sarah Baxter
Artdirektor Daniel Tucker
Layout Arun Aggarwal, Lauren Egan
Redaktion Karyn Noble, Sally Schafer
Bildredaktion Shweta Andrews, Lauren Egan
Druckvorstufe Tag Response
Herstellung Larissa Frost
Dank an Ruth Cosgrove, Brendan Dempsey

Lonely Planet Büros:
Australien
90 Maribyrnong St, Footscray,
Victoria, 3011
Email talk2us@lonelyplanet.com.au
USA
150 Linden St, Oakland, CA 94607
Email info@lonelyplanet.com
Vereinigtes Königreich
240 Blackfriars Road, London, SE1 8NW
Email go@lonelyplanet.co.uk

MIX
Papier aus verantwortungsvollen Quellen
FSC® C021741

Das Papier in diesem Buch wurde nach den Forest Stewardship Council®-Richtlinien zertifiziert. FSC® fördert die umweltfreundliche, sozialverträgliche und wirtschaftlich tragfähige Bewirtschaftung des weltweiten Waldbestands.

Alle Rechte vorbehalten. Reproduktionen, Speicherung in Datenverarbeitungsanlagen, Wiedergabe auf elektronischen, fotomechanischen oder ähnlichen Wegen nur mit der ausdrücklichen Genehmigung des Copyrightinhabers. Lonely Planet und das Lonely Planet-Logo sind Handelsmarken von Lonely Planet, die beim US-Patent- und Markenamt und in weiteren Ländern registriert sind .